武

明

空

让 我 们 一 起 追 寻

武曌

WU ZHAO
China's Only
Woman Emperor

〔美〕罗汉
（N. Harry Rothschild）著

中国唯一的女皇帝

冯立君
葛玉梅
译

社会科学文献出版社
SOCIAL SCIENCES ACADEMIC PRESS (CHINA)

目　录

前　言

原始资料中的武曌

作为中国唯一的女皇帝，武曌（公元 624～705 年）的一生堪称传奇。她的故事充满了戏剧性、谋杀、阴谋、谜题、欺骗、情爱以及疯狂，令人不可思议却又引人入胜：一名极具野心的女子平步青云，以木材商次女的卑微身份一步步走向权力核心，进而即位为中国的一代女皇。尽管中国历史上有众多皇后（在位皇帝的正室），甚至还有手握实权的皇太后（有时候在皇帝驾崩后，先皇遗孀拥有可完全支配坐在权力宝座上的弱小新帝的权力），但是在武曌之前或之后还没有人像她一样占据政权巅峰的位置。追溯武曌一生错综复杂的轨迹，对于了解古代中国的朝廷、社会、两性关系的性质，以及礼制、象征和美学在皇权政治中的作用至关重要。

但是，讲述这一故事的传记作家必须对大量关于武曌的材料进行筛选，包括原始的和二手的、儒家的和佛教的、中国的和西方的。撇开大量的材料不谈，武曌作为一个历史人物本身就很难把握。朝廷史官编纂的记述历代大事的官方正史往往将她描述成非正统的、无情的篡位者，被男宠环绕，并利用裙带关系和恐怖手段进行统治。而她的宣传者们则用华丽的辞藻将其塑造成一个仁慈、睿智的母亲，一位虔诚信奉佛教的君主，养育着整个国家的子民。各类来源不明的传奇及神话更是众说纷纭。在众多资料中，人们往往能发现相互矛盾的信息。即使在今天，关于武曌生活最基本的一些因素也不甚明确：对于她的出生时间及出生地，学者们尚无定论。研究者们重新探讨了许多事关武曌的疑问：她是否因为儿子们成了她登上皇位的阻碍，便杀了他们？李贤是武曌的儿子还是她姐姐的儿子？武曌毒死了自己的丈夫高宗皇帝吗？她是真心信佛的吗？她的佛教导师真的是她的情人吗？在那个男权的儒家社会，一个女子是怎样成为皇帝的？武曌死后立无字碑的意图又是什么呢？这部传记试图回答所有这些问题。

* * *

　　本传记主要参考了以下三部官修正史：刘昫的《旧唐书》（成书于公元 945 年）、欧阳修的《新唐书》（成书于1060 年）以及司马光的《资治通鉴》（成书于 1080 年代）。《旧唐书》中有《则天皇后本纪》，其中记载了她统治期间每年、每月发生的重要事件、官员任命、朝廷大事等。《旧唐书》中同时还有武曌家族的外戚传记及其政治上的盟友，如她的僧侣情人薛怀义的传记。《新唐书》分别在两个部分对武曌有所记录，第一部分为《则天皇后本纪》，第二部分则是《后妃传》。笔者还重点参照了《资治通鉴》中 648～705 年的编年史，以及其中作为补充的重要注解。

《旧唐书》、《新唐书》及《资治通鉴》均编纂于武曌死后两百多年，此时中国的政治及习俗，尤其是对于女性的看法已经发生了根本性的转变。刘昫用以下语句作为对武曌当政时期的总结："武后夺嫡之谋也，振喉绝襁褓之儿，菹醢碎椒涂之骨，其不道也甚矣"。① 　　xi

对西方历史比较熟悉的人可能无法理解中国官方史书的性质。与西方史书不同，中国史书常常以统治者与官员之间的对话来展现史实。例如，《资治通鉴》中包含了大量武曌与朝中大臣的对话，官员们试图质疑女皇宠幸的二张兄弟，希望她放弃皇位，让位给儿子李显。一名大臣在被贬之时曾向武曌进言。

"臣老矣，今向岭南，十死一生。陛下他日必有思臣之时。"

太后问其故，时易之、昌宗皆侍侧，元忠指之曰："此二小儿，终为乱阶。"②

《资治通鉴》记录这段争论的时间距其发生可能已有四百多年了，这番对话并非简单抄录武曌在朝堂之上与大臣的争论。传记作者必须清楚地认识到官修史书是有一定的政治

---

① 《旧唐书》本纪第六，则天皇后。本书脚注均为译者注或编者注，如无特殊情况，后文不再专门说明。
② 《资治通鉴·唐纪二十三》，则天顺圣皇后下，长安三年癸卯。

目的的。为了使高风亮节的大臣与那些在背后中伤良臣、油嘴滑舌的谄媚者形成鲜明对比，朝廷史官会对这些对话进行仔细的斟酌、润色和加工。《资治通鉴》中包含了"正直"大臣慷慨激昂的言辞，他们愤慨地对武曌说："陛下虽居正统，实因唐氏旧基。当今太子追回，年德俱盛，陛下贪其宝位而忘母子深恩，将何圣颜以见唐家宗庙，将何诰命以谒大帝坟陵？"①

这些官方的信息可靠吗？有时候，官方的史料显然并不可靠。《资治通鉴》中写道，在王皇后逗弄了武曌刚出生的女儿之后，武曌便将襁褓中的婴儿掐死，然后嫁祸给王皇后，并在高宗来看望女儿发现孩子已死时故作惊讶。这是真的吗？记录历史事件的史官难道藏在了婴儿室窗帘的后面，看到了事情的全部过程？传记作者必须对此有所甄别。在这部史书的后续内容中，对王皇后的审讯并未提及婴儿的死亡。废黜王皇后并非基于她谋杀了婴儿，而在很大程度上是由于她未给高宗诞下子嗣。这自然会使读者怀疑此事是否真的发生过。

* * *

幸运的是，除了这三部官修史书之外，还有很多不同来源的史料为我们提供了更加细致和均衡的视角。在公元 10 世纪末期，王溥编写了《唐会要》，广泛收录了唐朝（618～907 年）的重要公文，将武曌时代的宫廷记录编录成目。清朝（1644～1911 年）中期，董诰等人著有《全唐文》，其

① 《资治通鉴·唐纪二十三》，则天顺圣皇后下，长安二年壬寅。

中包含了数组有关武曌的公文，它们包括典雅的碑文、宣布新统治时代的诏书、朝廷奏折，以及礼仪典册的序文。《全唐诗》中也收录了大量描写武曌的诗以及武曌本人所作的诗。武曌执政时期的佛教典籍，既包括《大正藏》——一种收录佛教经、律、论三藏典籍的汇编，也包括敦煌石窟中发现的经卷。一些地方历史学家的著作，比如宋敏求在北宋所著的《河南志》，包含了武曌在位时期发生在洛阳的很多事件。非官方的资料，如李昉在宋初编纂的《太平广记》，也提供了一个与武曌及其统治有关的故事宝库。

这些资料中的不少文献由武曌本人撰写，还有很多出自她的拥护者和宣传者之手。仅《全唐文》中就有四卷收录了据传出自武曌之手的圣旨、诏诰、辞赋、奏章、碑文石刻。笔者还参考了前人鲜有研究但非常重要的政治专著《臣轨》，以及包含46首武曌诗篇的《全唐诗》。

《唐会要》是一部记录诸如封禅大典、佛教禁令、佛寺修建及更名等仪式庆典的内容丰富的文献。笔者还拜读了杜佑的《通典》，它是一部出自晚唐的史书，收录了大量宝贵的宫廷音乐，同时记载了确定宗庙修建数量时发生的激烈辩论。

由于官修史书往往都有倾向性，我还借鉴了那些政治倾向不太明显与不太正统的资料。非官方的资料，比如宋代杂集《太平广记》，提供了一些宝贵的民间视角，同时包含很多成书时间十分接近武曌时期的其他材料，如从《朝野金载》、《大唐新语》和《隋唐嘉话》中摘录的内容。《太平广记》中撷取的片段包括：朝廷的司天监进言唐太宗，称一位"女主"将颠覆唐朝;对著名佛教画家尉迟乙僧的作品的描述;以及狄仁杰为武曌解鹦鹉折翼之梦的叙述。同时,书中还包括大量明崇俨向唐高宗展示其聪明才智的故事、从天而降的瑞石的故事,以及在武曌的朝堂上展示三足金乌的故事。有一些故事很难取信于人,比如皇宫中出现色如金黄、背书朱红"武"字的蟾蜍的故事,或者博陵野人须臾吃尽一斗豆酱的故事。《太平广记》中还包含"一片火,两片火,绯衣小儿当殿坐"的煽动性民谣,以及"一条麻线挽天枢"的神秘歌谣。

　　虽然《旧唐书》、《新唐书》及《资治通鉴》这三部主要史料均对武曌持有负面意见,但文学大家们用华丽辞藻使武曌政权合法化的行为同样存在问题。据《全唐文》记载,在武曌建立了自己的王朝后,她的一位谏官陈子昂曾夸张地说过:"为人圣母,皇帝仁孝,肃恭神明。"① 《大云经疏》等佛教宣传典籍中也包含了关于佛教君主的预言,称其"即以女身当王国土"。在注解《华严经》时,武曌的支持者高僧法藏写道:"乃圣乃神,运六神通而不极;尽善尽美,畅十善化于无边。"② 在武曌为其父母所立的攀龙台碑中,才华横溢的宰相李峤描述了女皇的父亲在五色霞光、祥瑞之气笼罩下的神奇诞生。而《全唐文》中的相似描述,则充分展现了武曌提高自身家族血统的尝试。

　　地方史编纂者们也提供了一些有用的素材。如《河南

xiv

---

① 《全唐文》卷二百九《大周受命颂》。
② 《华严经传记》卷第三。

志》中提到了洛阳的一些地名，同时还介绍了很多关于观凤殿——武曌于公元 705 年驾崩之所——的详细信息。《登封县志》中收录了一些武曌在石淙作诗的故事。一些资料中记录有华丽但可信度不高的地方传说，例如《嵩山传奇》① 中记载的武曌听到劝告妇女不得喝酒的鸟叫声的故事。

　　然而，一位传记作者必然要衡量这些相互矛盾的材料，将这些具有偏向性的官修史书、佛教宣传及谶语、言过其实的实录，以及非官方文献中的荒诞故事，融汇为一份关于武曌生活及政治生涯的连贯叙述。在参考原始文献时，这本传记并未添加脚注或标明引用。笔者还避免了关于每个事件或每则引文的冗长说明，如"根据《资治通鉴》和《唐会要》……"或"《旧唐书》和《太平广记》中关于……的记录与《新唐书》中的记录有所偏差"。在本书的最后附有"参考文献说明"，其中列明了引用资料的详细信息。通过术语表，读者可以看到应该在哪些历史文献中查阅相关重要人物及地点的资料。

致谢

　　中国的几位杰出学者，尤其是陕西师范大学历史系的胡戟和赵文润两位教授的指导和建议，对于这本传记的完成至关重要。他们慷慨地给予我宝贵的时间并同我分享了独到的见解。西安美术学院的程征教授——《三百里雕刻艺术馆：

xv

---

① 未见《嵩山传奇》一书，疑为《说嵩》。

唐十八陵石刻》的编者之一——陪我一同参观了武曌母亲的顺陵，以及唐高宗和武曌合葬的乾陵，并和我讨论了关于每处陵墓的传说与故事。

尤其要感谢的是柯素芝（Suzanne Cahill）及时为本书草稿提出的意见，它们提供了极大的帮助。也要感谢琳达·库克·约翰逊（Linda Cooke Johnson）对全书认真负责的编辑工作，以及她对"前言"及"参考文献说明"中的内容给予的宝贵建议。朗文出版社联系的一些学者也帮忙审校了本传记的草稿，我也要向他们，特别是在百忙之中校订了本书全稿的帕梅拉·塞尔（Pamela Sayre）表示感谢。在这里，我还想对卡米·史密斯（Kami Smith）、阿什莉·迪恩（Ashleigh Dean）和克里斯·西尔维斯特（Chris Sylvester）专门致谢，他们在编辑书稿的过程中慷慨襄助，并提出真知灼见。此外，还应该感谢北佛罗里达大学教学研究及技术中心的大卫·威尔逊（David Wilson），他用精湛的技艺帮忙准备了本书中的地图和表格。同时感谢史蒂文·罗宾逊（Steven Robinson）允许我使用他拍摄的奉先寺的照片。

最后我想感谢我的妻子 Chengmei、我的女儿 Viola Luolan，她们给予我极大的鼓励与支持，并一直努力让精力旺盛的 Liu Hurricane 远离我的书房。

＊　＊　＊

关于名字的注解

除了李贤（Li Hsien）的名字为与他的弟弟（或者说同父异母的兄弟）李显进行区分使用了韦氏拼音（Wade-Giles

system of romanization）外，书中所有的名字均用汉语拼音表示。对曾在公元 690 年代末以及 8 世纪初进犯武曌治下的中国的突厥可汗，我使用了其汉语名称 Mochuo（默啜），而不是 Bäg Chor 或 Qapaghan。同时，我使用了佛教僧人的梵语名称，如 Siksanada（实叉难陀）和 Bodhiruci（菩提流支），而并未采用他们名字的汉语拼音。

　　对于中国的皇帝，后人往往熟悉其死后的庙号，而非本名。因此，在本书中，笔者使用了庙号称呼唐朝的前三位皇帝，即高祖、太宗和高宗。然而，对于武曌及其两个儿子李显和李旦，虽然他们都当过皇帝，但是在叙事中我选择使用本名。本书使用了武曌自己选定的名称，而非其庙号，这是因为武后、武则天或则天皇后等称呼，仅仅是儒家"正名"传统对她的一种弱化和对其伟大事业的一种贬低。保留李显和李旦的本名是因为它们比那些严肃而正式的庙号更能反映他们较低的地位，无论是作为一位令人敬畏的母亲的儿子，还是在回顾历史之人的眼中。

　　　　　　　　　　罗汉（N. Harry Rothschild）

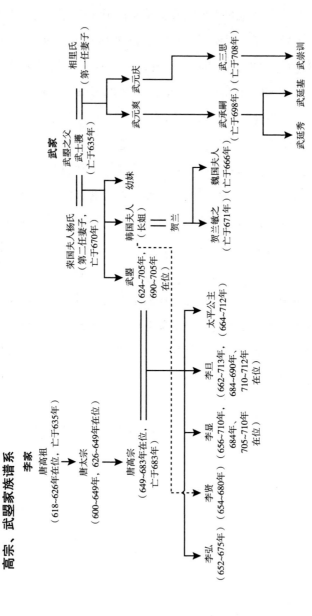

高宗、武曌家族谱系

李家

唐高祖
（618～626年在位，亡于635年）

唐太宗
（600～649年，626～649年在位）

唐高宗
（649～683年在位，
亡于683年）

李弘
（652～675年）

李贤
（654～680年）

李显
（656～710年，
684年、
705～710年
在位）

李旦
（662～713年，
684～690年、
710～712年
在位）

太平公主
（664～712年）

武家

武曌之父
武士彟
（亡于635年）

相里氏
（第一任妻子）

荣国夫人杨氏
（第二任妻子，
亡于670年）

武曌
（624～705年，
690～705年
在位）

韩国夫人
（长姐）

贺兰

幼妹

武元爽

武元庆

武三思
（亡于708年）

武崇训

武承嗣
（亡于698年）

武延基

武延秀

贺兰敏之
（亡于671年）

魏国夫人
（亡于666年）

10

第一章 名字有何含义？

曌

"曌"这个汉字是武曌为自己选定的名字，意指日月当空普照大地。

最初，这位中国历史上唯一的女皇帝并没有名字。她是武士彟第二任妻子杨氏所生的次女，武士彟是当时中国西北的一位富有的木材商人，在唐朝（公元 618～907 年）初年成为朝廷官吏。在中国的历史长河中，像这般血统并不尊贵的女子鲜被提及。中国历史的传统更多是通过记载忠心文臣的睿智谏言以及骁勇武官的英勇战绩来向后代进行道德说教。

武后或武则天的后代对这位独特的人物可谓耳熟能详。然而，"则天"并不是一个名字，而是取自她的一个称号"则天大圣皇帝"（其中"则天"意为以天为则），这是她在公元 705 年被迫让位后使用的尊号。705 年底，她自愿放弃了帝号，但保留"则天"作为她"则天大圣皇后"称号的一部分。在她去世数十年后，她的称号进一步被精简为"则天武后"。然而，几个世纪之后，历史学家往往称她为武后或武则天，这给人一种印象，似乎"则天"就是她的名字，因此大众将"则天"与其姓氏连在一起，开始称她"武则天"。如此一来，"则天"二字便脱离了她的帝号，沦为了一个俗名。在儒家的历史学家以及很多现代学者的笔下，"武则天"这个名字所对应的，往往是一个残酷、淫荡、非法、无情而又野心勃勃的篡位者形象。

"则天"的称谓很可能来源于洛阳的则天门，公元690年武曌在此登基称帝。说来也奇怪，此门恰好可以证明"则天"并非武曌本名。应天门在唐初被焚，并于公元665年重建后改名为则天门。如果作为皇帝，她的本名即为"则天"，那么用这两个字命名一座宫门应是当时之人十分忌讳的做法。

* * *

历史上她通常被称作武氏，这是一种对武家女子的泛称。尽管当时中国的女子婚后仍然保留自己的姓氏（现在也是如此），这一习俗并不能说明个人赋权的程度。在中国的传统理念中，一个人的姓氏及血统十分重要，这体现为中国的人名总是姓在名前。婚后，娘家的情况可能决定一位妇人在夫家众多儿媳中的地位。即使是在为女人所作的纪念性墓志铭中，女子的名字也很少出现。

3　　武曌的乳名为"华姑"。在她正式登基之后，为了回避女皇的名讳，华州更名为太州，位于今湖南省洞庭湖北岸的华容县改名为容城县。武曌这个幼年时期的称谓与一位同代人黄灵微的一个称谓极为相似，黄灵微为唐代的著名女冠，世人称其为"花姑"，谓其年八十而有少容，貌如婴孺，蹀履徐步，奔马不及。

13 岁时，武曌凭借父亲生前作为唐朝开国功臣的地位以及自己的智慧与美貌，离开寡居的母亲，被召入宫，选为才人，成为唐太宗后宫九位五品才人中的一位。才人并不是她的名字，甚至也不是一个重要的内官职位，它只是对后宫五品内官的一个通称。

因为她的美貌，太宗赐号"武媚"。后来，当她被太宗的儿子与继位者高宗带回后宫后，又被升为昭仪。和才人一样，昭仪也只是一个封号而不是名字，仅说明其为九个正二品妃嫔之一。

她最初默默无闻，其后迅速崛起，在公元 655 年被唐高宗立为皇后，取代了出身名门望族的王皇后。674 年，高宗与武曌开始自称"天皇"和"天后"。683 年，高宗驾崩之后，武曌的政治权威日渐加强，她因此获得了更高的皇室封号。首先，和其他丈夫去世的皇后一样，她成了皇太后。然而，她扮演的却是摄政者的角色，在儿子继承高宗的皇位后继续代理朝政。大臣们称其为"陛下"，她自称朕，意即"寡人"，这个称谓彰显了皇帝的至高无上和唯我独尊。这个称呼为皇帝所垄断，其作用与欧洲王室的自称"the Royal We"类似。

据此看来，父权社会的各个阶段对她的称呼均为姓氏加上内官称谓：她是武氏家族的一员，是太宗皇帝的一名才人，是高宗的配偶以及皇后，在高宗死后被尊为皇太后。然

4

而，她依然没有自己的名字。

公元 688 年，武曌加尊号"圣母神皇"；690 年正式称帝，称"圣神皇帝"。此后，更多夸张的封号加诸其身：693 年加"金轮"；694 年加"越古"；695 年加"慈氏"，同年，去"慈氏越古"，但增加"天册"。封号虽然显赫，终究只是封号，仍不是她的本名。

*　*　*

在父权社会和政治体系下，女子的名字长期被抹掉、被忽略。武家的这个二女儿出生的时候，中国正处在公元 7 世纪早期"男尊女卑"的时代，存续了上千年的儒家思想在人们的意识里已经根深蒂固。在家族宗祠中，男性祖先的地位远高于女性祖先的地位。孝顺、忠诚、仁慈、正直等儒家最为重视的美德都是男性更容易具备的特质。孔子曾说过："唯女子与小人为难养也，近之则不孙，远之则怨。"人们通常认为培养女子的美德与仁爱之心是很难的，女子的天性就是喜怒无常、淫荡、任性、嫉妒、懒惰。在中国人的书写体系中，很多包含"女"字偏旁的汉字都具有贬义，例如奴、嫉、妓、妖、奸、娼、媚等。

社会中的基本人伦——如君臣、父子、长幼关系——也都是男性之间的关系。唯一涉及女性的关系只有夫妻，但要求夫为妻纲，即妻子必须绝对服从丈夫的权威。当女子说话的时候，应该自称为妾，这是一个自贬的说法，表示"侧室"或"你的侍女"。在《易》这部出自西周（公元前1045～前771 年）的古老汉语经典文本中，阳爻为不间断的粗线，三阳爻代表天、君、尊；而阴爻为断开的细线，三阴

第一章 名字有何含义？

爻代表地、臣、卑。一部汉代（公元前 206 年～公元 220 年）的儒家文献用性别角色对《易》中的内容进行了诠释："既嫁，则以夫为天。"在儒家父权制社会中，一个贤良的女子应该是谦卑、贞洁、谦逊的，她可以将家庭治理得井井有条、尽善尽美。与此相似，在中国早期的宇宙观中，所有的事物都由两个互补的元素构成，它们分别是代表热、光、积极的阳与代表冷、暗、消极的阴。

中国另外一本早期经典著作《诗经》中曾写道："哲夫成城，哲妇倾城……乱匪降自天，生自妇人。"其中传达的信息异常明确：女子不应参与政治。公共及政治领域属于"外"，因此是男人的专属领地。女人处于从属地位，她们最好待在家中，家庭根据传统划分属于"内"。因此，女人进入男人的领地并行使政治权力违背了自然及人伦秩序。中国的历史学家列举了很多因违反这一礼制而出现的严重后果。在儒家士人眼中，女人就是可以颠覆王朝的祸水，她们要么诱惑君主不顾本分，转而沉溺于儿女私情，要么不顾本分，进入属于男人的外部世界参与朝廷政事。

妲己是前一种女人的典型例子。妲己是商朝（公元前 1766～前 1045 年）末代君主的妃子，她迷惑君王，蛊惑其穷奢极欲、不理政事、不问百姓疾苦。一名忠臣苦心劝谏，但在妲己的挑唆下，商纣王竟将此人的心挖出，不久之后，商朝灭亡了。作为中国四大美人之一的西施也是这样一位女性。公元前 5 世纪，越王勾践将其献于吴王。这位南国淑女的美貌举世无双，可谓沉鱼落雁、闭月羞花。吴王对其钟爱有加、十分迷恋。据史料记载，吴王夫差在得到西施之后，军事热情骤减，他不理朝政，终致身死国灭。

涉足公共领域的女子是儒家眼中的第二类女性反面角色，她们通常是老谋深算、意志坚强的皇太后，却行使了原本属于皇帝的特权，身居庙堂之上，向臣子颁布一道道敕令。汉朝开国皇帝的配偶吕后在朝廷之中安插了众多吕氏亲信。在她的丈夫死后，吕后毒死了他最宠爱的妃子戚夫人的儿子，然后在砍掉戚夫人的手足后把她丢进猪圈并称之为"人彘"。吕后的儿子看到母亲的残忍恶行，受不住惊吓，年纪轻轻便去世了。事实上，吕后只是中国古代独揽朝政，对软弱无能、年幼多病的皇帝进行操纵的众多皇太后之一。虽然人们对这类女子持批判、反对的态度，但每当出现权力真空时，朝臣们仍是不情不愿地接受了皇太后的摄政。

虽然这些故事的历史真实性值得怀疑，但是它们仍然对女性在政治社会领域和两性关系中的地位产生了深远影响。这类故事在中国历史上时有发生。从儒家视角出发，两种类型的女子——用美貌魅惑君王的妖妃与进入男性专属的公共及政治领地的野心勃勃的强悍女子——公然反抗了男性权威与既有的自然模式。尽管木材商这位非同寻常的次女武氏并不属于这两类"恶女"，但是与她同时代以及后世的男人们早已做好将这些恶名强加在她身上的准备。

根据早期的儒家礼法，在女子祭拜了夫家的宗祠之后，婚礼才算正式完成。在家族祭祀及祭祖仪式中，尤其是在哀悼及供奉祖上姻亲时，女子的作用至关重要。在西汉（公元前 206～公元 8 年）初期，《列女传》——一部记述贤良女子应有的品行的书——一类的文献开始问世。这本书中全是道德典范的传奇故事：贞洁的妻子选择自尽以抗拒其他男性的凌辱，忠诚的孀妇自毁容颜不愿再嫁，孝顺的女儿无私地孝敬父母，还有尽职的母亲含辛茹苦地教育子女。

虽然数量不多，但是《列女传》中也列举了几位具有惊人智慧、在政治上极度精明的女子。其中一则故事的主人公是战国时期（公元前 481～前 221 年）一位诸侯的母亲，她具有远见卓识，建议自己的儿子将小妾献给另一位统治者，但儿子不听，最终招致了亡国之祸。著名的儒家圣人孟子的母亲，也曾循循善诱、时时劝解，增加儿子的知识并培养他的才能。

到了唐代，尽管仍然受制于儒家体制中的"女主内"思想，但女性开始扮演更加富有影响力与建设性的角色。几个世纪以前，著名的女性历史学家、社会理论家班昭著有《女诫》，她在书中极力宣扬父权思想，强调女子应三从：未嫁从父，既嫁从夫，夫死从子。然而，她很好地利用了传统儒家思想，主张女人可以像男人一样通过学习培养、提升自己的道德力量。她强调节俭的重要性以及对家庭日常开支的合理把控，同时提出母亲在教育子女方面具有重要职责。就家庭事务而言，女子（尤其是年长的女子）具有相当程度的影响力。

* * *

尽管如此，在儒家父权体制的影响下，女性处于从属地位、不断自我否定、作为附属品的处境并未发生改变。这种父权体制在长达六十多年的时间中剥夺了武曌的名字，只根据她和不同男人的关系为其贴上了标签：她是武氏家族的一个无名女子，是皇帝宠爱的女人。这也可以解释为什么她后

8 来费尽周折要为自己选择一个合适的名字。在公元 689 年冬至，武曌代替当时名义上的皇帝，也就是她的儿子李旦，发布了一份诏书，宣称："朕又闻之，人必有名者，所以吐情自纪，尊事天人。是故以甲以乙，成汤为子孙之制；有类有象，申缱明德义之由。朕今怀柔百神，对扬上帝，三灵眷祐，万国来庭，宜膺正名之典，式敷行政之方。朕宜以曌为名。"①

名字是统治者用来辨别与区分、融合或彰显、创造及维护社会阶层的工具。公元前 221 年，秦始皇统一中国，其中一项重要革新就是对书面语言的标准化改革。由此可见，当名字与事物正确地联系在一起时，某种秩序、和谐与权力往往就会得到确定。"正名"是儒家的一个重要思想。在著名的圣人语录《论语》中，孔子反复说："名不正，则言不顺；言不顺，则事不成；事不成，则礼乐不兴；礼乐不兴，则刑罚不中；刑罚不中，则民无所措手足。"照此逻辑，名字②是基本结构单元，国家的基础据此构建，如果人名不正确，或事物的标签不准确，则必将造成混淆及不和。因此，作为一个力图登上皇帝宝座的皇太后，武曌需要一个可与她独特的政治地位相匹配的名字。

当她最终拥有了选择自己名字的自由时，她选中了"曌"，这个字象征着她的权力。为了证明并提升她的地位，她创造了一个在之前漫长的中国文字历史中前所未有的新汉字。这不仅反映了她的创造性，更彰显了她的胆识与魄力。

---

① 《全唐文》卷九六《改元载初赦文》。
② 实际上，"名不正，则言不顺"中的"名"指的是"名位"而非"名字"。

这个新发明的曌字描绘的是日月当空照的景象。曌字的创　　9
造，就好像她向世界宣布："现在，你们知道我的名字了
吗？知道我是谁了吧？这就是我的名字！独一无二的一个名
字！"曌字包含了天体中的太阳和月亮，从字面上看这就是
一个万丈光芒、夺人眼球的名字。

因为她的名字与"诏书"的"诏"同音，为避其名讳，
诏书改名制书。与众多中国皇帝一样，她深信名字包含着很
强的魔力，能够趋吉避凶。如果名字在日常生活中被人们经
常提起，这必将削弱它们的力量并带来厄运。

武曌把这个名字与其家族的起源联系在了一起。公元
699 年，在武曌为其父母所立的攀龙台碑上，当时的文坛巨
匠李峤撰写了碑文，文中记载：武曌的祖母"尝祈晋祠於
水滨，得文石一枚，大如燕卵，上有紫文，成日月两字，异
而吞之，其夕梦日入寝门，光耀满室，已而怀孕，遂产帝
焉"①。作为重构她的过去和宗谱的更大努力的一部分，这
个故事无疑是她故意编造的出身神话。

在中国传统中，男性的"阳"与太阳和光相联系，而
女性的"阴"则与月亮与影子相联系。早在武曌选用"曌"
作为名字的一千多年前，《诗经》中就曾有"日居月诸，照
临下土"的记载。通过将代表男性的太阳和代表女性的月
亮组合在一起，把这两个重要的天体融合在自己的名字中，
武曌变得与众不同、异常伟大。男性与女性、白天与黑夜都

---

① 《全唐文》卷二四九《攀龙台碑》。在这段引文中，"帝"即武曌之父
　　武士彟。

已融合在这一具有象征意义的名字里，这个有意设计的二元性组合可以帮助武曌削弱人们对女性皇帝的抵触，从而使她从一名女性转变成一种权力的载体。

日月放在一起，在中文中可凑成一个"明"字，表示明亮、光辉、光亮。不管在哪种文化中，光几乎总是与神圣的力量联系在一起。人们能够想到埃及的太阳神"拉"（Ra）的光辉，或者犹太－基督教宇宙起源论中神的指令"要有光"。中国也不例外。因此，统治者往往借助这种神圣的光辉增强自己的世俗权威。

在武曌的热心资助下，佛教也在中国发展到了顶峰，光在这一过程中发挥了至关重要的作用。武曌认为自己是一个重要的佛陀"大日如来"的化身，大日如来即有"光明遍照"之意。曌字中的日月也能让人联想起阿弥陀佛，他的另一个名字是无量光佛。

在道教这一根深叶茂的中国本土哲学中，武曌之名也有很强的寓意。武曌名字中太阳和月亮、天体和虚空成对出现、互相补足，很好地体现了道教的核心思想——相辅相成。道是神秘而又普遍适用的准则，是自然及宇宙的运行模式，它融合了有名与无名、强与弱、无限大与无限小。而"空遁"是道教修行者广为人知的一种能力。

作为她的代表，这一自创的曌字融合了儒释道思想的精髓。这不是一个称谓，不是一个意味深长的诨名，也不是代表妇女的通用称呼，这是她自己的名字。与这个名字的主人、这个与众不同的女人一样，曌字可谓不同凡响、超凡脱俗，在中国历史上更是独一无二。

第二章 女皇荣升的历史前提：
草原文化、丝绸之路与佛教

唐代无疑是中国封建社会中最鼎盛的时期，但它并非纯粹"中国式"的朝代。在经过四个世纪的分裂、对峙与战争之后，公元 618 年，李渊建立唐朝。唐朝是一个真正的帝国，幅员辽阔，人口众多，意识形态丰富。多样的族群和世界性使唐朝非常适合像武曌一样的传奇人物的崛起。时势造英雄，她只是在适当的时间出现在了适当的地点。中亚人长期统治着中国北方，在那里，大草原的游牧生活方式与黄河流域的汉人的农耕文明融合在了一起。丝绸之路将中国、中亚、印度及波斯连在一起，源源不断地带来新的时尚和商品，还有很多冲击当时中国固有文化建构的新思想。到唐朝为止，最有影响力的新思想便是佛教。

在唐朝之前的几个世纪里，大批来自中亚的入侵者占据了中国北部，核心的汉文化与外围的游牧生活之间的隔阂被打破，内外两层逐渐融合在一起。游牧文化对中国的固有文化形成了冲击，丰富了其内容，并防止儒家思想陷入一种僵化的文化模式。混血的和其他民族（non-Chinese）的精英氏

12　族既讲突厥语也讲汉语，虽然逐渐被同化的他们定居在黄河流域，并在汉人幕僚的指导下开始学习儒家经典，但他们仍然在草原上狩猎以磨砺军事技能。在唐代初年和中期，中亚的时尚、舞蹈及发型广泛流行。武曌的母亲和唐朝皇室均是西北部汉人－中亚人混血大族的后代。

　　在大草原上，妇女不用只待在家庭内部。许多草原部落都是母系氏族，以母亲而非父亲为尊。广阔的草原、隐蔽的毡房、放牧的羊群取代了高高的城墙、无尽的封地和中国儒家社会里男女有别、长幼有序的严格的对称性。在大草原上没有外部男性领地与内部女性领地的划分，草原上的女子生气勃勃、不屈不挠，她们像男子一样打猎、放牧，也精于骑射等关键技能。就社会地位和两性关系而言，中亚的妇女比汉人妇女更加自由。

　　自然而然的，在初唐，这种融合的文化使儒家价值观对妇女的制约在一定程度上有所减轻，这个时代的女性尽管仍然受到多重限制，但她们享有的法定地位高于其他任何朝代的女性。男子正妻的法定地位比小妾和女奴高。如果男子的经济条件或社会地位允许，他可以纳很多妾，但是不能再娶第二个妻子。经双方同意，男子可以和妻子离婚。当时离婚现象比较普遍，在上层社会尤其如此。如果男子贬妻为妾，那么他将遭受两年的劳役拘禁。殴打自己妻子的罪行比殴打妾侍更加严重。然而，如果一个妻子殴打自己的丈夫或者做出对公婆不敬的行为，则被视为犯有重罪。如果朝臣被流放，则其妻妾也将一起被放逐。拥有爵位的男子可以对自己的亲戚给予特定的合法保护，女性却不能，因为她们的地位源于她们丈夫的地位。

自信、勇敢的唐代女子不再被严格拘于内室之中，她们开始揭去羃䍥①，骑乘于市井之间；在有男子参加的公开的佛教庙会中，她们也会穿着低胸的衣服，展现自身的女性魅力。对于这一变化，武曌可谓功不可没。据《旧唐书·舆服志》记载，唐初的女子外出时须戴上羃䍥或帷帽遮蔽容颜，以避免路人窥视。然而，"则天之后，帷帽大行，**羃䍥渐息**"。 13

妆饰产业空前繁荣。唐代贵族女性墓葬中发现了很多梳子、银镜、铜镜。女性开始使用大量的香脂和香料，佩戴大量装饰品和配饰——戒指、手镯和项链。出产于波斯的螺子黛也出现在了洛阳和长安的集市之中。女子开始使用胭脂和水粉，并用漂亮的花钿打扮自己。宫女们为了保持口气清新，开始食用丁香。武曌本人也以精于化妆和保养著称。

唐代有不少关于勇敢女性的民间故事，其中之一的主人公是旅店老板娘寡妇板桥三娘子。她能用幻术种麦，在这里住宿的客人吃了用这种麦子做成的烧饼后就会变成驴。在另一则故事中，名妓李娃欺骗并抛弃了一位非常有才华的年轻书生。她的明眸凝睇让他念念不忘、寝食俱废，将苦读多年的圣贤书抛在脑后，一心只愿与她厮守。后来这位失恋的年轻人被家人抛弃，贫病交加。见此，李娃受到了良心的谴责，于是她悉心照料他，以助其恢复健康。在她的帮助下，书生重新考取功名，后又加官晋爵。简言之，李娃曾毁了

---

① 古代遮蔽脸部的一种面罩。

他，但后来又把他从绝望的深渊中扶起。①

　　唐朝的女子还以嫉妒和残暴著称。唐代记录了很多"惧内"的故事，最生动的要数唐代之前的隋文帝的故事。他强硬的妻子不许他拥有妃嫔，有一次，隋文帝摸了一位宫女的纤纤细手，为此她竟将此宫女的双手砍下，在隋文帝用膳时呈了上去。在另一个非常有名的"惧内"故事发生时，武曌仍是孩童。故事中，一位新上任的官员设宴款待他的朋友。席间，他招来一名女子为他唱歌，他的夫人知道后妒火中烧，冲到堂前，在宴会上大肆撒泼，赤脚蓬头地举剑乱舞，吓得宾客及歌女四处逃窜，这位官员更是害怕地躲在床下瑟瑟发抖。

　　武曌还知道一些和她同一时代的强大女子的事迹。公元653年，当她正与众多内廷妃子争夺高宗宠爱之时，在朝廷之外，发生了一件离奇的事情，从中可以窥见那个时代的基调。在唐帝国东南部的州县中有一女奇人名叫陈硕真，据唐朝官方报告，她曾施魔咒惑众生，组织农民起义。她自称文佳皇帝，任命了军事将领并且开始吞并周边城池。显然，当时的人们并不反感为女性首领效力。每次战斗前，陈硕真都会摇铃焚香。野史记载，她的守护神会惩罚那些背叛她的人，为他们招来灭族之灾，这使那些反对她的人闻风丧胆。然而，不久之后，她就被俘杀了。

　　除了中亚女性的影响，武曌可能也从同一时代的新罗国和日本国的女性统治者那里得到过启示。由于当时思想、文

------

　　①　可参见唐传奇《李娃传》，又名《汧国夫人传》。

化及贸易上的交往十分自由，对于统治新罗的善德女王和真德女王，以及日本国最高统治者推古天皇和持统天皇，武曌当然都非常熟悉。善德女王也是佛教的忠实拥护者，她在位期间，修建了新罗最大的皇龙寺九层塔。日本国仿照唐朝的官僚制度对其国内的政治体制进行了改造，推古天皇将自己比作这一新式政权顶点处的北极星，在武曌的丈夫高宗使用"天皇"一词之时，她已使用这一称呼长达半个多世纪。持统天皇帮忙编纂了早期的日本神话历史，将自己称为天照大神的后裔，以此来提高皇室的地位。当武曌还只是唐太宗后宫众多佳丽中的一位才人的时候，东南亚的一个小国林邑（今越南）有一位女王曾向唐朝进贡。在唐朝的历史记录 15 中，还有一个名为女儿国的奇怪国家，它位于西部边陲之外，由一位强权女性作为君长治国。她每十五日上一次朝，出席朝会的还有其他女性数百人。

＊　＊　＊

丝绸之路的沿途遍布商人的驼队，因此，在前往初唐两京——长安和洛阳——的道路之上，挂满各式商品的双峰骆驼来来往往。这培养了一种国际性的开放环境：集市繁荣，城市的街鼓规范着各种商业活动。市场上的商品琳琅满目，有马来亚的广藿香、天竺的胡椒、爪哇的芳香木、新罗的松子，以及波斯的肉饭和无花果。涌入长安和洛阳的除了众多舶来品外，还有众多域外人士，如回纥的钱庄老板、波斯的银匠、突厥的杂货商以及天竺的魔术师。200 英尺①长的大

---

① 1 英尺相当于 30.48 厘米，后文不再另做说明。

三角帆船从遥远的阿拉伯驶入广州港。唐三彩瓷器的一种重要造型就是那些牵着或骑着骆驼、留着长胡子的中亚商人。而儒家则将商人贬低为小气贪婪、重利轻义的市井小人，将他们视为社会的蠹虫。武曌作为一个木材商的女儿，在统治期间对商人采取的是放任的态度，她很少对商业行为加以限制。

在这种自由开放的环境中，女人也可以身着男人的服装骑在马上。成群结队的杂耍艺人、算命先生、摔跤手、戏法师傅、街头表演者向路人招徕生意，讨要赏钱。官宦家庭的宅邸里以及京城宽阔的大街上开始出现马球比赛。拔河比赛也从军事训练场所传到了深宫内院，宫女与妃嫔们开始将这种较量力气的比赛当作一种娱乐活动。

佛教是中亚草原与中原汉人地区都十分推崇的一种文化。唐太宗曾提出，大多数平民似乎都信奉佛教。佛教将印度、中亚、中国、朝鲜半岛和日本国融合在一起，一个庞大的文化统一体因此形成。佛教寺庙则成为一个将汉与非汉、男与女、富与穷、僧与俗联系在一起的圣殿。因此，共同的佛教信仰有助于掩盖汉人与中亚人间的文化差异。

尽管有些女子在某些领域扮演了领导者的角色，如佛寺住持等，但是在佛教传统中，女子往往被视为魅惑男子的狐狸精，她们易受欲望左右，是道德败坏的不洁之人。佛经中将男子描述为在欲望中苦苦挣扎，忍受荆棘刺体、铁喙啄食、刺刀劈砍以及地狱之火烧灼的个体。自其从中亚传入中国的几个世纪以来，佛教对女性变得更加宽容。随着关于"空"的教义不断发展，某些教派提出，男人和女人之间的区别，与所有相互对立的关系一样，归根结底是毫无意义的。总体来说，与儒家相比，佛教以一种更加公平的态度对待女性。某些佛陀有着女性的外表。佛教还有专门针对比丘尼修行的尼姑庵。佛教为男人和女人都提供超度。佛教的庆典和庙会活动也同时向男人和女人开放。

*　*　*

在经历了几个世纪的混战之后，唐朝统治者建立了一个新的朝代。原有的统治模式——以"天子"为儒家仁德和孝悌的典范——虽然还具有重要的影响，但是要治理一个融合了多种生活方式、民族群体和宗教信仰的复杂帝国，这种模式显然已经力不从心。在对外扩张的唐朝初年，一种新式的具有公共精神的政治哲学产生了，这一思想可简约地表达为"天下为公"（the empire is open to all）。公元7世纪的统治者必须了解帝国这种多元的、兼收并蓄的特性。

统领这样一个多样化的帝国需要一位思想开明的领袖，而武曌拥有中亚人与汉人混血后裔的身份、对佛教的虔信，以及新兴商人而非世家门阀的家庭出身，因此她天生就是这类领袖的完美人选。她独特的女皇荣升之路不能简单地归因于其背景与主流社会政治趋势的偶合，因为武曌如果没有冷酷无情的心性、坚定不移的野心、无与伦比的政治才干、机智过人的头脑和异常渊博的知识，这些历史的偶然性就将毫无意义。

第三章　从四川乡下到大唐深宫

17　武士彟第二任妻子的次女

　　作为中国唯一的女皇帝，武曌的生辰和出生地一直是不解之谜。她是家中不值一提的第二个女婴，因此关于其出生武家并没有做过多记录。儒家士人编撰的史书在此点上也含混不清、莫衷一是。最近一些学者认为武曌生于公元 624 年的长安，她的父亲武士彟在那里担任工部尚书。虽然这种说法可信度很高，但是也有学者认为她的出生地应该是扬州（距今日的南京不远），她的父亲 625 年时正在扬州做官。另外也有一些人认为她应该在 627 年出生于四川北部的利州，当地人认为武曌的生日是正月二十三，因此他们把这一天看作盛大的节日，会在这天举行庆祝活动。当地还有一个传说，称武曌的母亲杨氏在嘉陵江上乘船游玩时，一只蛟龙（象征皇权的生物）浮出水面与其交合，随后杨氏诞下武曌。时至今日，每年正月初五此地都会组织赛龙舟活动。另一则民间传说来自山西北部，称武曌生于此地，且此地离武家祖籍地不远。现在这里还有汉白玉的武曌雕像以及为了纪念她而修建的圣母庙。

在那个严格区分庶族家庭和勋贵世家的社会中，武氏 18
家族认识到自己属于广大社会分级中的平民阶层。尽管
有几位先祖在文水县做官，但是武家还算不上显赫的贵
族家庭。武士彟的爷爷和父亲的官职都不高，武家的财
富来自经商而不是为官。作为一个地方官的第四子，武
士彟深知自己成为朝廷高官、跻身上流社会的可能性不
大，因此他将更多的精力放在了木材的倒卖上。作为一
个成功的木材商，他积累了大量财富，并开始和地方的
文化、军事精英打交道。他天生就极具野心，不安于现
状。因此，当出现一个可以改变命运的机会时，武士彟
牢牢地抓住了它。

当时，国祚不长的隋朝（公元 589 ~ 618 年）的第二位
皇帝杨广执意征服高句丽，鲁莽地连续发动了四次战争，均
以失败告终。在他统治期间，黄河多次泛滥，造成特大洪
水，但是他继续征兵，逼迫人们背井离乡，激起了大规模的
农民起义。就在这个非常时刻，武士彟结识了李渊，这位唐
朝的开国者当时是一名镇守边关的重臣。在镇守太原期间，
李渊经常留宿武士彟家中。武士彟暗中劝李渊利用民众起义
的时机起兵反隋，并"进兵书及符瑞"，暗示李渊称帝是上
天的旨意。

后来，李渊（庙号高祖）成功推翻隋朝，建立唐朝。
李渊登基后，对武士彟大加封赏，命其担任工部尚书，封其
为应国公。武士彟为官期间，勤于职守、廉俭忠勤，高祖对
他非常赏识："此人忠节有余。去年儿天，今日妇亡，相去 19

19

非遥，未常言及，遗身徇国，举无与比。"① 武曌不仅继承了父亲那种作为局外人的果敢，而且承袭了父亲想挤入上流社会、跻身权贵阶层的野心。然而，父亲武士彟想要的仅仅是进入上流社会并为其服务，他并没有摆脱对达官显贵心存敬畏的奴性思想；但女儿武曌不仅想要跻身上流社会，而且要超越他们、驾驭他们，纵然从血统上看她与他们也格格不入。

扮演红娘的角色显然并非一位君主的分内之事，但是唐高祖被他臣子的忠诚深深地打动了，因此在发现武士彟第一任妻子亡故后不久，他积极地扮演了这一角色，为武士彟寻找到一位门当户对的新夫人。这位新夫人来自建立隋朝的杨氏家族，这个家族在隋朝灭亡后仍然是中国西北部的望族。杨氏的父亲是隋朝的宰相和大将，在远征高句丽时于军中去世。杨氏是一个聪明的女性，比起女红，她更倾心于古典诗词及儒家礼节。作为一个孝顺的女儿，她在父亲战死沙场后将自己的全部精力放在了诵读佛经上，希望她的父亲可以因此在来世得到善报。

虽然他们结婚时年龄都比较大——武士彟46岁，杨氏44岁，但是他们婚后仍然育有三个女儿，武曌是二女儿。纵然武曌的母亲出身贵族，但是决定武曌地位的是其姓氏，换句话说，是她父亲的家族。基于此，武曌被那些极力维护自身特权、彰显自身尊贵身份的达官显贵永远划在了另一边，她只是一个出身卑微的木材商的女儿。

---

① 《册府元龟》卷六二七《环卫部·忠节刚正谨慎》。

第三章　从四川乡下到大唐深宫

武曌母亲的身份并不能完全确定。有个故事写道，由于杨氏的年龄较大——武曌出生时她可能47岁或48岁，而且本性虔诚，因此她为自己的丈夫选了一名张姓女子作为小妾。还有一个关于武曌出生的传说：一天晚上，熟睡中的张氏突然觉得身体的上方压上了一个重物，她将重物推开后发现自己已经怀有身孕。张氏分娩时，五年前就已经被斩首的叛臣李密突然显灵，出现在武士彟的面前，嘱咐他好好照顾这个孩子，而十年之后他会因此得到福报。因此，在这个故事中武曌被描绘为一个小妾和一个梦中鬼魂的后代，而不是隋朝贵族与唐朝立朝者的忠臣所生的孩子。

在武曌还是一个婴儿和蹒跚学步的孩童的时候，她的父亲常受朝廷指派去往别处，她因此常常跟随自己的父亲到处奔波。在新朝刚刚建立的时候，皇室的统治根基尚不稳固，因此，任命忠心的大臣到不稳定的地区去平息叛乱、维持秩序至关重要。为此，武士彟作为一名深受皇帝赏识的忠臣，经常被指派去管理一些州县。公元625年，在被任命为扬州都督府长史后，武士彟举家离开都城长安，前往东南方七百里外的扬州。扬州地处大运河和长江的交叉口，是一个自由开放、热闹非凡的商业城市。虽然它是一座景色优美的城市，但当时这里极度动荡，到处都有顽固的反叛者、暴徒和强盗。在这里，武士彟不负众望，平息了叛乱，保障了旱路和水路的通商安全，并使农民得以开垦新的出地。

公元626年，唐太宗李世民从他的父亲唐高祖手中夺得皇位。之后，武士彟被召回长安，然后被任命为豫州都督。豫州位于洛阳以南约一百里处，武氏一家在豫州镇守了一年。在那之后，通往西南地区的要地四川利州的两位都督相继发动叛乱，唐太宗于是派遣忠诚的武士彟去管理这一动荡之地。武士彟赴任后，并没有采取高压手段迫使当地民众屈服，而是以包容的态度安抚感化，使当地的百姓甘愿臣服，最终兵不血刃地使利州"郡境乂安"。唐太宗大喜，下令对其大加封赏，以彰功绩。

　　3～7 岁时，武曌一直住在利州，也就是今四川北部的广元。这里紧靠嘉陵江，四周环绕着奇峰突起的峭壁和长满绿树繁花的山谷。现在，广元还有很多街道、超市及饭店是以女皇的名字命名的。当地甚至还有"武媚娘酒"，"武媚"是唐太宗赐给武曌的爱称。1988 年，为纪念武曌并推动当地旅游业的发展，广元修建了高十三层的"凤凰楼"。

　　当武士彟忙于政务的时候，无子的杨氏投入全部精力教育武曌和她的两个姊妹学习诗词、历史和儒家礼节。一心向佛的杨氏还经常带着她的女儿们去庙里进香。据碑刻记载，在当地，人们也将武曌的父母作为神圣的佛教象征加以供奉。时至今日，当地的皇泽寺还保留着大量的武曌镀金雕像。五代时期（公元 907～960 年）的一段碑文曾记载，武曌的雕像具有神奇的魔力。

　　武曌的童年时光并不完全在学习和功课中度过。在闲暇之时，她会和自己的姐姐、妹妹在梳妆盒里的银镜前打扮自己，眺望嘉陵江上驶过河堤的船只，后人遂将此处的河堤称为"则天坝"。

　　还有一则关于著名相士造访武士彟在利州的宅邸的故事。相士一个接一个地给武家人相了面，然后给出他言辞含糊的判词。在看见乳母抱着身着男孩服饰的武曌时，他停了下来，充满困惑："此郎君子神色爽彻，不可易知，试让令行看。"受好奇心驱使，相士让她下地在床前走了几步，之后大惊道："此郎君子龙睛凤颈，贵人之极也。"他又从侧面审视了武曌一会儿，预言称："必若是女，实不可窥测，后当为天下之主矣。"①

公元 631 年，武曌 8 岁，她的父亲奉诏前往荆州。荆州位于长江中游，是当时的动荡之地，满是奸吏豪右、叛臣乱党。632 年，荆州大旱，武士彟为百姓着急，亲赴佛寺，祈雨七日，终于为久旱的农田求得甘露。当地人民深受感动。对武曌在随父前往荆州的四年中的情况，史料鲜有记载。635 年，武士彟闻知唐高祖驾崩之后，一病不起，口吐鲜血而亡。

22

唐太宗感念武士彟对朝廷的贡献，追赠他为礼部尚书。武士彟的灵柩在官差的护送，以及武氏家人——孀妇杨氏、武士彟的三个女儿以及他在首段婚姻中所生的两个儿子——与大批仆人的陪同下，被送往武家在北方的祖籍地并州。随着父亲的过世，作为一位从出生开始就跟着父亲奉诏四处奔波的 11 岁女孩，武曌的命运被彻底改变了。

武士彟下葬后，他的儿子们意图分割遗产，并开始排挤他们的继母杨氏和她的女儿们。按照当时的礼制，丈夫死后，孀妇须着丧服三年。而且，她应该承担的责任还有管理已故丈夫的家庭财产、潜心教育自己的子女、供奉宗祠并合

---

① 《旧唐书》列传第一百四十一，方伎。

23

理修缮姻亲的墓地。来自继子和侄子的不公正对待不仅使杨氏深感屈辱，还妨碍她履行作为遗孀和母亲的责任。公元636年，在别无选择的情况下，杨氏带着女儿们回到了长安。

尽管有一些快乐的时刻，但武曌的童年过得并不轻松。父亲每一次被调遣他处，杨氏和女儿们都必须跟着搬迁。在同一个地方待过的最长时间也不过四五年而已。尽管当时唐朝的交通道路和驿站体系已有所改善，但是对于一个孩子来说，沿着崎岖的山路前往那些动荡不安的地区必定是既困难又危险的经历。但从另一方面看，童年的这些丰富经历对武曌以后的人生提供了莫大的帮助。与那些安安稳稳地待在深闺内院中的公主和贵妇们不同，她穿行于唐朝的不同州县，见识了普通民众的贫穷与艰辛，认识了不同地区迥然不同的风俗习惯和生活方式，并从父亲那里学习了大量关于管理的知识。

皇后之路：品级攀升

23 公元637年阴历十一月，武曌13岁。唐太宗听说她仪容美丽、举止文雅，遂召她入宫，封为五品才人。得知这一消息后，杨氏喜忧参半，伤心地恸哭起来。武曌却神态自若，劝母亲说："见天子庸知非福，何儿女悲乎？"[①] 她的母亲停止了哭泣。

在武曌入宫的前一年，唐太宗的结发妻子长孙皇后过世，使得太宗皇帝郁郁寡欢、陷入悲伤。为讨得皇上欢心，

---

① 《新唐书》列传第一，后妃上。

朝廷官员不断推荐出身名门且才华与美貌俱佳的女子入宫。武曌的父亲虽为朝廷命官，却已过世，其孀居的母亲还被丈夫原配的儿子和侄子赶出家门，以此看来，她的前途可谓一片昏暗。然而不难想象为什么一些朝廷官员——或许是武士彠生前的老友或同僚——带武曌进宫以引起太宗的注意。武曌并不只有美貌与魅力，她还十分耀眼。她吸引了男人的眼球，甚至使他们不得不把目光转向她。她有一种皇室的气场，一种在她还是一个孩童的时候就能被老练的相士看中的特质。此外，由于杨氏的不懈努力，她接受了儒家礼节和历史的教育，通晓书法、绘画、音乐和诗词等。这些因素可以使她成为一个更令人称心如意的伴侣。在对话中，她可以给出诙谐幽默的巧妙应答，对仗工整，或者引用历史典故，巧妙地规劝未来夫君的行为。

　　正如在宫廷之中皇帝的大臣分为九品一样，后宫中的妃嫔也有品级。居于顶点的是皇后，皇后下面是四个一品的妃和九个嫔。通常，这些位分较高的妃嫔均有显赫的家庭背景。妃嫔之下是九婕妤、九美人和九才人，再之下是二十七宝林、二十七御女和二十七采女，一共122位。在皇帝的后宫之中，除了这些拥有正式位分的女子之外，还有很多侍女、宫女和女仆。

　　皇帝后宫中的女子很少能离开内院深宫。除了服侍的太监之外，皇帝以外的其他男子一概不得进入后宫。太监通常为"南蛮"，尚是孩童的时候就被阉割。在宫中，太监被视为安全的随从，因为他们没有生育能力。后宫中的女子待在深宫之中无法外出，因此需要太监为她们跑腿与宫外联系或

24

去集市上采购。太监是这些女子与外部世界取得联系的主要纽带。因此，如果某位后宫佳丽送给太监一块玉佩，作为回报，这名太监可能会帮她购买婆罗洲樟脑制成的熏香或者西市上的广藿香，供其在宫中使用。有些女子为了得到皇帝的宠爱，也会向侍奉皇帝的高级太监赠送一些贵重珠宝，作为回报，太监向皇帝进言，对该女子多加赞美。收受贿赂后，太监也会帮宫中女子向其宫外的家人传递消息。通过这种方式，很多太监积累了大量的财富。儒家官员发现太监们可以接近皇帝的私人世界，但他们不能，所以轻蔑地称太监为"尿囊"，讽刺他们因为被阉割而偶尔小便失禁。

* * *

武曌作为才人时侍奉的君主太宗皇帝是一位非凡的统治者。历史学家对其统治的二十三年做了诸多记载，称这一时期为中国历史上最伟大的时期之一。这个时代，社会与军事蓬勃发展，文化繁荣，帝国疆域大大扩张。唐太宗平定了西北的安西四镇，使唐朝控制下的丝绸之路的范围得以延展，达到了空前的规模。他还从中亚对手手中夺得了不少富饶的绿洲城邦。他在统治期间规范了礼仪实践和律例，编制了《贞观礼》和《贞观律》。太宗年轻的时候就是一个勇敢而行动果断的男子，他精于剑术和马术，对古典文学和历史文化深有研究，后来热衷于资助儒家治学。尽管他并不是一个忠诚的佛教徒，但是在著名高僧玄奘经历长达 14 年的朝圣之行，携带大量天竺佛教经文返回中土的时候，太宗为他举行了盛大的欢迎仪式并与他结为兄弟。太宗礼贤下士，并且从谏如流。

第三章　从四川乡下到大唐深宫

然而，太宗始终没有忘记自己的中亚血统。战场上衡量一个人的标准并不是种族，而是军事气概。唐太宗认为自己不仅是传统的儒家天子，而且是一位"天可汗"，是草原诸国至高无上的军事首领。太宗曾说过，"自古皆贵中华，贱夷、狄，朕独爱之如一"。所以，尽管他的一位大臣向他进言称夷狄"人面兽心"，太宗仍然与草原部落的一位首领歃血为盟。他征服了东部和北部的突厥势力，战胜了众多人数较少的部落，比如北部和东北部的奚、室韦、铁勒、薛延陀等，大大扩展了唐代的疆域。尽管他以军事征服著称，但在人们眼中他十分仁慈，能善待降臣，并把他们融入蓬勃成长中的唐帝国。

在武曌入宫后不久的一天晚上，以马术著称的太宗皇帝得到一匹烈马，它名号"狮子骢"，雄健骏逸，但凶猛暴烈，无人能驯服。站立在一旁的武曌说："妾能制之，然需三物：一铁鞭，二铁楇，三匕首。铁鞭击之不服，则以铁楇楇其首；又不服，则以匕首断其喉。"这段话清楚反映了她不屈不挠的意志。尽管太宗叫她"武媚娘"，却没有太多的证据证明她得到了太宗的宠爱，也没有很多史料记载她和太宗在一起的时光。在服侍太宗的十二年里，她并没有为太宗诞下子嗣。太宗皇帝更喜欢那些温柔、优雅、和顺的女子，比如他的第一任妻子长孙皇后。

得不到太宗宠爱的武曌像后宫中大多数的女子一样，生活非常无聊、孤单。有的时候，武曌履行自己作为才人的职责，主要负责记录后宫妃嫔们的饮食起居以及各寝宫的陈设物件等。和其他被湮没在深宫之中的女子一样，她在太宗的后宫中过着无所事事的生活，远离除皇帝和太监外的所有男子。为了吸引皇帝的注意，后宫中的女子花费大把时间打扮自己：用犀牛角的木梳将头发梳理得一丝不乱，在身上涂抹芬芳的香料，将眉毛尽数拔去，然后画上美丽的"蛾眉"，并在嘴上涂上朱红的唇脂，最后在脸上擦上可以起到美白效果的铅粉。另外，她们会为头发涂上具有香味的发脂，或用华丽的珠钗将头发绾成漂亮的"螺髻"。为了消磨时光，她们常常阅读佛经或关于女德的书籍，书中包含的内容通常教育女子应谦卑、顺从，不可乱出风头。闲暇中，她们也练字、下棋、作诗，或者在御花园的蜿蜒小路上漫步。

深居内宫的武曌并不知道，厄运正在降临。公元 640 年代中期，太白星在白天出现，太史令李淳风声称这预示了"女主昌"。与此同时，有传言称民间流传的手抄本《秘记》上写有："唐三世之后，女主武王代有天下。"因为汉语中"武"字既可以解释为军事中的武，也可以解释为姓氏的武。因此这段话也可以解释为："唐朝三代之后，将会被一个姓武的女子取代，此女子将称帝。"我们必须对这种预言持谨慎的怀疑态度，因为武曌当权之后，人们可能会对此类故事进行反向解释，从而使其当权具有某种必然性，令人认为这是上天的旨意，已体现在星象之中。

太宗皇帝深受预言传播的困扰，于是下令调查。武曌获得了幸运之神的眷顾：太宗最终认为预言中的威胁来自以武力称王之人而非一个武姓之人。后来太宗发现他的一个武将乳名"五娘"，于是将预言中的"女主"和"武王"与此人乳名中的"女"和其武将的身份联系起来，认为他就是那位将导致唐朝灭亡的人。所以不久之后，太宗即寻了个理由，将此人贬职，发配到远离京城的边关。公元 648 年，太宗将此人处死。此后，太宗仍觉不安，问太史令李淳风："《秘记》所云，信有之乎？"太史令回答，"其人已在陛下宫中，为亲属，自今不过三十年，当王天下，杀唐子孙殆尽"①。一想到自己的 14 个儿子和 21 个女儿都将在三十年内被害，而自己也将成为躺在被人遗忘的坟墓里的饿鬼，太宗深感惶恐，于是召集了后宫中的所有女子，将一百人编成一队，让李淳风指认此人在哪一队。李淳风指认后，太宗又将这一百人分为两组，李淳风又指认了其中的一组。

之后，太宗生气地说："疑似者尽杀之，何如？"

李淳风严肃地摇摇头说："天之所命，人不能违也。"②
太宗只得作罢。

尽管太宗年轻时身强力壮，但是 40 岁之后身体状况每况愈下。意识到自己将不久于人世，他开始频繁地传唤太子李治也就是后来的高宗来到内宫服侍，并向其传授治国之道。作为太宗的第九子及长孙皇后三个儿子中的幼子，高宗在出生时是不大可能继承皇位的。然而，他的长兄戏剧性地迷上了突厥文化，令朝廷蒙羞，且试图逼宫篡位，事情败露后被贬为庶人。在那之后不久，太宗的嫡次子纵欲享乐，参与了分裂朝廷的党派之争，于是太宗最后选择了高宗李治作

① 《资治通鉴·唐纪十五》，太宗文武大圣大广孝皇帝下之下，贞观二十二年戊申。

② 《资治通鉴·唐纪十五》，太宗文武大圣大广孝皇帝下之下，贞观二十二年戊申。

为他的继承人，尽管这个最小的儿子的性格使他心存疑虑。

作为一个儿子，高宗非常孝顺和忠诚。当太宗病情恶化的时候，他日夜守候在父亲床前，废寝忘食。尽管那时他才20多岁，但由于过度劳累，他的头上竟然开始生出白发。太宗被他的这种孝心深深打动，于是命人在自己的寝宫中为高宗设了一个寝位。

28　　　长期被忽略的武曌发现自己正在服侍的是年轻的皇太子。这样的环境成为一种滋生爱情的温床。太宗将不久于人世，作为皇太子的高宗将担负起极大责任，他不确定自己是否有能力挑起这个担子。与此同时，高宗被武曌这位困于深宫却拥有绝世美貌的女子深深吸引。武曌比高宗年长4岁，高宗一直将其视为自己的长姐、爱人以及诉说忧愁的红颜知己。而武曌则面临着极大的不确定性，同时感觉自己青春渐逝，因而不得不将自己的未来全部押在这位皇太子身上。

从儒家伦理观看，他们之间应该是母亲和儿子的关系，因此在后代儒家士人的眼中，他们之间的爱情属于世俗难容的乱伦。但是，那时候的中国对儒家礼教并没有那么坚持，甚至汉人的习俗都不那么重要，而在一些中亚游牧民族的传统文化中，部落首领常常将自己的妻妾过继给他们的儿子或继承人。

尽管如此，太宗驾崩之后，根据当时的礼制，后宫中的太宗嫔妃均不得留在宫中。虽然高宗与武曌之间已经有了感情，他仍不得不将她和其他先皇的嫔妃一起送到寺庙出家为尼。按照惯例，天子临幸过的女人，是不能再去侍奉别人的。当她们变成尼姑的时候，必须进行剃度。将头发剃光，象征着摆脱物欲与情欲的羁绊。与她们的乌黑长发一起消失的还有昔日伴随她们的珠光宝气以及珍贵发饰。粗布麻衣取代了往日光鲜亮丽的绫罗绸缎；粗茶淡饭代替了过去的山珍海味和美味甜点。从此以后，她们再没有机会坐上结彩的轿辇与盛装的骏马；再也不能无所事事地嬉戏或在闲暇时纵情玩乐。从奢华的内宫生活到单调的出家苦修，这种转变对她们来说是极其震撼的。

值得一提的是，在唐朝，丧夫或和离的女子会暂时避居佛寺或道观进行"涤罪"，然后还俗再嫁，这种情况较为平常。当时，武曌被送到了长安城内离皇宫不远的感业寺。在 29 太宗死后一周年的忌日，高宗前往一座佛寺祭奠亡父。后来他到感业寺烧香，这是他在一年之后头一次见到武曌。这次会面并非偶然。看着面前年轻的皇帝、自己的情人，想着自身悲凉的处境，剃着光头、穿着尼姑粗布法衣的武曌不禁泪流满面。高宗看到自己深爱的女子如此悲痛欲绝，也不禁潸然泪下。这对世人眼中的母亲和儿子，在太宗的病榻前产生了对彼此的爱慕之情，如今他们的爱情之火又在太宗忌日的清晨重新点燃。

此次会面之后，高宗经常去感业寺与武曌见面。如果高宗一段时间不来，武曌就会异常想念他。在又一个这样的孤独夜晚，武曌在寺庙令人压抑的寂静中默默期盼着爱人的到来。她写了一首诗表达自己强烈的思念：

看朱成碧思纷纷，憔悴支离为忆君。

不信比来长下泪，开箱验取石榴裙。

高宗感受到了武曌这种深切的思念，因此一有机会就前往感业寺。

他们之间的这种互通来往并没有逃过高宗的妻子王皇后的眼睛。她是一个十分精明的女子，非常了解自己丈夫的性情，深知高宗频繁造访感业寺绝非出于对佛教的虔诚，而是出于对武曌的世俗情感。她对自己丈夫和武才人之间长期以来的情感纠葛了如指掌。然而，王皇后觉得武曌对自己的皇后位置构不成威胁：王皇后来自中国东北部的汉人家庭，出身贵族；在她看来，身为皇后的自己比一个被贬的先帝才人高贵得多；武曌不过是一介普通女子，并没有贵族血统，她们之间简直有云泥之别。因此，她并没有限制高宗，相反，她有意培养自己丈夫对武曌的感情，希望以此转移他对萧淑妃的关注。王皇后无子，而萧淑妃有两个女儿和一个聪明的儿子，高宗对这几个孩子宠爱有加。在王皇后看来，内宫中排位仅次于自己的萧淑妃才是最大的竞争对手，是自己最大的威胁。

在王皇后的鼓励下，高宗不顾信奉儒家学说的群臣的反对，毅然决定将武曌再次带入后宫。尽管在后来想起武曌重回后宫的日子时，王皇后一定会懊恼不已，但是在武曌刚回来的时候，她们相处得还算融洽。在皇后面前，武曌起初非常听话，而且非常热心，所以王皇后经常在高宗面前对她大加赞赏。于是，武曌被晋升为二品，赐封昭仪。在武曌服侍太宗的十二年里，因为身份卑微，她并未得到重视。在她13岁第一次入宫时，她骨子里满是天真幼稚。但是现在，她已年近30，变得成熟老练。她开始了解游戏规则，以及需要付出的赌注。她不能再次挥霍自己的机会。

被武曌深深迷住后，高宗开始忽略昔日的宠妃萧淑妃，对王皇后也不大在意。虽然王皇后希望高宗对武曌只是心血来潮，希望武曌只是转移皇帝对萧淑妃注意力的工具，但武曌绝不甘只做高宗一时兴起的对象，在获得皇帝的宠幸后，她就没打算放弃。武曌独得恩宠的一个最好证明就是高宗十二个子女中的最后六个（四男两女）均为武曌所生。

武曌的算计已经超过了内室的范畴。她知道如何巧妙处理与他人的关系，正如她在刚返回内宫时娴熟地以谦卑的态度奉承王皇后一样。这种谦卑是一种策略，并不是她内心的真实想法。她在太宗身边十多年来一直默默观察着内宫的竞争，早已知晓如何准确判断他人的性格。

凭借着与高宗的亲密关系，她开始将自己的影响力扩展到深宫之外。她说服高宗追封那些为唐朝立国做过贡献的已故功臣。当然，其中最重要的一位就是她的父亲武士彟。武曌深知，论出身，她远远不如王皇后，甚至和萧淑妃相比也有很大的差距，所以她不会放过每一个可以提高武氏家族地位的机会。 31

王皇后对于武曌这位新对手的迅速崛起异常警惕，因此在武曌第一次怀孕的时候，王皇后立刻收养了高宗与一个地位卑微的宫人的儿子李忠。收养之后，在一些朝中大臣的支持下，王皇后于公元652年把李忠推上了皇太子之位。由于高宗对王皇后和萧淑妃都变得冷淡，因此这对昔日的竞争对手此时开始联手，一起诋毁武曌。可是高宗被武曌迷得神魂颠倒，因此对二人的诋毁充耳不闻。

当武曌发现王皇后到处炫耀自己的地位和出身，并对后宫中地位低下的女子极其专横蔑视之后，她开始处心积虑地与这些人建立友好关系，用礼物、关心以及体贴赢得她们的信任。于是这些位分较低的小妾以及宫女们成了武曌的耳目。她们构成了一张可帮助武曌监视王皇后和萧淑妃一言一行的强大信息网，武曌因此可以提前知晓此二人对自己的诽谤并对每一次诋毁她的密谋提前做出应对。

公元 652 年末，武曌诞下李弘，这是她和高宗的第一个孩子。李弘的名字和一个非常著名的道教真君同名。后来人们以他的名义修建了东明观。唐朝皇族李氏将道教教祖老子李耳奉为先祖。

随后不久，武曌又生了第二个儿子李贤（出生年存疑）①。在那之后不足一年，她又诞下一女。高宗对这个女儿宠爱有加。公元 654 年秋，仍无子嗣的王皇后去看望了这位出世不久的小公主，并逗弄小公主玩了一会儿。她前脚刚走，武曌便悄悄进入婴儿的房间，然后用包裹婴儿的棉被将其闷死。在那之后不久，皇帝到来，武曌笑着将皇帝带到婴儿床面前，然后掀开被子，使他们的小宝贝显露在高宗面前。就这样，高宗看到了窒息的婴儿，她脸色发青、浑身冰冷。武曌随即号啕大哭，高宗立刻讯问服侍的宫女——她们是王皇后肆意嘲弄的对象——谁是事发前最后一个进入房间的人，她们一致回复称"皇后"。

32　高宗震怒，咆哮道："后杀吾女！"眼见自己计划得逞，武曌开始一面痛哭一面指责王皇后。对于这种强加于身的意外指控，王皇后措手不及，被吓得目瞪口呆，无力招架。

此事令高宗异常震惊愤恨，他第一次产生了废后的念

---

①　一般认为章怀太子生于公元 655 年，亡于 684 年。

头。的确，如果没有朝中大臣的反对，高宗可能当场就废了王皇后，让武曌取而代之。但是这些朝中大臣是服侍过太宗的老臣，整个国家的子民都对他们敬重有加。这些"保守派"由那些与王皇后一样拥有显赫家庭背景的人组成。在他们看来，高宗就是一个鲁莽且意志薄弱的愚人，一个与圣明的先帝无法相提并论的继承者。

尽管在公元655年春，高宗将武曌的两个儿子均立为亲王，但是高宗深知，如果没有朝中位高权重的"保守派"的支持，他废黜王皇后立武曌为后的行为将遭到一致反对，因此他至少需要得到朝中一位重臣的支持。为了打破这一僵局，高宗与武曌一起拜访了当朝太尉长孙无忌。长孙无忌是唐太宗的皇后长孙氏的哥哥，并且与唐太宗为布衣之交，人们尊敬地称他为"国舅"。为了说服他，高宗和武曌在长孙无忌的府中摆下盛宴，高宗皇帝为长孙无忌的家人封官授爵，并向其赏赐了金宝缯锦十车。同时，高宗诚恳地告诉这位忠心的大臣，皇后没有为自己诞下子嗣，而无嗣是最大的罪过。尽管太尉接受了赏赐，但是他没有改变自己的立场，而且对武曌母亲杨氏的恳求同样无动于衷。礼部尚书许敬宗在高宗的朝廷中是一位新近被提拔的大臣，在朝中地位较低、根基不稳，极力希望借此机会提升自己的官职，于是他全力帮助武曌，多次劝说长孙无忌促成此事，却受到了长孙无忌的厉色斥责。

最初，为了获得"保守派"的支持，武曌和高宗采取积极的策略，对朝中重臣极其尊敬，努力说服。然而，那些公然对他们提出反对意见的反对派对二人的行为依然非常不满，抱有极不友好的态度。为了将王皇后孤立，断绝她与宫外支持

33

者的联系，武曌指控王皇后及其母亲在后宫中行巫术。唐朝律法将巫术列入"重罪"，属"十恶"之一，也就是死罪中最严重的一种。于是，高宗发布诏书，禁止王皇后的母亲进入后宫。王皇后的舅父柳奭是朝中重臣，几年前为了阻止武曌的长子成为继承人（heir apparent），他在王皇后的养子被立为太子一事中发挥了重要作用。受到王皇后牵连，他被贬为州官。

　　长孙无忌对废后之事极力阻挠，高宗和武曌极其受挫，他们将朝中其他"保守派"大臣邀到内殿商议。在他们到达内殿之前，其中一位忠直之臣褚遂良说："上意既决，逆之必死……致位至此，且受顾托，不以死争之，何以下见先帝！"大家均比较信服他的话，于是他代表众人对高宗说："皇后名家，先帝为陛下所娶。先帝临崩，执陛下手谓臣曰：'朕佳儿佳妇，今以付卿。'此陛下所闻，言犹在耳。皇后未闻有过，岂可轻废！"但高宗依然坚持自己的想法，褚遂良最终怒言："陛下必欲易皇后，伏请妙择天下令族，何必武氏！武氏经事先帝，众所具知，天下耳目，安可蔽也。万代之后，谓陛下为如何！"一边说着一边将自己的笏板放于殿阶，解巾叩头直到鲜血直流。最后他含泪说道："还陛下笏，乞放归田里。"①

34　武曌在朝堂的帘子后面听到了褚遂良的话。褚遂良所说的她卑微的出身，以及作为先帝五品才人的过往很可能使她丧失成为皇后的资格，这对她来说是极大的痛处。因此，武曌再也无法忍受褚遂良的言行，在帘后大喊："何不扑杀此獠！"

---

　　① 《资治通鉴·唐纪十五》，高宗天皇大圣大弘孝皇帝上之上，永徽六年乙卯。

獠是古时对南方某些民族的蔑称。褚遂良是南方人，故武氏以此詈之。出于对褚遂良言行的极度气愤，或仅仅出于自己爱人言辞激烈的鼓动，高宗命人将褚遂良从大殿上拖走了。

在接下来的日子里，为了阻止皇帝废黜王皇后，"保守派"的大臣们不遗余力地向高宗进献奏折，上面写满女子魅惑君王致使朝代灭亡的例子，以及关于婚姻圣洁性的道德劝诫。令人奇怪的是，根据对这些会话与奏折的记载，皇上和大臣都没有提起窒息而死的公主以及巫术事件。这也就暗示在大家的眼中，王皇后和这两项指控毫无关系。还有另一种可能性是这两件事原本就没有发生过，是后来的历史学家为了显示武曌的残忍无情与诡计多端而杜撰出来的。根据唐朝律法，高宗废黜王皇后的确切依据只剩王皇后没有为他诞下子嗣了。

当高宗将"保守派"的大臣召集到内殿的时候，大臣李勣称病没有入内。几天后，当高宗问他有何想法时，李勣不以为然地表示："此陛下家事，何必更问外人！"李勣是一个比较圆滑的人。作为唐高祖手下的名将，以及在太宗手下"出将入相"之人，李勣在朝中以及普通百姓心中均有较高的地位。就这样，高宗获得了"保守派"中一位大臣的默许。

在"保守派"大臣的强烈反对有所缓解后，许敬宗这位武曌在朝中最早也是最积极的支持者说道："田舍翁多收十斛麦，尚欲易妇；况天子欲立一后，何豫诸人事而妄生异议乎！"[1] 35

这场对峙终于结束了。曾经服侍过太宗皇帝的"保守派"

---

[1] 《资治通鉴·唐纪十五》，高宗天皇大圣大弘孝皇帝上之上，永徽六年乙卯。

大臣们被打败了，那些支持高宗和武曌的人获得了胜利。年老的褚遂良被贬到充满瘴气的南国为官。唐诗中对该地区多有描述，那里遍布哀号的猴子、饥饿的鼬鼠和可怕的毒蛇。在接下来的几年里，他被流放到越来越远离都城的地方，直到最后于公元 658 年病逝于今天越南河内以南的某个地方。

公元 655 年末，王皇后和萧淑妃因为一项莫须有的罪名——谋害皇帝——被贬为庶民。王皇后已故父亲的棺木都被人从地下掘出并斫得粉碎。王氏家族的成员多被斩首，或遭流放充军。

在那之后不久，经受住这场政治风波考验的 31 岁的武曌参加了为其举行的盛大加封典礼，正式成为皇后。

* * *

虽然传统中国后宫表面上仍然讲究儒家礼节与涵养，但它实际上是一个滋生奸诈诽谤、激烈对抗、恶毒流言以及性政治斗争的温床。在这里，为了获得并巩固天威难测的帝王的恩宠，妃嫔间的后宫斗争总是异常激烈。武曌再也找不到比这更好的政治训练场了。但是后宫的世界并没有和前朝完全隔绝：公元 655 年一整年都在持续的废后之争并不单纯是后宫中两个女子的内部斗争，有很多势力都与她们息息相关。婚姻不是两个个体之间的简单结合，而是两个家族巩固自己社会与政治地位的联姻。"保守派"深知，一旦王皇后被废，这一事件造成的冲击将改变王朝的格局，并将极大影响世家大族之间已经达成的微妙平衡。武曌成为皇后不仅危及他们在朝中的显赫地位，还将对勋贵和士族阶层长期拥有的特权构成威胁，而他们在之前几个世纪一直主导着中国北方。

36

第四章　武后：防守策略转变

在努力争取成为皇后的过程中，武曌明白了很多道理。第一，权力是不稳定的，掌权者随时可能发生变化：一个人必须不惜一切代价保卫自己来之不易的地位。如果她的谋划能把处于社会顶层的王氏家族的皇后打败，那么可想而知，她自己刚刚获得的地位是多么岌岌可危。第二，她发现自己永远不缺敌人。很多在朝中手握重权的大臣及家族极力反对她，具体原因包括她的性别、她卑微的出身、对她违背儒家伦理的普遍谴责，或许还有这些大臣和其家族想要保护自己特权的根深蒂固的保守思想。武曌没有原谅也没有忘记那些和自己意见相左或反对自己的人。第三，权势就其本质而言可以吸引盟友。有一些大臣在发现高宗有意立武曌为后之后，就开始投靠并支持她。第四，信息是至关重要的。她在低品级宫女中发展了很多密探和眼线，这些人组成的信息网非常重要，助她在与王皇后的斗争中占据了极大优势。

荣升皇后之后，武曌开始迅速巩固自己的地位并扫除敌人。王皇后和萧淑妃如今已被降为庶民，关押在宫中一个荒凉的院落里。她们每天的饭菜也只是从门上的一个小洞递进去。一天，高宗从门前经过，看到她们悲凉的处境，心生怜悯，不禁冲着洞口喊道："皇后、淑妃安在？"①

王皇后和萧淑妃流着泪伤心地说道："妾等得罪为宫婢，何得更有尊称！至尊若念畴昔，使妾等再见日月，乞名此院为回心院！"②高宗回复称他会改善她们的处境。

武曌在得知这一消息后，感到非常愤怒。在她看来，高宗漫步走到关押王皇后和萧淑妃的院落，如同四年前他去感业寺烧香一样，绝非偶然。当年的重逢使她重入后宫并最终坐上皇后的位置。她非常清楚地知道，高宗这种感伤的想法转瞬之间就可能变成一道圣旨。在这种"旧情复燃"中，她感受到了强烈的危险信号，即王皇后和萧淑妃可能卷土重来。因此她立刻采取措施打击她的竞争对手，将她们每人重杖一百，削去手足，之后再将二人置于酿酒的瓮中，"令二妪骨醉"③。

就这样在血水和酒液中浸泡几日后，王皇后和萧淑妃最终在痛苦中死去。临死之际，萧淑妃咒骂："阿武妖猾，乃至于此！愿他生我为猫，阿武为鼠，生生扼其喉。"④在这

---

① 《资治通鉴·唐纪十五》，高宗天皇大圣大弘孝皇帝上之上，永徽六年乙卯。
② 《资治通鉴·唐纪十五》，高宗天皇大圣大弘孝皇帝上之上，永徽六年乙卯。
③ 《资治通鉴·唐纪十五》，高宗天皇大圣大弘孝皇帝上之上，永徽六年乙卯。
④ 《资治通鉴·唐纪十五》，高宗天皇大圣大弘孝皇帝上之上，永徽六年乙卯。

里萧淑妃称武曌为狐狸精，因为在传统的中国传说中，聪明的狐狸精会变成迷人的人类，去魅惑那些孤独且充满欲望的凡人，然后吸光他们的精气。

听着萧淑妃临死前的诅咒，迷信的武曌下令皇宫中一律不得养猫。大约四十年后，武曌已经称帝，大概是为了公然向朝廷展示，在她的统治之下，国家的繁荣与和谐已经冲散了萧淑妃死前对她的诅咒，以及诅咒带来的挥之不去的不祥之感，她训练了一只猫，使它与一只鹦鹉共处。因为鹦鹉的"鹉"与武曌的姓氏"武"同音，并且"鹉"的偏旁与"武"相同。因此，鹦鹉就代表着武曌。之后她把它们带到朝堂之上向百官展示，可是猫烦了，也饿了，突然扑向鹦鹉把它吃掉了。这使女皇感到颜面尽失。

武曌在王皇后和萧淑妃死后令她们身首异处，并赐恶姓，命王氏改姓"蟒"、萧氏改姓"枭"。蟒和枭均为凶猛的动物，拥有这样的姓氏，王皇后和萧淑妃就算可以转世投胎也会被世人鄙视。在武曌的一生中，她曾多次赐予敌人恶姓。在她两位竞争对手惨死之后的很长一段时间里，武曌夜里常梦见变成厉鬼的王皇后和萧淑妃，她们鲜血淋淋，披头散发，样子非常恐怖。她命巫人在宫中为她作法消灾，但是这些厉鬼依然纠缠着她。

为了显示武曌的残暴，在记录王皇后和萧淑妃的死亡事件时，历史学家有意添油加醋。当然，怀疑这些历史学家在记录时有意丑化武曌是有原因的。武曌将王、萧二人手足砍掉然后扔入酒瓮中的故事，实在与汉代吕后将戚夫人变成"人彘"丢进猪圈里的故事太相似了。

武 曌

* * *

一个人无法轻易摆脱过去的背景。从武曌变成皇后的那一刻起，她就费尽心机力图改变自己的身世。她从一个名不见经传的小人物荣升的经历，本应该使她成为那些身份同样卑微的人的支持者，这些人的仕途一直受到"保守派"的压制；但是当武曌可以进行社会变革的时候，她并没有成为一名社会革命者，她仅仅希望自己拥有高贵的血统，并极度关注自己的地位。在她被选为皇后之前，高宗曾下过一道圣旨，称武曌出身名门，她在后宫中的行为举止充分彰显她堪称儒家美德的典范，而且太宗皇帝在生前就已将武曌赐给自己。这道圣旨中还包括很多其他虚构的信息，例如它说武曌非常稳重、谦逊，在长孙皇后生病期间，她日夜守护在侧，进行照料。这种说法也是疑点重重，因为事实上，长孙皇后在武曌进宫前就早已病逝了。简言之，这道圣旨歪曲史实，下达它的真正目的只是让抄录官将其写入朝廷的年鉴，作为一份正式的官方文件供子孙后代阅读，而不是说服那些对武曌荣升过程已经了如指掌的当朝大臣。

武曌成为皇后之后，立刻拜祭了皇室的宗祠，并将她的父亲武士彟的牌位附祭于唐朝建立者高祖的家庙中。她的父亲死后被赐爵周国公，这不禁让人想起为建立周朝（公元前1045~前221年）立过汗马功劳、无私奉献、赤胆忠心、清正廉直的名臣周公的头衔。周朝是一个辉煌的朝代，以贤明的统治者，如周文王和周武王，以及具有超凡才智的圣人，如孔子和老子著称。将这一伟大的统治时期与武氏家族联系在一起，一方面可以纪念武士彟在建立唐朝时起到的重要作用，另一方面也可以提升她的女儿，也就是这位新皇后的地位。

作为一位母亲，武曌寄望于佛教为其子女提供保护。她的长子李弘4岁时生了一场重病，武曌和高宗向慈悲的佛陀虔心祈祷，希望他帮助自己的孩子消灾解难，最后李弘得以康复。为表感激，他们出资修建了西明寺。西明寺是一座非常豪华壮丽的佛教圣殿，金质门环、华丽梁椽，面阔十三间，有房屋四千余间。公元656年，他们的儿子李显出生的时候，为了祈望孩子健康茁壮，他们传召当时正在大雁塔翻译佛经的著名佛教大德玄奘进宫诵经祈祷。玄奘举行了仪式，收李显为徒，赐其法号"佛光王"。后来，武曌出资，命人写了一部十卷的传记，歌颂玄奘。六年后，武曌最小的儿子李旦出生，她在李旦的寝宫中放了一尊玉佛作为守护神。

公元656年初，在大臣许敬宗的极力说服下，高宗改立武曌所生的长子李弘为太子，废了李弘同父异母的哥哥李忠的太子之位。许敬宗当初就极力赞成立武曌为后，并提供了诸多支持。不幸的李忠被"降封梁王、梁州都督"。对于武曌来说，自己的儿子当上了太子，自然更加巩固了她作为新皇后的地位。尽管太宗皇帝在其在位的二十三年中从未更改过年号，但是高宗在改立太了之后立即下诏大赦天下，然后将年号改为"显庆"。年号是一种帝王用来纪年的特别名号，会标在朝廷的上书、奏章以及诏书等公文上。年号将统治者本人与国家历法相联系，标志着帝王统治下的某个特定时代。自此之后，高宗和武曌开始频繁更改年号，以此彰显

41

他们的个人及政治成就。

作为一名骄傲的母亲，武曌乐于分享子女们的胜利和他们人生中的重大事件，并经常将这些事件变成盛大的公众活动。公元 659 年，在她的精心设计下，她与"保守派"的斗争终于以她的胜利告终，她见证了自己 7 岁的儿子李弘被加冕为太子。后来，当武曌和高宗前往东都洛阳的时候，他们将李弘留在长安监国。年幼的太子无法忍受同自己深爱的父母分离，因此整日啼哭、闷闷不乐，武曌得知后，立刻紧急下诏，命大队皇家侍卫护送李弘到长安和洛阳之间的行宫与他们相见。662 年，为了庆祝他们的儿子李旦满月，高宗大赦天下，武曌赐宴三日。这些活动以往都只在新皇登基时才举行。当然，她的这种炫耀并不是无私的：这可以让公众都认识她的孩子，她自己的地位也可以因此获得巩固和提升。

* * *

由于担心旧贵族强大社会威望的影响，武曌和高宗希望建立一种新型的贵族统治，在这种统治模式下，他们可以占据金字塔的最顶端，获得与他们作为皇上和皇后的政治地位相称的社会地位。但是他们深知，官爵和地位的重新排列是无法单凭一纸诏书实现的，于是他们开始打压仍然具有较高威望的"保守派"。因此，武曌当上皇后之后，便开始和高宗寻求机会，有条不紊地孤立那些位高权重的大臣，同时消除他们的政治势力。对于年轻的高宗皇帝来说，只要摆脱曾辅佐过他父亲太宗皇帝的那些有影响力的、长期把持朝政的谋臣，他就有机会摆脱父亲的光环，从而缔造属于自己的传奇。对于武曌来说，她新升皇后，地位尚不稳固，若能扫除这些有权势的贵族反对派，自己地位的稳定性无疑可以大大提升。

在武曌被选为皇后的两日后，高宗马上表彰韩瑗和来济，此二人是当时极力拥护王皇后的"保守派"，他们感到非常不安，屡次请辞，请求告老还乡。俗话说"亲近你的朋友，但更要亲近你的敌人"，因此在最开始的时候，这两个人仍然在长安高宗朝中为官。在唐朝，朝中并非只有一个至高无上的"首相"，而是有很多被称作宰相的大臣。宰相们不太参与日常管理，而是主掌"大局"，通过上书指导民事和军事政策，并负责向皇帝进言。他们有着冗长的官衔——同中书门下平章事。宰相的数量是不固定的。通常有几位或者十几位宰相同朝为官。

韩瑗和来济坚定不移地坚持自己的立场，强谏高宗，请求召回他们被流放的同僚褚遂良。但是，他们因此被指控与褚遂良勾结谋反，最终也被流放到遥远的边陲。韩瑗被流放数年后死在了流放地振州（今海南三亚），那里是唐朝国界的最南端。数年后，来济在抵抗西突厥部落入侵时阵亡。

如此一来就只剩下了高宗的舅舅，也就是令人忌惮的长孙无忌。高宗与武曌曾赏赐他大批礼品，希望获得他的支持，但是他坚决反对废黜王皇后。长孙无忌是中原汉人与文武兼备的中亚精英的后代，其家族因出了很多贤明的宰相和勇敢的将领而名传于世。长孙无忌服侍太宗和高宗皇帝的时间长达十六年，早已位列宰相。在唐朝立国时，长孙无忌还曾辅佐过唐高祖。太宗皇帝的很多文治武功均离不开长孙无

43

忌的睿智忠言与明智管理。

　　然而，高宗一直无法完全克服他胆小懦弱的天性，对这位国家栋梁充满敬畏。而武曌则将长孙无忌视为敌人和一块绊脚石。她指使对她忠心耿耿的许敬宗帮助她击垮这位强大的政敌。许敬宗曾多次诬陷反对武曌的人。在与王皇后的斗争中，许敬宗曾给予武曌莫大的帮助，因此这位原本身份卑微的大臣得以快速晋升，并在公元 657 年被封为宰相。670年，年近 80 的许敬宗告老还乡，在此之前他一直占据要职，掌权时间可谓非常。由于他支持武曌，在《新唐书》（许敬宗死后四百多年所著）中，他被置于《奸臣传》中。

　　在等待时机的时候，许敬宗发现了一个可以陷害长孙无忌的机会——当时太子洗马与一些同党密谋篡位。在审理过程中，许敬宗刑讯逼供，不堪折磨的太子洗马最终自杀。而许敬宗在给高宗皇帝的上书中称，太子洗马在死之前曾供出长孙无忌，指认长孙无忌为这次谋反的元凶。高宗最初并不相信，认为这种指控过于牵强，但是许敬宗马上向高宗皇帝列举了很多例子，指出很多看似忠良的大臣都曾伺机谋反。而且许敬宗还指出，在高宗将长孙无忌过去的同僚降职之后，长孙无忌就已经开始觉得局促不安了，并且太子洗马自杀后，长孙无忌很可能认为自己阴谋败露，会继而谋反。最终，这位奸臣的奸计得逞，为长孙无忌安上了莫须有的罪名，尽管众人深知，如果忠心的长孙无忌利用他的威望号召民众谋反，高宗的皇位早就不稳了。

　　纵然如此，高宗仍然不相信他的舅舅会做出这样的恶行，但他最终还是不情愿地将长孙无忌以扬州都督一品俸置于黔州。但是许敬宗并未就此罢休，继续诬告长孙无忌，每次诬告间隔的时间越来越短。他危言耸听道："'当断不断，反受其乱。'安危之机，间不容发。无忌今之奸雄，王莽、司马懿之流也；陛下少更迁延，臣恐变生肘腋，悔无及矣！"[①] 最后，对于许敬宗的不停诋毁，高宗感到厌烦并决定让步。长孙无忌三十年的辉煌政治生涯就此结束。在大批军队的押送下，长孙无忌和其整个家族被流徙到距都城较远的南部州县。在路上，长孙无忌的儿子被杀。[②] 许敬宗继续执行他的阴谋，派遣和他想法类似的大臣继续迫害长孙无忌。最终，这位昔日令人敬畏的宰相被逼自杀。

在一帮对武曌忠心耿耿的朝臣的帮助下，这位新皇后很快巩固了自己的势力。许敬宗成了武曌在外朝的爪牙、走狗以及她借以打击"保守派"的棋子。许敬宗与一些大臣，比如贪得无厌的李义府勾结在一起，从三个方面帮助武曌巩固地位：改组宗室结构、调整衙门体系、诽谤并消灭武曌的敌人。为此，奸诈的许敬宗带头修订《氏族志》。公元638年，为了使皇族李氏与当时的显贵宗族王氏等具有平等的地位，太宗曾要求重修《氏族志》，但当时并未提及武氏家族。为了改变这一情况，659年，许敬宗等着人编撰了新的《姓氏录》，将武氏家族提高到了非常靠前的名次。在这个新的等级系统中，决定地位的并不是几个世纪以来在朝中的位置或世袭的官职，而是唐代立朝四十年以来的官僚等级。

① 《资治通鉴·唐纪十五》，高宗天皇大圣大弘孝皇帝上之上，永徽六年乙卯。

② 《资治通鉴》中记载，"遂良子彦甫、彦冲流爱州，道杀之"。

新的《姓氏录》收录了很多之前在太宗的早期唐王朝宗谱中没有出现的新兴氏族。同时朝廷还颁布了防止显贵宗族联姻的新律令。因此，至少在书面上，"精英"与"平民"之间曾经十分显著的差别已经不再明显了。

45　　　　在与强大士族斗争的过程中，武曌睿智地推动了另一项改革——彻底改革科举考试制度，这遭到了"保守派"的强烈反对。科举考试制度的主要目的是为朝廷招募德才兼备的官员。理论上，在考试中表现出色的人可以入朝为官，无论其出身有多么的卑微。然而，在公元650年代末以前，那些显贵的士族利用"门生故吏"的特权与裙带关系，往往提拔与其志趣相投、同属一党的家族成员或下属添补朝廷官职，阻碍了那些家庭背景不够显赫却才华横溢的书生们的出仕之路。即使是最具潜力的人选，如果他们不属于某个士族，也只会被任命为朝廷的低级官员或更次一级的地方官吏。到650年代末，武曌在其他方面压制显贵宗族的同时，发起了针对科举制度的改革，从而使更多贤良的有志之士可以入朝为官。到660年，朝廷的权力结构已发生了极大的变化。朝中掌权的不再只是少数的显贵士族，更多的家族加入了这一行列，包括一些背景并不显赫的宗族。相比于那些"门生故吏"关系网中的贵族，这些毫无背景的新人对皇帝和朝廷的忠诚度更高。

　　在这个精英的阶层，太宗皇帝在位时经常与各门阀大族分享权力，并将自己称为"同侪之首"。太宗以一种相对平等的方式接受众臣的谏疏，并经常容忍十几位持有不同意见却都固执己见的大臣在朝中展开激烈辩论。与此不同，高宗和武曌仅与少数几位对他们忠心耿耿的大臣共商国是。关于这次"社会变革"极具讽刺性的一点是，它使更多的权力集中在皇帝以及皇后手中，从而使朝廷的统治更加专制独裁。

＊　＊　＊

按照儒家惯例，理想的皇后应该主要负责管理皇帝后宫中的经济事务及调解内院纷争。最重要的是，她劝谏她的丈夫，也就是皇帝不要过多涉及后宫这一私人、感性的女性领地，规劝他牢记自己的职责和责任，进而将更多的精力放在外朝这一公共的男性领域。太宗的长孙皇后就是这样的女子。然而，武曌拒绝扮演符合儒家规定的这种角色，也不满足于自己被限制在内宫范围内的现实。武曌很早就显露过反抗这种限制的倾向，当她还是一个妃子的时候，就在垂帘的后面旁听高宗与"保守派"的对话。从她厉声痛骂令人敬畏的褚遂良那一刻起，一切皆已注定，她绝不会让自己被这样一种谦卑的角色限制。

从一开始，她就以皇后的身份扮演了一个积极的公众角色。公元 655 年深秋，这位新任皇后首次正式公开亮相，出现在肃义门的文武百官及四夷酋长面前。之后不久，656 年春，她公开祭拜桑神嫘祖，带领朝中优秀的女子采摘桑叶养蚕。皇后这种在春天采摘桑叶的亲桑之礼就相当于皇帝破土预示着播种季节开始的先农之礼。丝织是妇女的一项主要经济活动，而武曌在众多女子的簇拥下，在春祭中扮演的核心角色意味着她是女人中最重要的人物，是人类与神圣的桑神交流沟通的纽带。

46

49

武　曌

作为一位精通儒家知识的、博学多才的"第一夫人"，她经常为其他女子提供仪式和礼仪方面的指导。公元654年，作为昭仪，她呈递了一篇自己撰写的文章，说明如何在内宫中保持和谐；然而极具讽刺意味的是，她写下这篇文章的时候，正是她、萧淑妃与王皇后相互背叛、暗地斗争的阶段。在当上皇后不久，她写了第二本著作《外戚诫》，外戚是皇后的亲戚。武曌努力促成此书在朝中的流传，希望从公共关系的层面把自己与汉代臭名昭著的吕后区别开来。吕后在朝中安插了自己的众多亲戚，并利用自己的权力肆无忌惮地为他们提供爵位、官职与财富。在这一点上武曌没有食言，在她作为皇后的最初几年里，她对亲朋的权力加以限制。可以证明她政治雄才的一个有力证据是，纵然她常常发现自己在儒家体制下的朝廷中无法施展拳脚，但是她看到只要努力扮演符合儒家标准的理想妻子和皇后的角色，自己就可以获得巨大的政治资本。武曌意识到随意改变儒家思想体制远非明智之举，于是她成了儒家学说坚定不移的追随者。

公元660年春，在一次非传统的巡幸中，高宗和满朝文武在并州停留数月。并州为武氏家族的祖籍地。二十多年前，武曌的父亲去世，她被叔叔和不友好的同父异母的哥哥们赶出家门，这是这些事情发生后她第一次返回此地。在大批朝廷随员的护送下，她这一次可谓衣锦还乡。她设宴款待昔日的邻居、当地的官员、受人尊敬的长者以及武氏家族的亲戚。一份皇榜大肆宣扬：因为这是皇后的故乡，所有当地文武官员将官升一级。在行宫的大殿里，武曌亲自把丝绸赐给地方官员和长者。她还邀请当地官员的妻子到她的内室接受礼物，并慷慨赏赐参加宴会的其他女子，允许她们一睹她的尊容。

为了凸显孝道，高宗和武曌对并州的老者尊敬有加。超过 80 岁的老人均收到了一份丝绸作为礼物并获得了"郡君"的尊称。帝后二人随后大赦并州，赐宴款待平民三日。最后，他们在武氏的家宅祭祀了武曌已故的父亲。

在此次较长时间的巡幸中，武曌赚足了面子，经过精心设计，这些活动稳固了她的地位并提升了她的出身。她从参与各类正式活动起，就已经向并州的百姓以及满朝文武宣示，给予这些慷慨的皇室封赏的并不是只有天子一人，而是有两个人。通过在公开的政治场合和仪式上露面，她使朝廷官员和国家子民都开始慢慢习惯她在社会和政治生活中的公开亮相。

48

第五章　二圣

　　尽管唐朝后来的十八位皇帝中只有一位的统治时间比高宗更长，但高宗总是被世人描述为软弱、任性、胆小、完全受妻子控制的皇帝。这种评价是刻薄的，也是不公正的。当然，高宗十分清楚自己的不足以及武曌的能力，包括她的机智敏锐、过人智慧和政治才干。然而，在高宗皇帝在位时，武曌并没有完全行使权力，也从未独立掌管朝政。事实上，高宗和武曌是一对真诚的搭档，他们相互扶持，共同担负皇权重任。正如大多数的搭档一样，这对皇室夫妇并非总是相处融洽，他们有时会意见相左并发生激烈的争执。每当出现这种情况，基本都是武曌在这种权力与意志的斗争中取得胜利。

* * *

　　高宗身体较弱。在不到30岁的时候，他就以国家安定、没有紧急事务为由，开始隔日而非每日上朝。事实上，他这么做的主要原因是健康每况愈下。据史料记载，公元660年，在朝廷仪仗离开并州前往刚刚被选定为东都的洛阳之时，日食发生了。历史学家认为这预示着朝廷的男性领袖皇帝，也就是太阳，落入皇后的阴影中。朝廷仪仗抵达洛阳不久后，高宗就身染重病，并在此后的数十年里一直受疾病困扰。严重的高烧使他身体机能失常、风眩头重、目不能视。高宗所患的似乎是中风。由于无法履行作为皇帝的公共职能，他开始让自己最信任的人，也就是武曌，协助他处理政务。这一次，他们几乎别无选择，因为他们无法将这一重任放在 8 岁的太子李弘身上。这就为武曌直接介入属于男性的公共舞台提供了更多的机会。在武曌登上这一舞台之后，她就再也没有离开。直到 683 年高宗驾崩之前，她都经常在朝堂上垂帘听政，并与丈夫一起商议行政事务。武曌知识渊博、才智过人、善于识人和用人，是一名非常出色的政治家。

50

　　然而对于武曌来说，高宗并不是她的傀儡，她也无法独自一人把持朝政。在她作为皇后的前十年里，很少有证据能证明她在军事和外交事务方面扮演了主要角色，例如公元 660 年代，唐朝大军攻打百济的事件就并非由她主导。与之相反，她经常和高宗共商国是。由于他们共同做出决策且两人都拥有政治影响力，当时的人们将他们称为"二圣"。在古时，周朝（也就是与武曌称帝之后的国号同名的古典时期）的前两代天子就被人们称为"二圣"。①

　　儒家士人对武曌进行了严厉的批判，以她公开参与政治

---

① 此处疑为作者有误，周朝的"二圣"应是周公旦和姜尚（吕望），而不是周天子。

的行为为依据，称她为一个野心勃勃、觊觎权力的女人。另外，也有一些人辩称，武曌参与朝政只是为了减轻高宗的负担，她只是一位执意保护生病的丈夫的妻子，她不希望丈夫被繁忙政务带来的身心压力困扰，她所做的都是在帮助自己的丈夫达成意愿、执行政策。

* * *

当然，高宗并不是完全无用的。尽管他的病情极其严重并经常反复，但是这种情况往往只持续几周或一个月。高宗在并州的病情持续了不到两个月的时间，之后便恢复了健康，还跨上马鞍在洛阳西南部出巡狩猎。公元 661 年，高宗打算亲自指挥对抗百济的战役，但是武曌担心北方恶劣的天气可能使高宗旧疾复发，所以有所劝阻。令人惊奇的是，在此事和其他一些国事上，武曌往往通过朝廷奏章而不是私人请求向她的丈夫进言。

虽然高宗疾病缠身，而且帝后二人需要共同承担政治责任，但是这些都没有影响到他们的亲密关系。公元 662 年，武曌又为高宗诞下一子，取名李旦。约两年后，年近 40 的武曌生了一个女儿，也就是太平公主。武曌对这个自己最后的孩子，也是最小的、唯一幸存下来的女儿钟爱有加。

* * *

武曌迷信预言和预兆，尤其是那些预示自己运势高升的预言。据载，公元 663 年麒麟出现在洛阳东北，几天后，它在新建的洛阳行政和礼制中心——含元殿——留下了足迹。麒麟是一种多彩的神兽，集龙鳞、马蹄、狼额、牛尾于一身，日本的麒麟啤酒就以这一神秘的生物命名。武曌认为这一非凡的生物所带来的祥瑞应该变成一个蕴含至高荣耀的名字，因此在她的建议下，高宗下令将下一年的年号改为麟德。665 年，宫中太史令李淳风编制了新的《麟德历》，该历于同年为"二圣"正式颁用。十七年前，李淳风曾成功预测唐代内宫中将出现"女主"。武曌或许知道，正是在这个人的建议下太宗才没有将包括她自己在内的内宫中三分之一的女子全部杀掉。

其实，祥瑞之物的预兆本身是无害的，但是有的时候，武曌对这种神秘之物的信仰会呈现不祥的一面。由于父亲的灵柩远在四川，所以她有时会召唤一些巫师和方士为其作法祈福。公元 664 年，一个会行巫术的道士郭行真开始频繁出入内宫。郭行真会施展一种帮人制服敌人的巫蛊之术。这种秘术与武曌之前向高宗控告王皇后用以对付她的手段完全一样。行巫蛊之术是一种死罪，在宫中尤其如此。《唐律疏议》中记载："诸有所憎恶，而造厌魅及造符书咒诅……若涉乘舆者，皆斩。"[1]

52

一个太监向高宗汇报了郭行真的内宫之行。高宗大怒，悄悄地召见上官仪商议，上官仪是少数几位不属于武曌一派的大臣。上官仪回禀："皇后专恣，海内所不与，请废之。"[2] 于是，还在气头上的高宗冲动地同意了上官仪的谏言并命其起草废后诏书。

然而，武曌在朝中安插的那些耳目又一次救了她。她很

---

[1] 《唐律疏议》卷第十八。

[2] 《资治通鉴·唐纪十七》，高宗天皇大圣大弘孝皇帝中之上，麟德元年甲子。

快得知了消息，于是急忙找到高宗，高宗当时正在起草废后诏书。面对他的妻子，高宗这一糟糕的决心立刻土崩瓦解，成了一种软弱无力的纵容。他手里拿着诏书，怀着对武曌怨怒的惧怕，闪烁其词地说道："我初无此心，皆上官仪教我。"[①] 他一边说着，一边将废后诏书撕得粉碎。

许敬宗作为武曌的忠实随从，时刻准备为她扫除所有敌人。因此，得知此事后，他立刻向高宗上奏，称上官仪勾结被流放的李忠，试图复其太子之位，他们二人预谋大逆。他在奏折里巧妙地写道，十几年前，上官仪曾在李忠的陈王府担任谘议参军，与"诬告"武曌在宫中行巫术的太监一同侍奉过李忠；然后这些人精心布局，意图恢复旧的统治秩序，为此上官仪与太监王伏胜设下了一个阴险的计谋来诽谤武曌，指控她在宫中行巫术。高宗毫不怀疑地接受了许敬宗对全部事件的解释，于是下诏抄了上官仪的家。上官仪在下狱不久后就故去了，他的儿子也受到牵连，在狱中被处死。令人惊奇的是，上官仪遇害时，他尚在襁褓中的孙女上官婉儿被没入掖庭，充为官婢，后来这个小女孩长大成人，她天性聪颖，精通诗文，在武曌手下为官。

毫无疑问，自从上官仪被处死后，朝廷就笼罩在一层阴晦的氛围之下。那些被视为上官仪同党的人全部被降职并被发配边疆。朝中大臣更加不敢公开发表言论或批评朝廷的决定。一年后，高宗伤心地向他的大臣们询问："炀帝拒谏而

---

① 《资治通鉴·唐纪十七》，高宗天皇大圣大弘孝皇帝中之上，麟德元年甲子。

亡，朕常以为戒，虚心求谏；而竟无谏者，何也?"李勣，即"保守派"中唯一一位支持武曌当皇后的大臣圆滑地说道："陛下所为尽善，群臣无得而谏。"①

帮助李忠成为太子的老臣全被发配并遭处死的消息传至京畿之外，当时时运不济的李忠已经逐渐变得妄想多疑、惊恐不安，为隐匿行踪他穿上了妻子的衣服。最后，李忠疯了的消息传到朝中，他被高宗贬为庶民，迁到大唐偏远的南地居住。在武曌指使许敬宗诬奏李忠与上官仪背叛朝廷的阴谋得逞后，李忠被高宗赐死于黔州。

* * *

对于家族的亲戚，武曌的态度也是自相矛盾的：一方面，她希望将自己与那些臭名昭著、用同族祸乱朝政的皇后与皇太后区分开来；另一方面，她想要提高武氏家族——包括在世和过世族人——的地位，因为如果她的亲戚均没有获得官爵和头衔，且都被视为粗鄙不雅的庸俗之人，她会觉得很丢脸。为此，她充分利用了每一个可以提升自己父母地位的机会。然而，在她提升那些在世武氏家族成员的地位时，她却摆脱不了对武氏近亲，尤其是她同父异母的哥哥及其子女们的厌恶之情。

为了庆祝荣升皇后的幸福时刻，她邀请了整个家族的成员参加庆功宴。当时，她的哥哥和一个侄了在朝中任宗正少

---

① 《资治通鉴·唐纪十七》，高宗天皇大圣大弘孝皇帝中之上，麟德二年乙丑。

54　卿。武曌的母亲杨氏也被封为荣国夫人，回想着在丈夫葬礼期间并州的武氏姻亲对自己的无礼，杨氏曾醉醺醺地狂言道："颇忆畴昔之事乎？今日之荣贵复何如？"①

　　荣国夫人的一个侄孙为宫中的司卫少卿，他满怀热情地扮演着理想儒家大臣的角色，厚颜无耻地提出了尖锐的反驳："惟良等幸以功臣子弟，早登宦籍，揣分量才，不求贵达，岂意以皇后之故，曲荷朝恩，夙夜忧惧，不为荣也。"②他在这一段话中使用的"荣"就是武曌的母亲杨氏的封号"荣国夫人"中的"荣"。这种对武曌母亲封号和地位的暗示使杨氏大为恼火，因此在宴会结束之后，这位专横的外祖夫人立刻找到女儿，要求武曌替自己出气。

　　于是武曌以避免任人唯亲为借口，将她同父异母的哥哥和侄子贬到边陲，这也解释了武曌作《外戚诫》的时机。如此一来，她既可以轻易将自己讨厌的外戚逐出京城，又可让自己扮演一位正直皇后的角色，即防止她的家人参与朝政。由于大多数北方人对南方的气候无法适应，她的一个同父异母的哥哥在到达西南后不久就因瘴气致病，死在了这个群山与湿地遍布的地区。

　　武曌的妹妹死得早，但是武曌与其姐以及姐姐孩子的关系可谓错综复杂而又针锋相对。武曌的姐夫是一位法曹，在很年轻的时候就过世了，只留下武曌的姐姐和两个年幼的孩

---

① 《资治通鉴·唐纪十七》，高宗天皇大圣大弘孝皇帝中之上，乾封元年丙寅。
② 《资治通鉴·唐纪十七》，高宗天皇大圣大弘孝皇帝中之上，乾封元年丙寅。

子。武曌的姐姐是位引人注目的孀妇，在武曌成为高宗的妃子后，她频繁出入内宫。高宗赐予她一个深情的绰号"国姝"，并将她封为韩国夫人。① 在还是昭仪的武曌为高宗诞下三个儿女的妊娠期内，韩国夫人作为武曌的替身成了高宗的新宠。尽管这件事多多少少导致了姐妹关系的紧张，但她们同心协力，在关键时期成功地将高宗留在了武曌的寝宫。

韩国夫人在公元 660 年代中期去世。看着韩国夫人和其前夫越王府法曹所生的女儿逐渐出落为一个可爱成熟的女子，高宗对她的兴趣越来越大。在韩国夫人去世之后，高宗将她的女儿封为魏国夫人。这位漂亮的小姐假借拜访皇后姨娘的名义，更加频繁地出入后宫，并得到了高宗的临幸。因此，高宗将其君王恩宠分别施予了武曌的外甥女、武曌的姐姐以及武曌本人。精于算计的武曌因高宗的这种宠幸愈发感到不安，因为她深知，一旦高宗沉迷于激情和情欲，这种过于炙热的情感必将影响他的决定。因此当这只处在中年、刚刚生了第六个孩子的母老虎得知高宗准备将这位年轻的少女正式纳入后宫之后，她毫不犹豫地采取了行动。

公元 666 年，高宗前往泰山举行最隆重的皇室祭祀活动——封禅大典。高宗回来之后，武曌的侄子们举办了庆祝宴会，他们当时作为州县官员随行皇室仪仗。武曌的母亲杨

----

① 此句有歧义，原文翻译过来为高宗将武曌的姐姐称作"国姝"，封为韩国夫人，但是《新唐书》原文为"韩国出入禁中，一女国姝，帝皆宠之。韩国卒，女封魏国夫人"（《新唐书》列传第一，后妃上），"一女国姝"意即韩国夫人的女儿很漂亮。

55

氏虽然厌恶这些姻亲，但还是允许他们使用她的府邸举办这场活动。武曌的两个侄子错误地认为在他们当了十几年的州县小官之后，这种冷落应该足以使姑姑武曌和叔祖母消气，而现在，他们借着泰山封禅与皇帝以及满朝文武进行了密切接触，一定可以结束这种冷遇，朝廷一定会马上将他们召回并重新委以重任。

这一次母女二人联起手来。武曌将这一盛大的活动看作一个消灭年轻对手的机会。而她的母亲荣国夫人是一个报复心很强的女人，她不会忘记这些侄孙曾经两次对她有所冒犯，因此她一直在寻找报复他们的机会。

她们想要对付的其中一人就是优雅美丽的魏国夫人。按照史书上的说法，武曌偷偷在魏国夫人所食肉酱（可能是馄饨馅）里下毒，使这位年轻的女士在痛苦中突然死去。然后，她将这一行为嫁祸给这次宴会的举办者，即她的侄子们。在简短的审讯后，这些人被判有罪，随之被执行死刑。在侄子们死后，武曌将其姓氏由原来的"武"改成"蝮"，以此与他们保持距离，断绝亲戚关系，免得他们这些道德败坏的、不吉利的人玷污自己高贵的姓氏。

但是武曌如何执行这一阴险的计划，以及魏国夫人的过早死亡和武曌是否真的有关，这些问题都为后人留下了巨大的想象空间。难道是皇后趁人不注意，手里攥着毒药随处闲逛，溜达到厨房，发现了为魏国夫人准备的面食，然后立刻敏捷地扒开一个略有开口的馄饨皮，不知不觉地将毒药撒了进去？这种情况不太可能发生，因为在中餐里，个人的食物不是单独准备的，而是很多盘菜肴同时摆在桌子上，人们想吃哪个就吃哪个。另一种可能的情况是，武曌和魏国夫人故作亲密地邻近而坐，然后皇后用自己的筷子将有毒的馄饨夹给魏国夫人，以此显示她们之间的亲昵与喜爱，对于这一莫大的荣誉，年轻的魏国夫人很难谢绝。① 这种猜测也是不现实的，因为这种脚本很可能使武曌自己牵连其中。可能性较大的情况是武曌的一位亲信——她的侍女或随从——执行了主人的命令。

杨氏对此仍不满足，她还希望自己的女儿寻个理由逮捕她的长侄孙媳善氏，因为杨氏觉得善氏过去对她极其轻蔑。为了这样一项莫须有的罪名，善氏被人用成束带刺的树枝鞭打，直到肉烂见骨，最后被活活打死了。武曌最后一个同父异母的哥哥，也就是武士彟唯一一个活着的儿子，不久后也在流放中被杀害了。

为了转移人们对她参与这场阴谋的怀疑，同时也为了让武士彟后继有人，武曌让贺兰敏之改姓武，继嗣武氏血脉，袭周国公。贺兰敏之是魏国夫人的哥哥。儒家历史学家还捏造了另一起与贺兰敏之相关的事件，以此诽谤武曌。此事件中，在魏国夫人的葬礼上，泪流满面、悲痛欲绝的高宗用怜悯的眼光看着他死去的爱人这位年轻的哥哥，而武曌则用怀疑的眼光打量着周遭。当发现贺兰敏之瞥向自己的冷酷眼神时，武曌在心里对自己说："此儿疑我。"在这一版本的故事中，这短短的一瞥，加上武曌因这个年轻人与高宗的共悲 57

① 唐朝处于分餐制向会餐制转变的过程中，作者以现代中国人的饮食习惯评议古人，似不妥当。

之情而产生的妒忌，足以使她对这个年轻人产生敌意。而且
她的憎恶之情一旦产生通常就会一直存在，直到最终她将敌
人置于死地。

　　武曌让贺兰敏之改姓武以及让他袭周国公的决定，足
以证明这是一个捏造的故事。而且，武曌支持贺兰敏之在
朝为官，并让他与当时最著名的一些太史令一起负责文书
类事务，整理史册和典籍。贺兰敏之却恩将仇报，对武曌
大加怀疑并产生怨恨之情。相比于经典的学问古籍，年轻
的贺兰敏之对女色更感兴趣。他恣意引诱及蹂躏宫中女子，
包括武曌的女儿——太平公主。而且，贺兰敏之还不顾流
言蜚语，强占了武曌和高宗为他们的第一个儿子李弘选的
太子妃。另外，在他的外祖母荣国夫人于公元 670 年去世
的时候，贺兰敏之不但没有按照惯例着丧服，还继续召妓
奏乐享乐。为了给他最后一次机会，在荣国夫人死后，武
曌命贺兰敏之督建一尊佛像为杨氏祈福，贺兰敏之却藐视
她的命令，将此笔费用中饱私囊，继续寻欢作乐。他在用
这种方式为妹妹报仇。

　　对于贺兰敏之对自己刚刚过世的母亲的这种大不敬行
为，武曌忍无可忍，于是上表列举贺兰敏之的罪行。最终贺
兰敏之被剥夺了武姓和封号，降职流放至西南边陲。在途
中，他以马缰自缢而死。

　　对于自己的武氏亲戚，武曌的态度不只是不喜欢，在很
大程度上她厌恶他们。尽管武曌严惩这些亲戚的一些事件被
美化成了一种她以超自然的能力超脱人类情感的表现，但是
实际上她丝毫没有超脱。她与家族成员之间的关系并没有被

第五章 二圣

关于外戚恰当作用的抽象政治理念影响，相反，这些关系是非常主观且情绪化的。

* * *

但是不得不说，武曌对自己的父母还是非常孝顺的。当她的母亲在公元 670 年过世后，她陷入了巨大的悲伤。随着她的兄弟姐妹及双亲相继过世，她感到格外孤独。她的母亲死后被追封为鲁国忠烈夫人。根据诰命，所有的朝廷官员以及国家的显贵女子均须前往杨氏的府邸哭丧哀悼。朝廷同时还对武曌的父亲进行了追封，甚至将她父亲的遗体从遥远的并州迁出，使其父母在死后可以团聚。

武曌为母亲修建了陵园，取名顺陵。顺陵按照皇陵规模修建，位于咸阳，也就是现在的西安咸阳国际机场附近。当地人十分敬畏杨氏的陵墓。当年的围墙现在已经没有了，当地的农民在那里居住，他们除草、种植、收获，并在这些拥有一千三百多年历史的雕塑间放羊。在通往杨氏陵墓的神道上放置了忠臣和瑞兽的石像，今天成片的果园和菜田围绕在这条遍布荆棘的神道周围。

这些帝王陵墓中的神兽被视为仁慈的、可以带来好运的保护神。据说，这里大量的独角兽之前曾把当地的盗贼吓跑。幸运的石羊为武曌已故的母亲祈福，同时为活着的人们带来好运。现在还流传着很多关于顺陵石狮的传说。一则传说写道，自从这里有了石狮，这个地区就没有遭受过冰雹。根据另一则与之相关的当地传说，石狮曾经救了一个险遭强盗杀害的车夫。尽管这个惊魂未定的车夫并未看见石狮发起攻击，但是石狮的嘴上有强盗的血迹，就像口红一样。这尊石狮轻轻地告诉车夫：如果从此没有坏人再从这里经过，它希望车夫能不时用油膏擦拭自己的嘴唇。而且有传言称，如果某地发生干旱，人们就会派未婚的年轻女子在夜光下清洗这些三米多高的巨狮。当地的一首民谣写出了清洗石狮在缓解干旱方面发挥的作用：

> 洗了狮子头，雨水满地流；
> 洗了狮子身，白雨一犁深。①

时至今日，在顺陵附近，当年轻的妻子想要生儿子，或者未怀孕的妇女想要怀孕的时候，她们就会去擦拭雄狮的生殖器。几个世纪以来，在无数希望借助这种方式达成自己愿望的村妇的手下，石狮子的生殖器现在已经变成光亮的黑色。

* * *

作为"二圣"之一，武曌从来没有退出过政治舞台。公元662年，朝廷更改了中央机构与职位的名称。武曌同时修改了内宫中嫔妃的名衔品位。尽管从理论上来说，内宫的名衔品位与朝廷的官职是不相关的，但是武曌通过此举在两者间建立了若有似无的联系。武曌更改了内宫名衔，使它们听起来具有更强的官僚属性，更加接近朝中大臣的官职。内官的旧衔，如美人、才人、宝林等，给人一种感觉，即她们是为皇帝的欲乐而存在的。中等的内官现在拥有了新的名衔，如"承闱""承旨""卫仙"等。这些听似官职的名衔

---

① 原书如此。经查，民谣描写的是唐玄宗泰陵，而非顺陵。

暗示内宫中的女子也和朝廷中的大臣一样拥有正式的职务。这一举动的意图显而易见：它使武曌日益增长的政治权力看起来更加合理。

在高宗在位的三十四年间，最隆重、最盛大的公共祭祀活动是在泰山举行的封禅大典，东岳泰山是中国五岳之首。这种特别的仪式只能在国泰民安、国家繁荣昌盛的时候举行，它的目的是向整个国家的臣民显示至高无上的君权，并向邻国彰显大唐境内和谐、稳定的景象。这些仪式证明上天将统治国家的权力授予统治者，统治者在祭天过后才算受命于天。统治者以谦逊的姿态举行封禅仪式，为天地奉上祭品，祈求苍天大地的护佑，许下风调雨顺、国泰民安的愿望。在这些程式化的谦逊的背后，是"二圣"封禅大典的宏大的规模与场面。

封禅是一种极其罕见的皇家祭祀活动，在中国历史上，一共只有七位统治者举行过封禅大典。朝臣们关于正确祭祀形式的激烈争论、不利的气候或天象条件、外族的入侵，或是统治者对自己的信心缺乏，往往使统治者打消了举行封禅大典的念头。在唐太宗统治期间，朝臣们曾详细讨论过这一 60 仪式，然而最终它没能成行。

许敬宗在很久之前就曾鼓励高宗皇帝举行封禅大典，这样做一方面可以美化皇后，另一方面也可以使皇帝的丰功伟绩永垂史册。在公元 660 年代早期，唐朝军队战胜西突厥之后，高宗一度将唐朝的疆域由东海扩展到波斯。668年高句丽平定之后，唐朝的版图空前扩张，尽管当时唐朝的军队规模已过于庞大，边关要塞也不够稳固。其余的朝中大臣也加入了许敬宗的行动，力谏高宗举行封禅大典。664年中期，高宗同意举行封禅大典，日期最终定在666年的阴历正月。

虽然武曌极其渴望参加封禅大典，但是这并不符合惯例。在之前的封禅大典中，皇帝扮演着最重要的角色，其次由公卿充亚献、终献之礼。然而，由于几个世纪以来此类仪式一直未再举行，仪式的程序已经不大清晰了。当大队人马到达泰山之后，武曌正式向丈夫上表，申请参加这次典礼。她选择的时间是恰到好处的：如果她提前提出请求，那么朝中大臣很早之前就会得到她参加封禅大典的消息，这会引起骚动并延误仪式的举行。这一正式的请愿清楚显示了"二圣"政体的性质。她向高宗上表的事实证明，至少在形式上她的地位依然低于高宗。

在奏表中，武曌用她闪耀着智慧光辉的文字对高宗动之以情、晓之以理。她辩称："乾坤定位，刚柔之义已殊；经义载陈，中外之仪斯别。瑶坛作配，既合於方祇；玉豆荐芳，实归於内职。况推尊先后，亲飨琼筵，岂有外命宰臣，内参禋祭？详於至理，有紊徽章。但礼节之源，虽兴於昔典；而升降之制，尚缺於遥图。且往代封岳，虽云显号，或因时省俗，意在寻仙；或以情觊名，事深为己。岂如化被乎四表，推美於神宗；道冠乎二仪，归功於先德。宁可仍遵旧轨，靡创彝章？妾谬处椒闱，叨居兰掖。但以职惟中馈，道属於蒸、尝；义切奉先，理光於蘋、藻。罔极之思，载结於因心；祗肃之怀，实深於明祀。但妾早乖定省，已阙侍於晨昏；今属崇禋，岂敢安於帷帟。是故驰情夕寝，睠嬴里而翘

魂；叠虑宵兴，仰梁郊而盱念。伏望展礼之日，总率六宫内
外命妇，以亲奉奠，冀申如在之敬，式展虔拜之仪。"①

　　武曌辩称"禅"的本质为祭"地"，以及祭祀唐高祖与
唐太宗的皇后，因此理应由她这个儿媳妇、当今的皇后来主
持这一仪式。地毕竟象征着皇帝的母亲，天毕竟象征着皇帝
的父亲。在中国的阴阳二元说中，阴和方是与地联系在一起
的，而阳和圆是与天联系在一起的。按照她的逻辑，由男性
大臣充亚献之礼会违反礼数。女性的加入不仅从儒家礼制上
讲很有必要，而且也符合自然的和谐之理，有利于女性的
"阴"与男性的"阳"达到平衡的状态。因此，尽管儒家礼
教贬低武曌的女性身份，但武曌"以子之矛，攻子之盾"，
利用这一文化意识形态证明了自己参加封禅大典的合理性。
在表文的最后，她以一种谦逊、机智的方式总结道："萤烛
末光，增辉於日月。"

　　受此影响，高宗发布了一道圣旨，宣布"禅社首以皇
后为亚献"。同时，在武曌的努力下，高宗在最后时刻对仪
式的配置进行了更改，"先用藁秸、陶匏等，并宜改用茵
褥、罍爵"。②谦逊和低调或许反映了高宗的美德，但是华
丽的装饰和庆典则愈发彰显武曌增加公众对自己关注的
意图。

　　因此，公元 666 年阴历新年，高宗在泰山南侧四里远的

---

①　《旧唐书·礼仪志》。原书所引部分略有出入，此处译文据《旧唐书》
　　原文。

②　《资治通鉴·唐纪十七》，高宗天皇大圣大弘孝皇帝中之上，麟德二年
　　乙丑。

地方筑封祀坛，在这个三层的圆坛上举行"封"礼，即祭天。并于三天后举行了"禅"礼，即祭地。首先，高宗在一个八角黄色方坛上祭拜地神，八角方坛设在一个方形平台之上，下设八级台阶。方形及黄色为地的象征。之后武曌正式登场，皇帝行初献礼毕，随从退下。随后太监高举丝绸华盖，武曌登上祭坛行亚献。之后如她所述，后宫佳丽以及位高权重的忠臣之妻行终献。在祭坛之上，她们将祭酒洒入礼器中，然后奏乐祭地。儒臣们觉得此举异常滑稽，因此在远处偷偷掩袖而笑，嘲笑眼前的场景。尽管如此，武曌通过使自己、朝臣的妻子、女性皇亲以及后宫嫔妃参与这次盛大的仪式，重新界定了这一古时的礼仪，提高了女人的地位。

封禅的最后一个步骤为朝坛仪式，在这一步，高宗会从一个在泰山脚下临时搭建的行宫前方的方坛上朝，接受群臣朝贺。在返朝途中，随行队伍途经圣人孔子的故乡，高宗特意献羊祭祀了孔子，并赠号"太师"。几周之后他们到达老子的出生地，高宗对这位道教教祖致以极高的崇敬，将其视为李氏家族的第一位祖先，赠号"太上玄元皇帝"。武曌和高宗都明白，他们既不能疏远儒家的礼制，也不能疏远道教的礼制。

参加封禅大典的随员数量非常庞大，皇室随从数以千计，绵延数里。整个行程历时四个半月，总行程达2000英里①。视线所及之处，是一片片异域首领与外国使臣的圆顶帐篷，"东自高丽，西至波斯"。他们的坐骑和牲畜——马

---

① 1英里约为1.6公里，后文不再另做说明。

和骆驼以及大群的牛羊——堵塞了道路。与"二圣"同行的还有后宫女官、贴身太监，以及大批的皇家侍卫、州县官吏、朝中文武。随行的还有大批的厨师以及仆人，他们负责安排众人的饮食起居。在泰山，无数的工匠繁忙劳作，按照规定的礼制大兴土木。

为了使大典面面俱到，高宗和武曌煞费苦心。在他们的 特意安排下，首先举行的是祭天和祭地仪式，而不是祭祀先祖的仪式。封禅队伍经过的州县均减免一年的赋税。随行的官员也全部被加封，地方年长的老者也被授予了尊称。高宗昭告天下，民酺七日。封禅大典是"二圣"共同取得的巨大政治胜利，提升了帝后的地位。"二圣"登上巍峨雄伟的泰山，居于天地之间，并象征性地加入了众神的行列。

* * *

然而，封禅大典之后的第二年，这一伟大仪式的光辉形象就被损坏了。黄河流域腹地的两京一冬未曾下雪，并碰上了日食。广大农民遭受了庄稼干旱、特大洪水、蝗虫病害以及冰雹灾害，他们的生计受到严重影响。那个时代的人们认为自然状况代表着上天对统治者统治的赞许或反对，天灾就是上天惩罚无道昏君的方式。

高宗和武曌觉得受到了上天的严重警告，因此开始寻求重新获得上天眷顾的方法，他们开始迎合长期存在的儒家惯例，奉行苦行善治。公元 670 年，国家遭受严重的干旱，为了使上天早降甘露，"二圣"改元，回避宫廷主殿并为狱中囚犯减刑，以免有人蒙受不白之冤从而加剧上天的愤怒。宫中的肉食开始定量供给，并且用粮食酿酒的做法也被禁止。

"二圣"召集学士仔细审议礼乐的形式，从而确保上天的赐福。武曌要求避位（一种表达谦卑的程序化行为）以答天谴。或许武曌做出此举是为了将自己塑造成唐朝的成汤。成汤是一位在远古时代具有神秘色彩的统治者，在商朝遭受七年干旱期间，成汤自己走向柴火以身祭天。在成汤的故事中，在这位令人敬仰的国君进行活人祭祀之前，上天为这片干旱的土地降下了倾盆大雨。当然，这种来自上天的天谴通常主要针对皇帝而非皇后，所以高宗拒绝了武曌的请求。

64

"二圣"还采取了一些其他举措，试图恢复良好的声誉并达到人与自然的和谐。他们下诏从国库拨发救济粮。公元673年，他们下诏禁止撒网捕鱼，禁止人们使用捕猎工具捕杀动物。然而，这并未消除不祥之兆。太庙屋顶上被设计用来抵御火灾的鸱尾被吹落。为了抚慰愤怒的神灵和祖先，朝廷下令禁止了所有淫乐。为了确保人与自然之间的和谐，十二首高雅的礼乐均被冠以"四时""八风"的名字，然后在全国的大型庙宇和神祠中演奏。

还有一件令武曌忧心的事情，她最忠实的支持者许敬宗在掌权十三年之后于公元670年致仕，并于672年去世。许敬宗可谓朝中最有权势的大臣，在他辞归故里之后，朝廷中的其他大臣对他展开了激烈的批判，并且在高宗的许可下重新修订了国史记录，因为他们认为许敬宗编写的编年史中存有很多伪史。朝廷恢复了武曌的旧敌——高宗国舅长孙无忌的名誉，并将他安葬在先帝太宗的陵墓附近。

第六章　天后及皇太后

天皇

公元 674 年秋，高宗封武曌为天后并自称天皇，这种尊 称在中国历史上是没有先例的。选择这种封号是有目的的，在使用这一称号之前高宗与武曌还为已故的两位大唐皇帝及他们的皇后冠以了更宏大的称号。为掩饰这种自我夸耀的行为并使之符合儒家的谦逊传统，武曌强调选择"天"这个字并非他们自命不凡，而是一种孝顺之举，是为了避免与追尊先帝、先后的尊称重复。之后，武曌和高宗改元"上元"，它预示一个与他们精心设计的新宗谱相匹配的新统治时代到来了。

如果想了解"天"这个称号，就必须从李氏宗族的起源说起。如前所述，李氏宗族自称其祖先为道教教祖老子。与主要关注现实伦理及社会问题的儒家思想不同，道教相信预言、神秘主义、神魔之力和长生之道。天皇是道教传说中具有强大威望的君王。道教当时曾流传出天皇再现的预言，而作为皇帝以及老子后代的高宗自然成了最佳人选。作为

71

66　天后，武曌自然也象征性地加入了道教的圣贤及神仙之列。同年，武曌提出了"建言十二事"，在其中一条中，天后声称"国家圣绪，出自玄元皇帝，请令王公以下皆习《老子》"。① 这一思想对儒家传统形成了巨大的冲击，老子最著名的《道德经》被正式纳入科举考试的范围，成为儒生们必须学习的内容。

　　武曌于公元 674 年提出的"建言十二事"具有的更多是象征性而非实质性意义；与其说它是真正的建言，不如说是一种为把天皇和天后塑造成济度众生的理想道教统治者所做的努力。在理想的道教礼制中，皇帝治理国家靠的不是发动战争、颁布律法、发布诏书及惩罚罪犯，而是无为而治。统治者应与"道"——天道与自然——保持和谐关系，不对春种秋收横加干涉，让农民根据自然规律自寻生计。于是武曌为了鼓励农桑，提倡轻徭薄赋。她提出应通过"道"来改变国家现状，而非通过武力，因此强调息兵。她下令增加京畿此前废弃土地的开垦范围，同时禁止建设极度奢华的佛教庙宇以及开展过度铺张的公共工程。她强调广开言路，使庶民以及官职较低的官员有机会向君王建言，以杜逸言。武曌同时进言称应为功臣加官晋爵。这些建言所缔造的是一个简单、节俭、清廉的朝廷形象，纵然这与朝廷的现实完全不符。这些改革措施并不代表朝廷真的要彻底改信道家思想。朝廷继续奉行儒家的治国理念，佛教也继续盛行于整个朝野。

---

① 《资治通鉴·唐纪十八》，高宗天皇大圣大弘孝皇帝中之下，上元元年甲戌。

第六章　天后及皇太后

高宗和武曌并没有履行他们提倡节俭的豪言壮语，而是
继续恣意挥霍。除了举行封禅大典这样盛大的仪式外，他们
还新修建了数所宫殿，并频繁地往返于两都。在都城外的山
林之中，他们修建了避暑行宫。高宗还经常外出狩猎。与此
同时，公元 670 年代中期，边疆战事不断，朝廷大军在西边
对抗吐蕃、东北对抗新罗，这些战争足以证明削减军队的决
定不够现实。

武曌提出的建言中，执行时间最长也是最有效的一条是
"父在，为母服齐衰三年"，即要求子女为父亲及母亲服丧
的期限相同。根据儒家礼节，如果父亲去世了，儿子要为父
服丧三年；而如果母亲去世了但父亲还活着，那么儿子只需
为母服丧一年。或许是为了向她刚刚过世的母亲表示敬意，
武曌建言称，对父亲和母亲的服丧期限应该相同。她写道：
"夫礼，缘人情而立制，因时事而为范。变古者未必是，循
旧者不足多也。至如父在为母，服止一期，虽心丧三年，服
由尊降。窃谓子之于母，慈爱特深。非母不生，非母不育。
推燥居湿，咽苦吐甘，生养劳瘁，恩斯极矣！所以禽兽之
情，犹知其母，三年在怀，理宜崇报。若父在为母，服止一
期，尊父之敬虽周，报母之慈有阙。且齐衰之制，足为差
减，更令周以一期，恐伤人子之志。今请父在为母，终三年
之服。"① 尽管一些反对派称这颠覆了男尊女卑的基本自然
之道及社会伦理，但是武曌关于父母服丧期限相同的规定最
终得以推行，成为一项被大众接受的礼仪规范。

————————

① 《全唐文》卷九七《请父在为母终三年服表》。

73

67

武 曌

* * *

高宗的病情日益严重，为国事所累的他经常去长安西部群山中的九成宫避暑。由于经常感到头晕无力，他传唤各地的名医为他医治，将这些人从深山老林中请出，赐予豪宅、骏马以作封赏，但是他的身体状况依然持续恶化。因此在公元 670 年代初，20 岁出头的太子李弘开始越来越多地帮其处理国事。虽然李弘小的时候比较依赖父母，但是成年以后他变得非常独立，具有很强的正义感。他在百姓心中享有极高的声誉，高宗对他非常器重，大臣们也认为他是一个谦虚、严谨、有礼，并且非常崇尚儒家思想的年轻人。

李弘非常仁慈，对女人尤其如此。16 岁的时候，他上书朝廷，要求放过唐灭高句丽之战中的逃兵的妻子。公元 671 年，太子李弘发现他的两个同父异母的姐姐，也就是萧淑妃的两个女儿仍被幽禁在掖廷。于是他上书请求朝廷恩准她们出嫁。在李弘公开提出这一请求后，武曌为这两位被遗弃的公主寻找了伴侣。

公元 675 年夏天，太子李弘陪着他的父母——天皇和天后去往洛阳北部的御苑。在这次外出中，23 岁的年轻太子突然暴毙，死在苑中西侧的一所宫殿中。《旧唐书》中只记载了李弘死于御苑，然而写于两百多年后的《新唐书》则记载"天后杀皇太子"，以及"萧妃女义阳、宣城公主幽掖廷，几四十不嫁，太子弘言于帝，后怒，酖杀弘"。① 另一本北宋史书《资治通鉴》也记载了关于李弘这两个姐姐的

---

① 《新唐书》本纪第三，高宗；列传第一，后妃上。

故事，同时还加上了"天后方逞其志，太子奏请，数迕旨，由是失爱於天后……时人以为天后酖之也"。[①]

尽管儒家文本一直坚称是这位恶毒的、权力欲极强的母亲毒死了她前途无量的、贤良的儿子，但是历史学家们强加在武曌头上的杀子动机，即武曌试图篡夺皇位，同时太子李弘想要将萧淑妃的女儿嫁出去的想法惹怒了她，均不可信。武曌和高宗均将李弘视作储君，经常让他负责朝廷事务。而且，如果武曌真的想篡夺皇位，李弘也并不是她唯一的绊脚石：高宗还活着，而且除了李弘，她还有三个儿子。尽管有些历史学家认为李弘因为他同父异母的姐姐求情而惹怒了武曌，使母子之间存有心结，但是李弘为萧淑妃的女儿求情在李弘去世四年前就发生了。武曌有她自己的处事原则，在她看来，上一代的恩怨不应该殃及下一代。她允许自己的死敌上官仪的孙女做她的贴身女官就是一个很好的例子，而且是她自己上表高宗，要求提升两位公主的地位并允许她们出嫁的。令人感到奇怪的是，《新唐书》，也就是强烈指控武曌谋杀亲子的史书，竟收录了武曌的这份奏表。

太子和他父亲一样身体状况不佳，为李弘撰写的官方祭文除写到高宗亲自下诏"追谥太子弘为孝敬皇帝"外，还提到了他的病情。太子李弘体弱多病，长期遭受肺痨折磨。其中一份祭文写道："自琰圭在手，沉瘵婴身"[②]，在外出去往御苑的路上，李弘看起来情况有所好转，当时高宗曾向李

① 《资治通鉴·唐纪十八》，高宗天皇大圣大弘孝皇帝中之下，上元二年乙亥。
② 《旧唐书》列传第三十六，高宗中宗诸子。

弘透露自己想要逊位于他。然而世事难料，李弘身染重病。正如高宗在诏书中所说，李弘"旧疾增甚"。① 之后不久，李弘薨逝。在他死后，高宗命以天子礼仪下葬。同时高宗和武曌还为李弘选了谥号，对其进行追封。

* * *

李弘死后不久，高宗就将他的次子李贤封为太子。尽管这位新太子没有李弘那般非凡的领导力以及正义感，但作为一个年轻人，他在接受儒家思想方面显示了极强的天赋，因此得到了大臣们的赞誉，称他为儒家经典的忠实追随者。他迅速建立了忠实捍卫儒家思想的小团体。

70　　尽管高宗比较赏识李贤的学识，但是李贤阅历不足，无法获得高宗的充分信任。公元 676 年初，依然沉浸在丧子之痛中的高宗深感困扰，病情加重。他召集群臣，商议提前退位以及让位于天后武曌之事。一位大臣对此感到非常震惊，劝谏道："天子理外，后理内，天之道也。昔魏文帝著令，虽有幼主，不许皇后临朝，所以杜祸乱之萌也。陛下奈何以高祖、太宗之天下，不传之子孙而委之天后乎！"

另一位大臣立刻附和："处俊之言至忠，陛下宜听之！"② 显而易见，武曌的那些忠实追随者均已致仕或去世，因此朝中没有可以为她进言的人了。在这之后不久，这些高级官员都成了太子李贤的教辅大臣，加入了他在朝中日益庞大的支持者阵营。值得一提的是，李贤的很多支持者都是显

---

① 《旧唐书》列传第三十六，高宗中宗诸子。
② 《资治通鉴·唐纪十八》，高宗天皇大圣大弘孝皇帝中之下，上元二年乙亥。

赫士族的后代，武曌曾大大削减了他们父辈的影响力。

在命运的安排下，公元676年，也就是高宗提出让位于武曌的那一年，据称凤凰出现在陈州。凤凰被称为百鸟之王，是女性权威的象征，于是高宗改元"仪凤"。同年，武曌力谏高宗举行第二次封禅大典，高宗应允，但是西南边疆吐蕃进犯，这一计划最终未能执行。然而，尤为值得一提的是，678年，武曌独自于光顺门接见百官及四夷酋长。这一次，并没有任何迹象表明高宗处在病中。

对于武曌来说，或许因为公元676年在她身边出现了太多不确定性因素——高宗的病情、她在朝中的敌人以及继位问题，她对皇位的态度发生了变化。尽管高宗想要让位给武曌的提议最终未能实现，但是天后对天皇的提议铭记于心。高宗提出希望武曌取代他的位置，这至少说明他对女人当皇帝并不抵触，还说明他曾认真考虑过让武曌替代他，朝臣也并不觉得这样做是荒唐可笑的。如今，武曌作为一位经验丰富的政治家影响着朝廷和国家的发展，因此有朝一日她可能荣登皇位的设想看起来已不再那么牵强和荒谬。50岁的武曌依然精力旺盛，并且和从前一样机智，她认为自己的三个儿子没有当皇帝的气魄，因此她第一次开始认真地考虑自己当皇帝的可能性。尽管力不从心的高宗没有继续商讨立武曌为帝的问题，但是这位优柔寡断的统治者提名了两位继承人，而不是一位，分别是他的妻子和他的儿子，这造成了意志坚强的武曌与野心勃勃的李贤之间的矛盾。尽管部分大臣对武曌当皇帝的提议持强烈的反对意见，但是朝中的大多数臣工对此保持沉默，他们要么惧怕她报复心强的性格，要么

71

认为她可以有效地治理这个国家。

保持沉默是非常明智的做法。武曌和她的母亲一样，对那些怠慢、攻击或背叛她的人一定会怀恨在心，而且会一直耿耿于怀。一个有力的证明是曾经有位大臣对她出言不逊，十年之后她登基为帝，尽管当初用言语抨击她的那位大臣已经去世了，但是她仍然迁怒于他的孙子，伪造了一项莫须有的罪名，然后将这个年轻人处死。年轻人临死之际对武曌破口大骂。为了防止这种事情再次发生，武曌制定了一项新的规定："将刑人，必先以木丸窒口云。"① 武曌对年轻人的行为特别生气，因此下令将他分尸。之后她又下令将冒犯她的人的祖坟掘开，敲碎棺椁，将尸体挫骨扬灰。

武曌深知，对大多数朝臣来说，他们无法接受让女人当皇帝。但具有权威性和规范性的儒家价值观内涵丰富、取之不尽，涵盖了社会、文化和政治的各个方面。在二十多年的从政经历中，她发现这些儒家价值观并不是一成不变的。这些价值观以文字的形式写就，然后由人们对它进行解释。然而，舆论、人心及语言全都是可以改变的。武曌作为一个完美的政治家，有能力将这一棘手的不利因素，即因为性别而否定她的体制，变成对她有利的资本。用现代的话说，这种能力即很会"诠释"（spin）。就打官腔而言，在朝廷这个最复杂的关系网中，武曌堪称是最熟练的"织网人"（spider）。因此，在高宗久病期间，她将自己塑造成一位符合儒家标准的贤惠妻子，参与外朝事务也仅仅是为了保护她

① 《新唐书》列传第四十，狄郝朱。

丈夫家族的财富与地位。当她处心积虑、按照自己的预想参加封禅大典的时候，她所表达的动机也仅是为了遵循儒家的仪制，而不是为了提升她自己。

尽管武曌熟谙儒家礼制，她却不能独自完成这些操作。由于她在朝中的支持势力渐次减少，武曌秘密召集了一批擅长文学辞赋但是官职较低的士人，允许他们从玄武门的北门进入宫中与她共商国是，因此这些人也被称为"北门学士"。北门学士可以称得上是她非官方的谋士，他们朝着巩固武曌政治权威的方向编制儒家典籍。天后与北门学士共议当朝政事的行为令朝中大臣非常恼火。这些学士"参决朝政"，大大地削弱并分散了当朝高官的权力。这些外人将武曌塑造成儒家思想的忠实追随者，同时在他们的努力下，她（有时还有高宗）可以绕开正常的行政渠道做出政治决策。

这些外部官僚就得体的儒家行为编撰了典籍，如《列女传》，以及关于经典古籍的论著，如《乐书要录》。另外，他们还编撰了很多治国方面的书，如《百僚新诫》《维城典训》《凤楼新诫》，以及大量汇编类字书，如《群书新定字样》和著名字典《字海》。这些人不只简单地收集经典知识，他们还有意挑选及重编过去的律令及行政方面的文本，从而支持武曌的统治。在他们的不懈努力下，大批高质量的儒家经典著作均将武曌塑造成一名儒家思想的积极追随者，而不是反对者。遗憾的是，这些著作几乎全部失传。

73

* * *

公元 670 年代末，李弘暴卒，高宗病情加重，关于继位者的问题亟待解决。武曌做出最后一次努力，修复与李贤的关系，她命北门学士编撰了《少阳正范》及《孝子传》，以期指导及规范李贤的行为。然而，太子李贤对此并不在意：他并没有将自己的角色定位在一个听话的"少阳"及"孝子"上，在他自己的学士团体写下的著作中，他已经被塑造成一位可以接任儒家君主职责的继承人。现在，李贤年近20，他无意再躲在母亲的影子之下。在这种思想的驱使下，他和他的追随者意图重建从前的朝政秩序，他们认为女人不能发挥影响：她们只是在男人实质性的"阳"气庇护下的"阴"影。

　　这对母子权力斗争的根源并不在于政治，而是情感及个人因素：李贤不是武曌的儿子。他其实是武曌的姐姐韩国夫人的儿子。公元 650 年代初，韩国夫人丧夫，成为年轻孀妇。之后她频繁出入后宫，得到高宗的宠幸。在武曌与萧淑妃及王皇后三人争夺皇帝宠爱及后宫地位的残酷内斗中，武曌将她姐姐的一个孩子过继到自己名下作为次子，借助这个孩子她可以进一步巩固地位。据官方记录，654 年腊月，在武曌生了那个据称被她自己闷死的女儿仅仅八个月后，她和高宗前往高宗父皇太宗的陵墓祭拜，途中她早产生下了李贤。7 世纪，在严寒的冬季旅行途中，早产生下的婴儿的存活概率很小。宫中仆人对此事比较了解：在此之前，韩国夫人已经偷偷地在武曌的寝宫中生下了孩子，取名李贤。在孩子还未满月时，流言还没有传到满城风雨的地步。为了使这个幼君看起来就像是武曌的孩子，高宗给了他一个高贵的头衔。尽管如此，流言并没有停止。

第六章　天后及皇太后

公元 676 年，李贤被立为太子，那个平息已久的私生子话题再度兴起，迅速传遍朝廷内外。当这些流言没有公开传播的时候，武曌和李贤还可以在形式及礼仪上继续扮演母子。然而，那些不堪入耳的谣言如此不合时宜地再度兴起，使天皇和天后觉得颜面大失，同时也深深伤害了这位新立的储君。李贤对武曌的《孝子传》的轻蔑态度似乎证实了这些传闻。他对武曌通过典籍教导自己的行为不屑一顾，这似乎是在表达：我不是你的儿子，我和你之间也不存在孝敬。

反过来，武曌也在寻找机会打击李贤。公元 679 年，她发现了一个机会，武曌和高宗都非常尊敬知名术士明崇俨。有一次，高宗将两个宫人藏在窟室中，命她们在里面奏乐。在明崇俨前来觐见时，高宗问："何祥邪？为我止之。"明崇俨回复说确实是吉兆，然后在窟室所在的地面上贴了两道桃木符，乐声戛然而止，高宗大笑，召见奏乐的宫人，宫人称："向见怪龙，怖而止。"[1] 高宗大悦，意识到自己的把戏自始至终都没有骗到明崇俨。后来，武曌和高宗向明崇俨问起他们的皇子，明崇俨说两位皇子品格高贵，但从面相上看，太子不适合做皇帝。李贤听到后，心里觉得非常不安。不久之后，明崇俨在路上被杀，死因不明。监国的太子在朝中未能破案，也没有找到任何线索。因此，武曌怀疑他就是这起谋杀案的幕后黑手。

另外，太子喜好音乐及女色，且与他母亲的一个婢女有染，经常赠送此女大量金银绸缎。尽管一位朝中大臣将此事

---

① 《新唐书》列传第一百二十九，方技。

告知高宗，天皇却认为这都是一些微不足道的小事。但是天后对此颇感兴趣，因此命几名朝臣展开周密的调查。最终的调查结果是"获甲数百首于东宫"。① 这在大多数朝臣看来已可以证实太子密谋篡位。为了进一步控告李贤，与太子有染的婢女又指控明崇俨系太子所杀。高宗一直钟爱李贤，因此不忍加罪，想要赦免他。但是武曌已经获得了朝廷的支持，于是胸有成竹，现在更是在儒家理念的支持下占据了道德高地，她说道："为人子怀逆谋，天地所不容；大义灭亲，何可赦也！"② 为了向普通百姓展示李贤图谋叛逆的证据，这些铠甲在洛阳中心的天津桥南被公开焚毁。太子被贬为庶人，发往长安，与他的三个儿子一起被幽禁在别所。那些被认为是太子同党的人全部被捕，遭到诛杀。

后来，李贤被遣往今四川北部的一个辖区。他的几个儿子被幽禁了将近二十年，并且在他们继祖母的命令下，长期遭受着殴打和折磨。其中只有一人活得比武曌久。但是他在幽禁期间遭受了巨大的折磨，身上满是伤疤。他总是可以在下雨前做出预报，他的一个弟弟对此感到非常惊讶，说道："邠哥有术。"他伤心地解释道："臣无术也。则天时以章怀迁谪，臣幽闭宫中十余年，每岁被敕杖数顿，见瘢痕甚厚。欲雨臣脊上即沉闷，欲晴即轻健，臣以此知之，非有术也。"③

---

① 《新唐书》列传第六，三宗诸子。
② 《资治通鉴·唐纪十八》，高宗天皇大圣大弘孝皇帝中之下，永隆元年庚辰。
③ 《旧唐书》列传第三十六，高宗中宗诸子。

公元 675 年，太子李弘去世；680 年，太子李贤被废，朝中上下都笼罩着阴霾。按照顺序，当册立李显为太子。但此时，朝中的大臣和学士们不再像当初团结在李贤周围那样尽力帮助李显。在那个充满变数的时代，大臣们在下注之前常会静观其变，认真观察朝廷的政治风向。当李显被立为太子时，高宗的健康状况已经极度恶化，经常无法上朝。李显被认定为下一代皇帝，偶尔会在父亲无法上朝时代理朝政。

高宗在世的最后几年，天皇和天后频繁去往嵩山附近的温泉区，待在他们在山下新修的避暑宫殿奉天宫中。提出修建避暑宫殿的时候，十多年来朝廷中第一次有人提出了反对意见。李善感劝谏高宗，认为修建这一奢华的避暑宫殿非常不合时宜。他说："数年已来，菽粟不稔，饿殍相望，四夷交侵，兵车岁驾；陛下宜恭默思道以禳灾谴，乃更广营宫室，劳役不休，天下莫不失望。"[①]

他的建议没有被天皇和天后采纳，但是他们遇上了麻烦。公元 682 年与 683 年，高宗病重，同时自然灾害再次发生，很多人都认为这是天皇和天后违反天意的后果。洛河的大水淹没了天津桥并殃及周围的四个街区。从山东向东，洪水泛滥，死伤无数，活下来的人也备受饥饿煎熬。春种之后，成千上万只兔子突然出现，吞食刚刚长出的庄稼幼苗，然后消失得无影无踪。紧跟洪水之后的是连月干旱。还发生了一次地震，致使房屋倒塌，且随之而来的瘟疫造成数千头牲畜死亡。大量的毛虫及猖獗的蝗虫破坏了仅存的庄稼。流

----

① 《资治通鉴·唐纪十九》，高宗天皇大圣大弘孝皇帝下，永淳元年壬午。

离失所的游民被强盗掠夺、杀害。天下陷入了人吃人的可怕境地。在两都的街道旁，死尸一具具叠在一起。高宗下诏，命令朝廷官员帮忙掩埋尸体。在西南边陲，吐蕃趁乱频繁突袭边境。太阳现出血红之色。夜晚经常能见到彗星划过天空，彗星被视为不吉的象征，预示灾祸即将来临。

在古代中国，天命是一种非常重要的政治观念。当时的人们认为，如果一个统治者品德高尚且时刻关心民众疾苦，作为对其的奖赏，上天就会保佑其统治的朝代五谷丰登、国泰民安。然而，如果统治者任性而为、奢华无度，强征平民百姓为役，建造奢华宫殿，而且还不遵守春种秋收的自然规律，那么上天就会惩罚他，撤回对他的授命。自然灾害就是上天惩罚统治者的手段，是其表达对当朝愤怒的方式。武曌和高宗对天命这一政治观念比较敏感。面对如此严重的自然灾害，他们像在公元670年代初那样采取了措施，以期重新获得上天的认可，具体包括避开主殿、修订罪犯的判决等。

面对这些可怕的灾难，天皇和天后想方设法地鼓舞逐渐减弱的公众士气，并传播积极的消息。与此同时，国库开仓放粮，向饥饿的民众低价出售或免费发放粮食。他们召回了守卫边疆的将士，允许这些人回家探亲。然而这种出于同情的努力适得其反，因为这些应召返乡的将士很多已支撑不住而在途中饿死。

无论如何，奉天宫还是建成了，公元682年夏，高宗和武曌前往山中。高宗病情日益恶化，为了寻求治愈之法以及长生之术，他们召见了一些道教名士，其中包括潘师正，他是一位善于修身养性、懂得理气、知道如何保持健康长寿的大师。高宗有一次问潘师正从这座山中他能得到什么，这位道长回答道："茂松清泉，臣所须也，既不乏矣。"① 高宗钦佩地叹了口气，开始细细思索简单的山野生活与他烦恼不断的宫廷生活间的巨大差异。

　　在此期间，武曌一直在寻找可以举行盛大仪式的机会，她希望用这类仪式确保上天的眷顾，同时进一步提升她作为天后的形象。在嵩山的一侧，她竖立石碑表达对益寿氏和西王母这两位道教女神仙的尊敬，据称她们和其他道教神仙一起住在山中。因为益寿氏是李唐祖先老子的母亲，所以对武曌来说，向她表达敬意就意味着对姻亲家族表示尊敬。武曌还纪念了启的母亲，也就是大禹的妻子。大禹是公元前第三千纪的著名治水英雄，也是神话中的夏朝的建立者。根据传说，大禹怀孕的妻子在任性的丈夫的追逐下变成了一块石头，然后从石缝中生出了启。直到今天，人们依然可以在嵩山的一个山坡上找到启母石。武曌通过崇奉这些女神仙与她们建立了联系。嵩山成了一个重要的礼制中心，在武曌的统治中发挥了重要的作用。

　　虽然"二圣"意图通过祭礼安抚上天的不满，但是这并不代表他们真的关心百姓疾苦。除了奉天宫，高宗和武曌还建了另外两座避暑宫殿。在那个极度动荡的年代，武曌再次力劝高宗举行封禅大典，考虑到当时严峻的形势，这可谓一个非常可笑的建议。正如朝臣们极力劝谏的那样，吐蕃的

---

① 《新唐书》列传第一百二十一，隐逸。

频繁进犯及洪水等自然灾害的发生都表明这并不是一个天下太平的时代。因此，这个计划被暂时搁置了。

　　然而，并不是统治者的所有奢侈行为都要花费百姓缴纳的税钱，为了雇一位著名建筑师修建镜殿，他们将御苑马厩里精心喂养的军马的马粪卖掉，得钱二十万缗。高宗害怕在后代眼中，这一不光彩的行为可能玷污皇室的名声，于是他向一位宰相征询意见，大臣说："利则厚矣，恐后代称唐家卖马粪，非嘉名也。"于是，卖马粪的行为被暂停了，但镜殿还是建成了。宫殿建成后，高宗带领这位权臣前去观看，大臣却非常不赞成地说："天无二日，土无二王，适视四壁有数天子，不祥孰甚焉！"① 受这种评论影响，高宗命人拆除了镜殿。

＊　＊　＊

　　天皇和天后非常溺爱他们最小的孩子李旦和太平公主，在父母的保护下，这两个孩子几乎没有受到政治动乱的影响。武曌尤其宠爱她的女儿。公元 672 年，8 岁的太平公主受戒成了一个小道姑。五年后，为了避免嫁给吐蕃国王，她正式成了道观的住持。681 年，17 岁的太平公主嫁入显贵的薛家，婚礼异常豪华，火把照亮了整个洛阳的大街。然而，武曌发现她女婿的哥哥纳了一个出身不够高贵的女人为妾，因此非常生气地说："我女岂可使与田舍女为妯娌邪！"这种傲慢表明，年近 60 的武曌认为自己已完全成为贵族，也

---

　　① 《资治通鉴·唐纪十八》，高宗天皇大圣大弘孝皇帝中之下，开耀元年辛巳。

就是那个曾经藐视她的群体的一员。中国的一些历史学者试图把武曌定性为劳苦大众的捍卫者，并努力维护她这种带有浪漫主义色彩的形象；但武曌在这件事中展现出的势利清楚揭示，这种形象与历史并不相符。

公元683年，在太平公主生下第一个儿子的时候，武曌下令大赦洛阳。虽然当时规定亲王的岁入不得超过一千户食邑，公主不得超过三百五十户，但是太平公主的食邑后来竟然增加到了三千户。

公元682年，当储君李显的儿子满月时，这个婴儿被封为皇太孙。两位非常高兴的祖父母公布了新的年号，并大赦天下，赐宴三日。

80

＊　＊　＊

儒家历史文本试图证明武曌有意谋害高宗或试图使他丧失行为能力。在它们讲述的一个广为流传的故事中，两位名医曾提议使用刺颅出血的疗法来消除高宗的浮肿和风眩。而武曌害怕他们真的将丈夫治愈，于是厉声斥责他们竟敢妄图毁坏皇帝的圣颜，威胁要把他们处死。但病中的高宗认为可以一试，刺过之后，高宗的病情果然有所好转。武曌的态度立刻发生了转变，惊呼："天赐我师！"[1] 此处描述武曌态度的急剧转变，是为了证明她的伪善。

还有一些传言称武曌对她丈夫的病情难辞其咎。一个故事写道，高宗传召了一名药师为他治病，药师挖了一个洞放上药炉用以焙制药材，但是一只金蟾突然从炉中蹦出，背书

---

① 《新唐书》列传第一，后妃上。

朱红"武"字，而金蟾象征的正是月亮与女子的"阴"。该金蟾被放入御花园的池塘中。后来，宫中的侍从又发现了一只类似的蟾蜍，这让高宗觉得非常不快及不祥。当晚，该侍从被残忍地处死。在这个故事中，所谓金蟾的出现妨碍了治愈高宗所需的准备工作只是为了表明一种思想，即武曌千方百计地想要妨碍她丈夫的痊愈。因为圣旨中的批语用朱笔写成，所以书有朱红色的"武"字暗示了武曌想要篡夺皇位的野心。

然而，前一个故事只是儒家对武曌惯有的诽谤，而后一个故事只算色彩感强烈的民间谣传，因为并没有真实存在的证据证明武曌蓄意伤害高宗或者使他丧失行为能力。她也没有这么做的动机。在很大程度上，她的地位以高宗为倚仗，一旦高宗驾崩，她就将面对难测的命运。

皇太后：掌控朝廷、发布圣旨

81　　公元 683 年腊月，一个寒冷的冬日，洛阳城里的高宗最终还是未能战胜病魔。尽管高宗驾崩之前宣布太子李显继承皇位，但这位年轻皇帝的加冕礼是在五天之后举行的，这种尴尬间隔的存在在某种程度上是武曌所为。她最为关注的高宗遗旨内容为："军国大事有不决者，兼取天后进止。"① 在这段间隔期间，中书令裴炎上奏称新皇尚未正式登基，天后应照管朝廷，代为管理国家大事。

二十多年来，武曌一直参与朝政，现在作为皇太后——

① 《资治通鉴·唐纪十九》，高宗天皇大圣大弘孝皇帝下，弘道元年癸未。

第六章　天后及皇太后

一位失去丈夫的皇后，武曌已年近 60，她依然精力充沛、身体康健，并且丝毫没有从政治舞台上悄然隐退的想法。很多官员也习惯了她的参与，并且慢慢认为作为高宗妻子的她已经不再是一位武氏宗族的成员，而是李唐王朝的女主人。他们希望她作为一个贤惠的妻子，可以照看这个家族的遗产和整个帝国，并供奉皇室宗祠。她不仅喜欢治理，而且将自己视为大唐的女主人和第一夫人。因此，高宗死后，武曌立刻寻求自己的政治参与权，并对此予以维护。她曾经与她的丈夫一起分享政治权力，现在她打算和她的儿子一起这样做。

但是她的儿子李显并没有她想象的那么听话。李显完成加冕礼之后，立刻封了自己的妻子为皇后。韦皇后出身于显赫的韦氏家族，是一个野心勃勃的女子，甚至可以左右李显。登基几天后，李显就将他的岳父任命为朝中重臣，随后将韦后的哥哥也提升至重要的职位。当裴炎对此表达强烈反对时，李显生气地说道："我以天下与韦玄贞何不可！而惜侍中邪！"[1] 裴炎立刻将此事告知皇太后。武曌随即召集朝中对于此事和她持一致看法的大臣，帮她将这个任性儿子的皇位废掉。裴炎和几位将军带着御林军宣布太后令，在可怜地当了短短两个月皇帝后，李显就被废了，他被降为庐陵王。当李显被扶下殿的时候，他生气地质问他的母亲自己究竟犯了什么罪，武曌回答说："汝欲以天下与韦玄贞，何得

82

---

[1] 《资治通鉴·唐纪十九》，则天顺圣皇后上之上，光宅元年甲申。

无罪!"① 之后他被拉走，软禁在宫中的另一个地方。当了三十年皇后的武曌眼睁睁地看着意志薄弱的儿子以如此不负责任的态度对待朝廷事务，于是毫不犹豫地用她的影响力召集朝中重臣将儿子的皇位废掉。

事实上，李显从未真正想过将朝廷拱手让给韦氏家族，他只想向干预朝政的大臣传达一种讯息，即他的皇权是不容置疑的。尤为值得注意的是，在武曌和整个朝廷眼中，他努力顺从妻子的意愿一事足以显示他没有弄清事情的轻重缓急，这个轻狂的年轻皇帝对当时严酷的现实毫无所知。李显是在危机重重的环境下继承皇位的。在高宗驾崩前的几年里，国家发生了灾难性的洪水、严重的干旱，且瘟疫肆虐、蝗虫成灾，同时还伴随着突厥和吐蕃在唐朝边境的一系列动作。因此高宗驾崩之后，留下的是一个疮痍满目的动荡王朝。此时需要的是一位强硬、具有丰富经验的铁腕领袖来处理这个混乱局面。在武曌看来，只有一个人有能力并且有资格胜任这项工作，那就是她自己。更重要的是，在这一点上，朝廷中有很多支持她的人，即和她一样认为李显严重不称职的大臣。从本质上来说，她儿子的无心之言为这位皇太后提供了将他从皇位上废掉的充足借口。

李显在还没有准备好统治这个帝国的时候，就因为哥哥李弘的突然死亡和同父异母的哥哥李贤的流放而被强硬地推上了皇位。在朝中众多睿智大臣精心教导他治国之道的两年

---

① 《资治通鉴·唐纪十九》，则天顺圣皇后上之上，光宅元年甲申。

里，他并没有展现治国方面的杰出才能和过人智慧。公元
705 年，也就是李显被废除皇位的二十一年后，他重夺皇
位。在第二次做皇帝时，和第一次一样，他依然是一位懦
弱无能的统治者。他的父皇曾把权力与母后共享，且他们
曾为了共同的目的一同执政。他却奴隶般地奉承他的妻子，
过分地纵容她，并且十分惧内。然而，他的妻子做出了对
他不贞的行为，使他蒙羞。有一次他在与韦后玩双陆棋的
时候，曾邀请武曌的侄子、风流成性的武三思到内宫中计
分。韦后和武三思的脚在桌子底下相互纠缠。当韦后和武
三思之间的丑闻变得众人皆知时，李显放过了这对流言蜚
语的当事人，反而选择惩罚那些传播流言之人。这件事发
生在他复位后不久。他在位期间的其他一些表现也足以说
明他在治国方面非常轻率。为了取悦他的妻子，他邀请朝
中大臣到内宫中与嫔妃们进行拔河比赛，而且还建了一个
模拟的集市，让他的嫔妃们扮演商贩，让来访的贵族扮演
客商。在一次酒宴后，他挑选了一个未婚的朝臣，在这位
臣子完全不知情的情况下为其举办了一场滑稽的婚礼；最
滑稽的是，从竹帘后面走出来的新娘竟然是韦皇后昔日的
乳母、一位年老的南蛮女奴。总之，李显就是整个王朝的
笑柄，他既不自重，也不尊重朝臣。

* * *

为了压制这位潜在的对手，武曌迅速采取行动。公元
684 年春，李显被废后，武曌立自己最小的儿子李旦为皇
帝。李显被逐出京城，并被秘密监视。韦皇后的父亲韦玄贞
被贬到一个遥远的地区任职。唐朝开国皇帝高祖的其他儿

子，也就是那些年长的王公均被封予了极高的爵位和各种挂名的职务，但是他们没有实权。高宗和其他女人生的儿子也被频繁调往不同的辖区，以免他们周围的人拉帮结派拥立他们为唐朝的合法继承人。李旦即位数日后，武曌派了一个将军去监视流放的前任储君李贤。这名官员不久之后就迫使饱受折磨的李贤自杀。众所周知，如果没有武曌的明确授意，这名武将是不敢做出如此厚颜无耻的举动的。尽管她将李贤的死怪在这名官员身上，将他降到一处州县，但是此人后来又被调回，官复原职。

84

在这个紧要关头，让一个阅历丰富的皇太后辅佐她政治经验不足的小儿子已然无需任何借口。武曌以摄政者的身份占据着洛阳的正殿，而将皇帝李旦安排在一所偏殿中，后来又很快为他换了地方。尽管只有 21 岁，李旦比他那愚蠢的哥哥眼光更加敏锐，也更精通儒学。他没有经历被立为太子的过程，也没有接受过治理国家方面的教导，朝中大臣中更没有支持他的派别。他也不想与他强势的母亲争夺什么，这一点让他的母亲非常满意，因此他欣然成了一个傀儡皇帝，将实权交付武曌。在武曌作为天后与高宗一起治国时，每次上朝她都坐在一个紫色的帘子后面，能听见但是看不见。现在这个帘子被移走了，武曌自己总揽朝廷、发布圣旨。

在朝中，她迅速行动，将那些位高权重、对她非常忠诚的大臣组织起来，自成一派。北门学士中的一员刘祎之成了宰相。尽管她很在意别人对她任人唯亲的指控，而且大臣们可能将这些事情很自然地与吕后联系在一起，但武曌还是任命了她的侄子武承嗣为朝中大臣，武承嗣通过各种象征符

号、庆典和华丽的仪式帮助武曌扩张权力。儒学历史学家通
常将武曌作为皇太后的统治时期称为裙带关系和男宠盛行的
时代，它们对于一个好的朝廷来说堪称毒瘤。虽然她确实在
公元 684 年时将武承嗣升为宰相，但那时她并不十分器重
他，因此在三个月之后就将他降职；可她在第二年又重新任
命了他，并在仅仅三周后又将他降职。

　　另一方面，她努力排除异己。在高宗残年之时，一位年
长的大臣曾对他说："中宫威权太重，宜稍抑损。"公元 684
年夏，嵩山附近的一个人向武曌进献了一块吉石，这名大臣
又轻蔑地说道："状涉谄诈，不可诬罔天下。"[1] 因为这种对
武曌的质疑，他很快就被降职发配到州县衙门。

　　公元 684 年阴历五月，名义上仍是皇帝的李旦向西护送
高宗灵驾。约半年后，高宗的恢宏皇陵乾陵落成于梁山，梁
山是长安西北的一块风水宝地。当初武曌在平地上为母亲杨
氏修建了顺陵，而为丈夫高宗修建的大型陵墓则是在山上，
二十二年后，武曌也将葬于此地。乾陵的规制为后期皇陵的
修建提供了参考。

　　武曌最初打算加入这一庞大的护灵队伍，但是很多朝中
大臣坚持认为她应该留在洛阳监国。为了纪念她的丈夫，她
写了一篇长达八千字的祭文颂扬他的成就。这篇祭文被刻在
一座高达 25 英尺的石碑上，这块从中亚运来的石碑被立在
高宗陵墓的入口旁。同时她还以个人名义写了一篇长长的颂
词置于高宗棺前。在颂词中，她热情洋溢地褒奖了他，称贤

85

---

① 《资治通鉴·唐纪十九》，则天顺圣皇后上之上，光宅元年甲申。

93

明的高宗"六艺生知，四聪神授……淳化有敷，至仁无竞"。武曌将他刻画成了一个至高无上的神明，将国家的责任置于个人的健康和财富之上："集大务於残喘，积众忧於未亡……呜呼哀哉！"①

武曌同样非常睿智地写道，和高宗一样，她也必须将国家的责任置于个人的需求或情感之上。因此，颂词接下来陈述了她作为一名丧夫妻子的悲痛之情，以及她必须承担的皇室责任的沉重，她必须"割深哀而克励，力迷衿而自强"。在丈夫去世后，一名符合儒家标准的贤妻的责任包括管理和保管家族遗产。在祭文中，她将自己刻画成了这样一位典型的儒家孀妇。尽管她的忧伤是发自内心的，但是她的动机绝非那么单纯。

她权力之路上的最大阻碍非常明确，那就是她的性别。她曾提议让自己非常信任的一位将领和朝臣刘仁轨留守西都长安。但是刘仁轨以年迈、健康状况不佳为由拒绝了。之后刘仁轨以儒家大臣的口吻上谏，将武曌作为皇太后的角色比作汉代臭名昭著的吕后，这是其他人不敢表达的。武曌非但没有惩罚这位大臣，还夸奖了他的真挚、坚定信念以及对李唐王朝的忠诚，并重申了自己的任命提议。她以一种谦逊的方式让刘仁轨重新考虑："今以皇帝谅暗不言，眇身且代亲政……况公先朝旧德，遐迩具瞻，愿以匡救为怀，无以暮年致请。"② 公元 684 年的武曌可以说已经成长为一位非常精明的政治家了，她知道如何使用儒家修辞来使自己的需求获

---

① 《全唐文》卷九十六《高宗天皇大帝哀册文》。
② 《资治通鉴·唐纪十九》，则天顺圣皇后上之上，光宅元年甲申。

得满足。就像她经常在朝廷诏书和奏折中所做的那样，武曌以符合儒家标准的口吻来表达自己的诉求。她以一种适合女人的谦卑言辞向这位忠直的大臣解释，她管理朝政并不是为了实现自己的野心，而是因为她的儿子李旦是一个孝子，为了向父亲表达敬意他必须保持沉默。最终，她提出期望刘仁轨能保持对大唐的忠心赤胆，这番说辞说服了刘仁轨，她最终得到了他的支持，这对武曌来说是至关重要的。刘仁轨同意担任长安留守，并以他出色的能力和沉着的政治手腕管理长安。

公元 684 年阴历九月，高宗已被葬在乾陵，顺从的李旦也被立为皇帝，武曌于是发布了一系列改革方案，希望以此进一步巩固她的政治权威。武曌将朝廷的官服及旗帜的颜色改成了周朝使用的颜色，同时变更了官职名称。尚书省改为文昌台，此部门内所有大臣的名衔也有所变更，左右仆射改 87 为左右相，六曹改为天地四时六官。其他一些行政管理机构也均被冠以华丽的新名：门下省为鸾台，中书省为凤阁，御史台为肃政台。洛阳也被定为她的神都，预示着这里是一个她可以彰显自身天赐美德的神圣之所。她还将自己的皇宫改名为太初。这类改革不只是装饰性的变更，它们往往预示着朝代更替。这些变化共同创造了一种与众不同的审美情调，为洛阳打上了她的个人印记。

在自己的侄子宰相武承嗣的建议下，武曌意欲进行另一项变革：为武氏宗族立七庙。这一提议遭到了朝中大臣的强烈反对。因为只有皇室才可以建七庙。在朝臣的眼中，这种 88 行为无疑是公然篡夺皇室特权；与她更改朝廷名目、爵位和朝服颜色一样，这是她意图推翻李唐王朝、建立一个属于自

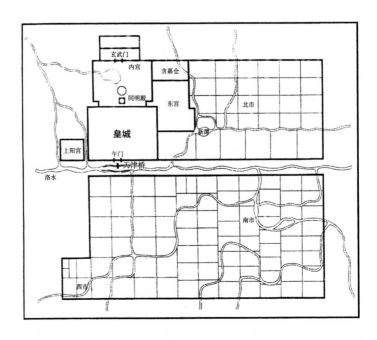

武曌时期的神都洛阳

己的新王朝的象征。在反对意见最强烈的大臣中有朝廷重臣裴炎，他曾在高宗驾崩之后的过渡时期支持武曌参与朝政，并曾帮助她废黜李显。他的谏书直截了当："太后母临天下，当示至公，不可私於所亲。独不见吕氏之败乎！"

为了将自己与臭名昭著的汉代吕后区分，武曌镇定地反驳："吕后以权委生者，故及于败。今吾追尊亡者，何伤乎！"① 但是最终，她还是做出了妥协，在祖籍地并州建了一座五代宗祠以表达对武氏先祖的敬意，并为她的高祖父、高祖母一直到她的父亲、母亲在内的五代祖先赐授了等级极

---

① 《资治通鉴·唐纪十九》，则天顺圣皇后上之上，光宅元年甲申。

高的贵族头衔。这一举动证明，武曌想努力创建一个与皇帝地位相匹配的武氏新宗谱。

她的变革令皇族李氏不同分支的成员非常不安。在扬州，在叛臣徐敬业的带领下，一些被贬的官员、落魄贵族和失宠的宗室子弟以废帝李显的名义发起叛乱，这些反叛者可谓孤注一掷，他们以惊人的速度集结了一支十万人的军队。武曌立刻反击，派出三十万大军前往镇压。朝廷的军队由英勇善战的百济将领黑齿常之带领，他是武曌手下众多非汉文臣武将中的一员，对武曌非常忠诚。数月后，朝廷军队不费吹灰之力就将扬州叛军击败了。叛军失败的真实原因是得不到民众的拥护。此外，叛军领袖间也存在矛盾、意见相左。一些人想与东北方的反军联盟，另一些人想在传统的南都南京建立一个新政权；一些人以李显的名义造反，而另一些人则找了一个和已故太子李贤很像的人，声称李贤未死，试图利用他的出现鼓舞军队士气；另外，还有一些人想要建立一个新的、独立的王朝。最终这些叛军将领全部被伏杀，军队瓦解了。

朝中权力极大的宰相裴炎抓住了扬州叛军起义的机会，策划了一场阴谋，意图派遣武装兵士在武曌前往龙门石窟朝拜时将她控制，从而将国家的实权交还给现在名义上的皇帝李旦。然而，他的阴谋未能付诸实践，因为连绵的大雨最终让武曌取消了出行的计划。虽然武曌众多的耳目对这次阴谋的风吹草动早有察觉，但是武曌没有轻举妄动，她在等待时机。武曌清楚地知道，要将那些和裴炎一样、地位仅次于她的权臣拉下马，仅凭捕风捉影的流言是不够的。

89

武曌

关于裴炎和扬州叛军有来往的传言传播开来。当时裴炎的一个侄子加入了叛军的行列。孩子们在裴炎的相府中唱着一首歌谣：

一片火

两片火

绯衣小儿当殿坐

这些儿歌本是一些无伤大雅的民间小调，但是人们往往认为其蕴含有神秘的预言，预示着即将到来的变故或者叛军的兴起。这首民谣也不例外。民谣中的"两片火"指扬州的叛军将领和朝廷的裴炎，他们将分别从外部和内部掀起反叛之火。

事实上，鲜有证据能证明裴炎真的与扬州的叛军结成了联盟。此处只需点明一点：他主张的是还政于名义上的皇帝李旦，而不是被废的李显，但大多数扬州叛军支持的是李显。在起义中，武曌召集群臣商议对策，裴炎坦率地说："天子年长矣，不豫政，故竖子有辞。今若复子明辟，贼不讨而解。"[①] 朝廷官员由此产生分歧，有些人指控裴炎心怀不轨，声称他对叛军的行动知悉太多，建议将他抓捕。裴炎的支持者集体为他辩护，声称他是拥护唐室的忠诚栋梁。

在裴炎的事情上，武曌得到了唐朝忠臣刘仁轨的支持，当武曌的朝廷还在神都的时候，刘仁轨正在监理长安事务。

---

① 《新唐书》列传第四十二，裴刘魏李吉。

刘仁轨从信使口中得知裴炎密谋扳倒武曌，旋即发出奏折称："嗣宗知裴炎反不言。"① 现在，武曌自信取得了朝廷老臣的支持，于是立即处死了裴炎。

裴炎的死产生了连锁反应。很多在朝中支持他的人和上奏为他求情的人都被贬职或被处死。在这些人中居首的是威望很高的将军程务挺，他曾因抗击漠北草原的突厥军队而威名远扬。程务挺因替入狱的裴炎传递密奏而被指控犯有勾结罪臣及扬州叛军之罪。武曌下诏将程务挺于军中处死。令人惊讶的是，他的部将对此竟没有干涉。当突厥人听说程务挺被杀后，非常高兴，狂欢了数日。他们甚至将这位获得他们尊敬的敌人视为出战的守护神，为他立了一座祠庙，在进犯唐朝领土前必先来此祭拜。

中国有个成语是百炼成钢，比喻经过上百次的磨炼之后，人就会变得像钢铁一样坚强。经历了公元 684 年的一系列危机之后，武曌对自己的权力更有信心，以一种更加强硬的手腕控制着朝廷。685 年初的一天，在扬州叛乱被镇压后，她生气地责骂上朝的大臣，大声喊道："朕辅先帝逾三十年，忧劳天下。爵位富贵，朕所与也；天下安佚，朕所养也。先帝弃群臣，以社稷为托，朕不敢爱身，而知爱人。今为戎首者皆将相，何见负之遽？且受遗老臣伉扈难制有若裴炎乎？世将种能合亡命若徐敬业乎？宿将善战若程务挺乎？彼皆人豪，不利於朕，朕能戮之。公等才有过彼，蚤为之。不然，谨以事朕，无诒天下笑。"群臣顿首，不敢仰视，齐

91

---

① 《资治通鉴·唐纪十九》，则天顺圣皇后上之上，光宅元年甲申。

99

声答道："惟陛下命。"①

　　她的严厉训斥使得朝廷官员害怕地表示顺从。她现在就像真正的皇帝一样，使用"朕"的口吻发布诏书。朝中的每一位大臣都知道，她是在用自己极具杀伤力的行动支持她看似优雅的尖锐话语。在击败了扬州叛军并消灭了她的敌人之后，她确保了朝中大臣及军队对自己的服从。参与朝廷事务及政治三十年的经历让她觉得她才是这个王朝的正统守护者，这一角色不能由她的儿子或是任何一位朝臣扮演。

_____

① 《新唐书》列传第一，后妃上。

第七章　情人武曌：如意君的女人

　　据称，在武曌的时代有一个男人叫薛敖曹，他惊人的阳物是后世传诵的传奇。尽管女人都很喜欢这个帅气、有涵养、聪明的男子，但是见了他的"肉具"后，即使是最有经验的妓女也会感到吃惊，然后赶紧避开。当他的肉具勃起后，即使以一斗粟放其茎首，它仍能昂而不垂、起有余力。后来有一个精力充沛的、非常有经验的女子给了薛敖曹一个机会，但是他终不能入。这成了薛敖曹沉重的负担，他似乎注定只能终身保持童子之身。

　　但是后来，一个太监将薛敖曹拥有庞大阳物的消息传到了宫中。武曌在高宗死后一直对自己的男宠不满，于是下诏将薛敖曹召进宫中。公元 7 世纪末的大唐帝国大概有七千万人口，其中女性大概有三千五百万。在这些人中，拥有皇帝身份的 70 岁孀妇武曌是唯一一位能容下薛敖曹庞大肉具的女子。他们的第一次激情碰撞震动了整个宫廷，武曌对她的新男宠非常满意，赐予他如意君的称号。之后，她要求薛敖曹不再称呼她陛下，因为她已将他视为自己的丈夫，而不仅

94　仅是一名仆从。在一次鱼水之欢中，当薛敖曹的阳物充分勃起后，他无尽的激情令武曌连连求饶，大声喊道："好亲爹，快活杀我也！且少住片时往来，过急难禁。"[①]

但是这个故事完全是虚构的，它记录在 16 世纪的明代小说《如意君传》中，此书将武曌描绘成了一个情欲旺盛、完全受性欲左右、不关心朝中政事的人。在武曌故去后的一千三百年中，这样的叙事十分常见。

古代中国最著名的世情小说《金瓶梅》中有一首诗，作者在描述了两个主角间强烈的性吸引力时，将他们比作了《如意君传》中的武曌和薛敖曹：

一个莺声呖呖，

犹如武则天遇敖曹；

一个燕喘嘘嘘，

好似审在逢吕雉。

他们在性爱高潮时发出的甜美呻吟模仿了充满爱意的鸟叫声——这是一种可以使广大男性读者产生情感共鸣的声音。这位男性作者通过一种完全虚构的、普遍的、放纵的女性欲望，在中国历史上最恶名昭著的女人武曌与中国文学作品中最伤风败俗的女性反面角色潘金莲间建立了联系。

在著名的中国古典小说《红楼梦》中，一间甜香到令人眼饧骨软的闺房的案上放着武则天当日镜室设的宝镜。在

---

① 《如意君传》。

第七章 情人武曌：如意君的女人

19世纪的清代小说《镜花缘》中，武曌被描述成一个被贬凡间扰乱唐室的天星心月狐。在民间传说中，甚至有一个荒唐的驴头太子的故事。

虚构角色薛敖曹只是一个载体，它向广大男性书生和士人，也就是这些文学作品的主要读者传递的信息是，中国历史上唯一的女皇帝得到了她应得的报应。这些作品不仅将武曌妖魔化为一个为感官之欲所困的邪恶统治者，而且薛敖曹在他们关系中的支配地位以及武曌的求饶均暗示了相应的等级制度，以将男人和女人放在各自相应的位置上。从儒家观点看，薛敖曹这位小妾和仆人的奸生子作为武曌的情夫再合适不过了，因为他和武曌一样，拥有的地位远远超过他们本应得到的。他名字中的"敖曹"可以理解为"龌龊"的谐音。当然，小说本身仅供娱乐。实际上，此类关于武曌的描述揭示的更多是作者和明代读者本身的想法，而不是武曌情人或尤物的身份。

在《如意君传》中，年老的武曌在性欲和情感能力上丝毫没有减退，依然保持着她的年轻与美貌，是一个"欲心转炽，虽宿娼淫妇，莫能及之"的女人。她的身体被描述为完美无瑕，面部丝毫不显皱纹或衰容。武曌的这种形象让人想起了道教的仙姑素女，她将独身的樵夫和渔民引诱到湖边的小屋中，然后通过闺阁绝技使他们激情澎湃，之后再吸光男人们的精气，使他们变成憔悴衰弱的空壳，而她则永葆青春。

* * *

在传统意义上，中国的历史学家一直以一种与上述文学手法十分类似的方式来描述武曌，因此很难将真实的武曌同儒家幻想的典型恶女区分开来。几乎所有关于武曌私人生活的描述均来源于这类歪曲的儒家视角，这些资料努力以一种扭曲的视角放大武曌的性欲，将她塑造成一个通过吸食男人精气来壮大自己的女妖。

传统道教秉承的性观点认为男人应该拥有自控力。男人，尤其是像高宗一样拥有众多后宫佳丽的皇帝，应该注意规范自己的性行为，不能频繁地交媾，否则他就可能因失去自己的阳气而变得性无能，同时，如果没有男人的阳气支撑，他在政治上亦等同于受到阉割，在公共和行政领域就会表现欠佳。而武曌又通常被描述为嗜性成瘾的寄生虫，她从高宗至高无上的政治地位中获得给养，通过高宗增强自己的政治权力。高宗逐渐恶化、疾病缠身的身体正是他逐渐减弱的政治权势的真实写照。他所失去的就是武曌所得到的：因为他们一起上朝，并共享政治权力。她使他成为一个不完整的次等男人。

据正史记载，随着武曌政治权威的逐渐增强，她的性欲也越来越旺盛。当她还是太宗后宫中的一个年轻女子时，尽管太宗认为她非常漂亮，但是没有对她产生太大兴趣，也没有对她多加宠爱。所以，虽然她服侍太宗十多年，但是并没有为太宗诞下子嗣，她的位分也没有得到晋升，一直是才人。因为武曌是高宗父亲的才人，从严格的儒家伦理来看，她和高宗之间的关系即乱伦。在高宗照顾他生病的父皇期间，他和武曌之间产生了爱意。毫无疑问，他们之间的情爱被刻画成混合了孝道、欲望、内疚、懊悔、性欲的复杂情感，是一种禁忌的、不正当的激情。

公元 650 年代初，当她还是高宗宠妃的时候，就有史书将她描述为："初，武后能屈身忍辱，奉顺上意，故上排群意而立之。"① 这句话中的"屈"和"顺"也可以理解为"柔韧"和"易弯"，所以从两性关系的角度看，这暗示着她为了迎合皇帝的特殊喜好，将自己的身体扭曲成不同的姿势。简而言之，历史学家认为她以自己的性感为诱饵说服并操纵着高宗。

但令人惊奇的是，与道教中的性观点相反，对高宗来说，爱和性并没有使他在政治舞台上变得软弱无力，而是使他精力充沛。在他统治的头几年，高宗一直受制于朝中实力强大的贵族儒臣，但是他和武曌之间的激情给予了他力量，给予了他对抗朝中"保守派"的勇气。

高宗是一个情绪多变、耽于声色之人，这在很多事情上　97
均有所印证，如他在荒废的小屋中发现被贬的王皇后和萧淑妃时表现的极度悲伤，他在感业寺中与武曌重聚时的泪眼婆娑，他与武曌的姐姐及外甥女之间的多情事件等。抓住这种男人的喜好是一回事，控制这样一个男人的爱欲和注意力长达三十多年则是另外一回事。在感情的问题上，高宗害怕他妻子的不屈意志和暴烈性情。公元 664 年，当高宗和宰相上官仪指控武曌行厌胜之术的时候，她通过性方面的游说使自己成功脱身。这项指控随即不了了之，而上官仪则在后来被指控阴谋犯上，终遭监禁处死。高宗想把武曌的外甥女纳入

---

① 《资治通鉴·唐纪十七》，高宗天皇大圣大弘孝皇帝中之上，麟德元年甲子。

后宫，却不敢同她言及此事。此后不久，这个女孩离奇死亡。不论是在性关系中还是在情感上，高宗都受到她的左右。

* * *

公元 664 年，儒家历史学家指控武曌密召道士行巫术诅咒高宗，他们称武曌意欲使用一种叫"蛊"的毒物。按《唐律疏议》，制造或者持有这种蛊毒药者，当斩。有的时候，"蛊"指一味非常厉害的毒药，内宫中的女子用它来对付她们的竞争对手，它是一种毒汤，由蝎子、蜘蛛和蛇的毒液混合而成，食用了这种蛊的人会觉得肠胃里有无数小虫在蠕动，从里到外受到折磨。另一方面，"蛊"也意味着纵欲，是一种可以把人耗干的欲望，它使人走向疯狂、精气尽失。这是一个故意使用的双关，暗指一个女人——在这个例子中，这个女人是武曌——为了满足自己无尽的欲望，可能会故意给生病的丈夫喂食一种有效的催情药，尽管她非常清楚长期服用这种药物会加速他的衰弱。这种阴险毒药的唯一解药就是男人远离后宫这一欲望之地，并在大多数时间里与品行端正的儒家臣工待在一起。

官方记录称，即使在高宗在世期间，也经常有道士和北门学士等男性出入内宫而不受责罚。在儒家士人眼中，这些未去势的男人经常出入内宫即暗示着有失体统的亲昵行为。除了这些含沙射影的指控外，没有其他的证据能证明武曌在高宗在世期间对他不忠。即使是在情色小说的描述中，武曌在高宗在世时也一直是忠诚于他的。高宗和武曌彼此相爱。他们育有五个子女，共度了三十五年的时光，并且一起经历了多次政治动荡，他们同甘共苦。可以确证的是，儒家历史学家在高宗驾崩后才开始夸大她的性欲。

*　*　*

60 岁的武曌在丈夫高宗驾崩以后成了皇太后。在她孀居的第一年，也就是扬州叛乱期间，著名文士骆宾王发布了一篇言辞激烈的讨武檄文，攻击武曌所扮演的角色并对其合法性提出质疑。在这篇尖锐檄文开头，他写道："伪临朝武氏者，性非和顺，地实寒微。"之后继续写："入门见嫉，蛾眉不肯让人；掩袖工谗，狐媚偏能惑主。践元后於翚翟，陷吾君於聚麀。加以虺蜴为心，豺狼成性，近狎邪佞，残害忠良，杀子屠兄，弑君鸩母。人神之所同疾，天地之所不容。"① 骆宾王非常巧妙地利用动物的形象将武曌描绘成野蛮、冷血的人，全然藐视道德伦理，有意利用强大的性欲达到自身恶毒、自私的目的。他将武曌塑造成一个歹人，希望借此否定她的合法性，从道德层面证明她不适合统治整个帝国。

作为一个擅长将话语权转到对自己有利一面的大师，武曌非常欣赏骆宾王在他的文章中展现的语言技巧和激情。当她的臣下将这篇极具煽动性的檄文上呈时，她讽刺他们道："宰相之过也。人有如此才，而使之流落不偶乎！"② 这句话不仅证明了武曌在面对棘手之事时异乎寻常的冷静以及幽默，同时清楚地展示了她对这类修辞技巧的欣赏。

*　*　*

在那之后不久，年近五十的唐朝开国皇帝唐高祖的女儿

---

① 《全唐文》卷一百九十九《代李敬业讨武氏檄》。
② 《资治通鉴·唐纪十九》，则天顺圣皇后上之上，光宅元年甲申。

武曌

千金公主向武曌推荐了一个在洛阳集市卖药的小货郎。此人仪表堂堂且十分具有男子气概，儒家士人将他描述为"淫毒"之人。最初，这个游手好闲的小贩被千金公主府上的侍女看中。于是侍女向她的主人介绍了他非凡的性能力，千金公主留用之后将这一消息告知武曌，建议皇太后留用。这种以性为核心的交流网络揭示了唐代上层妇女的生活状态，证明她们之间存在一种开放且无所顾忌的姊妹情谊。在社会交际中，她们自由地谈论性话题，并经常主动邀约自己的潜在情人。

武曌秘密地召见了这个小贩，并且立即喜欢上了他。武曌假称此人机智多谋，允许他自由出入内宫。一位大臣认为皇太后的行为极为不妥，于是上表进谏称："太宗时，有罗黑黑善弹琵琶，太宗阉为给使，使教宫人。陛下若以怀义有巧性，欲宫中驱使者，臣请阉之，庶不乱宫闱。"[①] 武曌拒绝了他的请求，但是为了使事情看起来更加得体，她将此人送到国内当时最庄严的佛教寺庙白马寺中出家。这样一来，他们之间的关系就变成了一个刚刚受戒的僧人和一个对他倍加欣赏的皇太后，于是他就可以自由出入宫中了。这个男人就是人们常说的"薛师"。

"薛师"法号怀义，意为"心怀正义"，儒家士人通常将他描述为一个无能的流氓，一个发迹于洛阳集市的出身卑贱的无赖，一个凭借自己的性能力而获得显赫地位的小人。这个身体强壮的小贩令朝中大臣非常恼火，因为他经常出

---

① 《资治通鉴·唐纪十九》，则天顺圣皇后上之上，垂拱二年丙戌。

入内宫，并且和皇太后同榻而眠。儒臣们非常蔑视这种佞幸之人，不管他们是男人还是女人，因为这些受宠之人可以进入内宫，也就是统治者的私人领地，而被限制在外朝的大臣永远无法进入这一领地。更糟糕的是，这个卖狗皮膏药的卑鄙小贩不仅进入了武曌的私人领地，而且还获得了她的信任，并利用他得到的恩宠拥有了一定的政治影响力。事实上，薛怀义可谓一名比较有天分的佛教宣教者，也是一位技艺娴熟的建筑师，他在武曌的荣升道路上发挥了至关重要的作用，创造了一系列的花言巧语和象征符号来支持她。

公元 695 年，武曌有了一位新男宠——御医沈南璆。根据官方记录，薛怀义因为嫉妒而怒火中烧，放火烧了洛阳中心的一处大型礼制中心，那是他自己修建的建筑。沈南璆唯一一次被提及，便是在这个理智尽失的僧人的盛怒纵火行为中起到催化作用。薛怀义的嫉妒、暴怒，以及沈南璆作为男宠的突然出现与突然消失，似乎都只反映了一种儒家式的修正主义思想。

公元 697 年，一对非常帅气的兄弟，也就是张昌宗和张易之，以武曌男宠的身份进入内宫。武曌命他们掌管控鹤监。在中国的民间传说中，高傲、优雅的鹤是与道教以及永生联系在一起的。除了二张兄弟外，武曌还在此监中招纳了一批英俊潇洒、年富力强的男子。假称自己是道教神仙的张昌宗穿上羽衣，吹着洞箫，乘上木质假鹤，在庭院中来回游荡，好似仙人骑鹤升天一般。因此，她的朝廷成了道教的桃花源，她享受着这些芳香、华美的道教仙人的陪伴，变得愈发年轻而富有活力。

对于武曌来说，他们既是情人，也是为年老的她提供慰藉和娱乐的华丽小丑。她和二张兄弟的关系绝不仅是精神上的。二张兄弟获得她的宠幸时，武曌已经 70 岁了。像大多数的皇帝一样，她开始对死亡变得特别敏感，面对这种基本的人类问题，她努力从道教仙丹和科仪中寻找补救之法。作为仙丹和魔药的补充，道教的房中术提出了一种长寿之道。根据这种方法，武曌就像道教的神仙素女一样，可以通过吸收这些年轻男子的精气青春永驻，但前提是她没有损耗自己的精气。

在武曌晚年也有一则故事。故事中，武曌像用自己的女儿诱惑佛陀的摩罗一样，让她的侍女为高僧神秀沐浴，试图引诱他堕入红尘。当神秀表现得完全不为肉欲所惑时，武曌承认他是一个伟大之人。

* * *

虽然有很多迹象表明武曌美丽、迷人，并且善于说服他人，但是并没有从武曌的时代流传下来的画像或者雕像，因此我们无从得知她的具体相貌。在她去世几个世纪后，后世的宫廷画师画了一些她的肖像，但是这些将她绘为皇帝的呆板、正式的作品并没有展现她与众不同的美丽。在四川北部和龙门，也有一些据称是根据她的面相塑造的佛教雕像。同样，这些雕像也是静态、正式的造像，无法准确传达武曌的生气、重欲和活力。在武曌还是一个孩童的时候，她的相貌一下子就吸引住了相士的目光，他惊讶地称赞她为龙睛凤颈、贵气逼人、生有帝相。根据另一份史料的记载，太平公主与她的母亲武曌一样"方额广颐"。虽然这些身体特征反映了她的突出个性和坚强意志，但是它们未必能真实反映她的惊人之美。

　　当然了，与男性皇帝的后宫相比，武曌只有为数不多的几个男宠，他们反映的不是她的纵欲，而是她的节制。对于男性皇帝来说，他们通常会有几百甚至上千个女人——17世纪时清朝康熙皇帝称自己为懂得节制肉欲的典范，因为他的后宫中只有佳丽三百。儒家的这种双重标准明显是不公正 102 的：每位男性皇帝都在内宫中设有专供嫔妃生活的后宫，并将她们分成九级，这是正常并且被广泛接受的现象；而武曌在孀居的二十多年里却因为拥有几个男宠就被妖魔化了。

第八章　圣母崛起

　　武曌的自信心与日俱增，于是在公元 685 年新年，皇太后武曌改元垂拱。垂拱出自《尚书·武成》，意为"垂衣拱手，将帝国管理得井井有条"①，比喻天下太平的理想治国状态。经历李显被废、扬州叛乱之后，武曌试图传达一种国家太平、和谐的思想。于是，她努力将自己塑造成一个通过"无为之治"管理王朝的道教统治者。为此，在 684 年秋的变革中，武曌宣布大赦，减免全国赋税，对年老的长者给予头衔并进行封赏，同时召回了在边疆服役的将士。与此同时，她不仅提升了自己作为皇太后的权力，而且提升了道教教祖、李唐祖先老子的母亲的地位，追封老子的母亲为"先天太后"，并将老子母亲的雕像放在道观中。武曌又一次煞费心机地通过这种方式将自己与李唐皇室的祖先联系在一起。

* * *

　　公元 685 年初，武曌对一个抵抗扬州叛军的有功之臣大加封赏，此人为叛军首领的亲戚，来自李唐皇室的一个分支，

---

① 《尚书·武成》："惇信明义，崇德报功，垂拱而天下治。"

武曌赐予此人大量金银，并且晋升了他的官职，还赐其 104
"武"姓，即与她同姓。武曌此举是为了向整个帝国宣明：
国大于家。将国家利益放在首位的人一定会得到嘉奖，而自
私自利、只想着个人利益、心胸狭隘的人一定会受到惩罚。
作为一个实际上的统治者，她就是"国家利益"与"自私
自利、心胸狭隘之人"含义的最终界定者。自然而然，那
些被她解读为时刻考虑"国家利益"的人与她的政治利益
和个人利益休戚相关，而那些违反她个人意愿的人则被划入
"自私自利、心胸狭隘"的群体，并被她谴责为具有煽动
性。这一结果是她在与高宗一起消除朝中"保守派"时就
曾努力想要达到的效果：使统治者成为一个凌驾于朝廷之上
的强大独裁者。对于根除那些出身名门、手握重权、极具影
响力的朝中大臣，她可谓轻车熟路，可以轻易使这些人丧失
在朝中的支配地位。在过去的数十年里，人员的奖励和惩
罚、官员的晋升和降职已经成为只属于统治者的一项特权。
684 年，裴炎被铲除后，耿直的西京留守刘仁轨在 685 年初
也去世了，自此之后，整个朝廷由她一手掌控。

　　武曌时代的朝中大臣以及后代的历史学家一直都对一件
事情存在争议，即武曌所扮演的角色到底是一个努力为自己
的后代也就是李唐子孙保持帝国完整性的忠实儒家孀妇，还
是一个试图开创自己武氏王朝的野心家。举例来说，公元
685 年秋，武曌发布了一道诏书，声称"诏自今祀天地，高
祖、太宗、高宗皆配坐"①。她表现的这种姿态使那些朝中

---

① 《资治通鉴·唐纪十九》，则天顺圣皇后上之上，垂拱元年乙酉。

反对她的人无言以对，因为如果反对她，就意味着反对李唐的三朝皇帝，无视他们积累的功勋和伟绩。即使现在，大家也不清楚武曌的这纸诏书到底是出于诚挚的尊敬，还是属于一种努力蒙骗整个朝廷的狡猾伎俩，以便掩盖她准备建立自己王朝的意图。

105　　扬州叛乱之后，武曌对朝中文武所拥有的权力和影响力有所忌惮，并且充满嫉妒。她处于一种持续紧张的状态，几近偏执。她害怕那些持有异议的人引起动乱，同时非常渴望朝臣能够忠诚并完全服从于她。为了在朝中塑造一种对她保持忠诚的文化，她编写了一部新书——《臣轨》，此书在刘祎之的帮助下完成，刘祎之是之前武曌北门学士的带头人与当朝的宰相。书中以精雕细琢的文字清楚地写明了朝臣践行忠诚的标准，有意贬低了位高权重的大臣的影响力，并且对统治者极尽赞美，同时还在字里行间向朝中的大臣传达这种安排是在为江山社稷考虑。《臣轨》中包含的思想不在于反传统，而在于从五花八门的经籍中提炼出一些基本理念，从而为新文本赋予某种权威。

　　《臣轨》的开篇为《同体》，其中写道："夫人臣之於君也，犹四支之载元首，耳目之为心使也。"根据这种治国理论，如果附属肢体功能失常，则可能损害整个生命体。武曌称，如果整体的身体也就是国家生病或消亡，那么四肢及个体也将受损。因此臣子必须全心全意、忠心耿耿地努力保全大的机体的平衡和健康，否则这个大臣就会成为一个毒瘤、一种疾病，不根治就会影响整个身体机能。通过将君臣比喻成共享一个身体的整体，武曌想告诉她的臣子，他们的利益与这个王朝休戚相关。

"同体"并非一个抽象的概念。公元 685 年,一个被贬的官员向宰相抱怨,随后一个人回复说:"此太后处分"。刘祎之立刻说:"缘坐改官,由臣下奏请。"[1] 武曌听说之后,将那个逃避责任的大臣降职,然后进一步提拔了刘祎之。武曌对大臣们说:"君臣同体,岂得归恶於君,引善自取乎!"[2] 该管理原则在《臣轨》的第二篇《至忠》中有详细的描述:"内匡君之过,外扬君之美"。作为臣子,自己的威望并不重要,君主的形象和声誉才是最主要的。作为此书作者之一的刘祎之深知这个道理,所以他有意地使武曌免受这些负面舆论的影响。而另一位大臣则没有这么做。

武曌对公众认知极其敏感,因此她希望治下的忠臣可以有效地经营公共关系,热衷于维护及美化她的形象。大臣们应该遵守的信条在《臣轨》中有明确的陈述。为了表达对君主的绝对忠诚,大臣必须尽心竭力,并且无私奉献、不思回报。大臣们不应该用甜言蜜语奉承君主,而是应该敢于仗义执言,从而将君主的统治引向正确的方向。"无私"即象征不顾个人"安危",理想的大臣从来不求君主的表扬,也不奉承君主,并且总是将公共责任置于个人利益之上。《臣轨》还要求审慎和守口如瓶,因为话一旦从君主口中说出,即会传播出去,"驷马难追"。最后,《臣轨》写明,大臣们必须清正廉直。官员们深受这些儒家思想的影响,这些根深

---

[1] 《资治通鉴·唐纪十九》,则天顺圣皇后上之上,垂拱元年乙酉。

[2] 《资治通鉴·唐纪十九》,则天顺圣皇后上之上,垂拱元年乙酉。

蒂固的理念时刻提醒他们，统治重在品德和礼教，而非俸禄和得益。

《臣轨》中最激进的想法当属申明"家"隶属于"国"的见解。《论语》中，孔子曾说过，父亲偷羊，儿子不应该报官，并且真正正直的儿子应该替父亲隐瞒，就像父亲应该为儿子隐瞒一样。这种孝顺居于忠诚之上的思想在《唐律疏议》中也有所申明，《唐律疏议》的发布时间是武曌当皇帝不久之前。其中第四十六条规定，除了谋大逆或类似的死罪外，家庭成员之间应该保护彼此并为彼此隐瞒。与此相反，《臣轨》认为："古之忠臣，先其君而后其亲，先其国而后其家。何则？君者，亲之本也，亲非君而不存；国者，家之基也，家非国而不立。亲由君而得存，家因国而得立。故先君而后亲，后家而先国。"由此看来，最重要的美德是对国家尽忠，而非对父母尽孝。毕竟，按照她的观点，父子是独立的个体，而君臣"同体"。

作为帝国首脑的武曌的家庭网络不够完整，因此对她来说，将国与良好的公共意识相联系，而将家与自私相等同，是非常明智的政治决策。用君臣之间的联系代替父子之间血缘关系的做法从整体上弱化了崇拜男性祖先的意义，从而有效削弱了父系权威的基础。简言之，《臣轨》重新定义了政治权力，这种权力从前以祖先崇拜为基础，现在则属于统治者。对于这份向大臣反复、强制灌输谦卑服从、忠诚不渝、自我牺牲等道德准则的文本，每一个在朝为官的人都需要熟练掌握。武曌的朝廷不再是一个朝臣们激烈辩论的场所，而是个人忠诚的试验场。公元 693 年，为了培养尽忠文化，她

第八章　圣母崛起

将这一文本列入正典，将它与很久之前的儒家经典以及礼制规章相提并论，把它纳入科举考试的必考范围。

* * *

公元 686 年初，武曌颁布了一道懿旨，称要将所有的行政职权归还给儿子李旦。李旦深知这并非母亲的本意，而且也非常害怕她，所以相当坚决地拒绝了。于是武曌像往常一样掌管着朝廷。儒家历史学家认为这种违反正常政治秩序的行为打乱了宇宙的自然节奏。他们记录，在这之后不久就发生了日食。代表男性皇权的太阳在天空中被遮挡。687 年，有报告称广州雨金，这是关于五行——金、土、水、木、火——失调的又一迹象。由于干旱、洪水、饥荒之类的大灾难未能充分传达儒家士人想表达的愤怒，所以后世的历史学家虚构了一些征兆，以此表达上天对武曌的谴责。成书于武曌所处的唐朝一千多年之前的《尚书》中曾记载道："牝鸡司晨，惟家之索。"因此，为了在《新唐书》中将武曌描述成一个破坏李唐王朝的篡位者，欧阳修写道，在武曌于 680 年代晚期接管朝廷后，各个州县的雌鸡全部化为雄鸡，或者至少有一半雌鸡变成了雄鸡。这里所传达的信息异常明确：女人获得至高无上的皇权是非常令人厌恶的，是违反自然规律以及人伦秩序的。

唐代的政治生活非常重视预兆的力量，各种政治派别竞相解释地震、火灾、彗星以及奇兽出现所预示的含义。公元 686 年秋，离长安不远的地方狂风暴雨、电闪雷鸣，一座高 200 英尺的小山拔地而起，此事在朝中引起了激烈的讨论。一派声称在地震余波后，山的周围出现了一洼神池，池中有一条黄龙游来游去，并吐出拳头大小的珍珠，而且从神山的中心隐隐传出鼓声。这一派官员将这座山的出现视为一种吉兆，将它视为佛教宝山须弥山的缩小版。武曌非常喜欢这种解释，便下令将此山命名为庆山。很多人竞相朝贺。

　　然而，一些儒臣将此事视为灾祸，一位大臣直言进谏："今陛下以女主居阳位，反易刚柔，故地气隔塞，山变为灾。陛下以为'庆山'，臣以为非庆也。宜侧身修德以答天谴，不然，恐灾祸至。"①而武曌并无意"侧身修德"，她拒绝了这种解释，并立即将此人流放到潮湿多沼、疾病频发的南疆。

　　神秘事件的发生以及各种预兆的出现绝非偶然，武曌对预兆的迷恋并非出自她根深蒂固的迷信，亦非她天真的表现，这些征兆实际上是一种事先的算计与操纵，一种富有策略性地适时出现的证据，它们使她的统治看起来有效、合法。她的皇权可谓史无前例，预兆可以成为她政治生涯的重要补充。另外，人们也必须客观地看待这些预兆，不能可笑地认为所有的预兆均为赤裸裸的幕后操纵的产物，而不考虑其中可能涉及的一些诚挚信念。

　　武曌非常看中吉兆的价值。一份非官方的史料记载了一个神奇的故事。据称公元 690 年武曌建立周朝时，有人向其进献了一只神秘的太阳神鸟三足金乌。当看了这只所谓的神鸟之后，一位大臣评价说"一足伪耳"。

　　武曌笑着回复："但令史册书之，安用察其真伪？"当

---

① 《新唐书》志第二十五，五行二。

第八章　圣母崛起

傀儡皇帝李旦也说这只鸟的前腿是假的时，武曌非常不高兴。不久之后，那只假腿掉了下来。当充分意识到太阳神鸟是一件伪劣品之后，她仍然命人将其作为一种吉兆记录在朝廷的年表中。在此书和其他文本中，武曌均被描述成一个厚颜无耻地强行利用吉兆捞取政治资本的骗子。

在其他一些时候，武曌似乎已被一些灵异之象和预兆弄得筋疲力尽。有一次在洛河附近，她与护卫骑兵走散了。她感觉这是对自己非常不利的预兆，于是立即召见了一名巫师。他们当时碰巧穿过一名东晋（公元 317～420 年）时期死亡的将军的墓地，巫师的结论就是当地人为了收集柴火而把将军的墓地砍伐得光秃秃的，这使他的灵魂无法安宁。武曌立刻下令，墓地方圆百步内禁止开展一切农业和林业活动。从那以后，墓地里遍布荒草和荆棘。

在改朝换代的过程中，各类征兆发挥着至关重要的作用；但是一旦朝代建立，这些象征就显得不那么重要了。新建朝代的统治者对各种征兆倾向于持非常谨慎和怀疑的态度，他们清楚地知道反对者可能会利用这些征兆。因此，在武曌建立周朝之后，她就无需再寻找各种征兆来使自己的统治合法化。公元 694 年，当她向群臣出示一束梨花的时候，几乎所有的朝臣均奉承说这是吉兆，只有一个大臣说："今草木黄落，而此更发荣，阴阳不时，咎在臣等。"① 在八年前的 686 年，也就是武曌努力积累各种预言和吉兆，希望以此证明她的统治获得了上天授权之时，她流放了那位称庆山

---

① 《资治通鉴·唐纪二十一》，则天顺圣皇后中之上，延载元年甲午。

为地气不和的凶兆的大臣。而 694 年，她已经皇位稳坐，当有大臣直言不讳地反对将这束反季梨花作为吉兆时，武曌反而褒奖了他，因为这些征兆已经不再具有非常巨大的政治价值。

在与她有关的众多吉兆中，最有意思的要数一个长在洛阳郊区的 3 英尺长的巨型萝卜。有人将萝卜献给了武曌，她立刻确定这就是一个吉物，然后命令她的御厨用这个巨大的萝卜准备一桌精美的宴席。可是不管是大还是小，萝卜都只是味道单调且带有刺激性的食物。因此，厨师们非常惊恐，唯恐令他们这位反复无常的君主失望。他们彻夜未眠，将萝卜雕刻成纤细精致的花束，然后用鸡肉、鱼肉、猪肉、牛肉和蔬菜做了多道非常可口的肉汤。厨师们将萝卜花束浸在肉汤中，使它看起来像面条一样，然后配上各种肉类、海鲜和蔬菜。宴席开始后，一道菜接着一道菜，武曌在喝了二十多道萝卜花束做的汤后赞不绝口。这种形式演变成了后来的流水席，时至今日，洛阳"流水席"依然闻名遐迩。

* * *

武曌处理朝廷事务时的专制独裁，以及她处理其他事务时所表现出的权力欲，使很多人相信她并无意将皇权还给她的儿子。惴惴不安的大臣以及朝中的王公贵族觉得朝服颜色变化、武曌对各种吉兆的钟爱以及关于宗祠变更的提议都是她试图篡夺皇权的标志。因此在公元 687 年秋，有一人假传圣旨，以废帝李显的名义召集军队谋反，阴谋败露后，此人被处死。

其他棘手事件也接踵而至。李孝逸是朝中大将，曾帮忙平息了扬州叛乱，而且他是唐朝开国皇帝高祖的侄子。他在朝中的名气越来越大，武承嗣对此非常嫉妒，于是在姑姑武曌面前对这位威武的将军大肆诽谤。公元 687 年，武承嗣诬告李孝逸，称其自云："名中有兔，兔，月中物，当有天分。"① 对于这位迷信的皇太后来说，月亮中蕴含着巨大的神力。在传说中，月宫中的玉兔帮助女神嫦娥研磨制作长生不老药的材料。因此，这只具有特殊寓意的兔子很可能就是上天对李孝逸认可的有力证据，从而使他成为一个非常危险的竞争对手，以及可能与她争夺皇位的人。于是武曌立刻将李孝逸流放到边远地区，李孝逸最终死在了那里。李孝逸被流放之后，武曌命令将举国上下的兔子全部消灭。后来有一个地方的惹是生非之人向邻居家要瓜，邻居没有给他，于是他就向县官报告他在邻居的瓜田里看到了一只白兔，县官立刻命人去瓜地搜捕，结果把瓜田践踏殆尽。然而令人称奇的是，这个无赖竟然成了武曌的酷吏，人们称他为"白兔御史"。

李孝逸的含冤流放使得李氏宗族的亲戚感到更加不安。为了安抚他们，武曌决定做点表面文章，她为唐朝的三位先皇建了庙宇。然而与此同时，她也没有忘了自己本家的荣誉。她提议为武氏家族建立宏伟的宗庙。如同四年前一样，她的这一提议再次引发了激烈的争执，大家争论着武氏宗庙是该像皇室一样拥有七室，还是只应拥有五室。朝廷中出现了不同意见。一名司礼官进谏称武氏的宗庙应为七室，而李唐皇室的太庙应减为五室。

---

① 《资治通鉴·唐纪二十》，则天顺圣皇后上之下，垂拱三年丁亥。

112　　　另一位大臣激烈地反驳道："礼，天子七庙，诸侯五庙，百王不易之义。今周惊别引浮议，广述异闻，直崇临朝权仪，不依国家常度。皇太后亲承顾托，光显大猷，其崇先庙室应如诸侯之数。"① 武曌觉得时机尚不成熟，所以她又一次选择听从朝臣的意见。

　　礼制规章并非神圣不可侵犯，亦非一成不变。对于大多数儒家官员来说，决定武氏宗祠到底是七室还是五室的，并非传统的规章制度，而是他们的自身利益。那些没有什么家庭背景的人在朝中的地位，很大程度上取决于武曌提出的任命官员的唯才是举政策，因此他们对武曌深表感激，极力辅佐她的事业。因为武曌的权力越大，他们的地位也就越高。然而，对于那些李唐宗室、他们的同盟以及其他长期存在的贵族家庭来说，武曌日益增长的权势只会对他们造成更大的威胁。

＊　＊　＊

　　毫无疑问，公元 688 年建造的明堂绝对是武曌摄政时期最辉煌的建筑。太宗和高宗在世时均希望建造明堂，但是关于相应的设计问题，大臣们意见不一，展开了旷日持久的争论，最终陷入僵局，因此在太宗与高宗的统治时期，这一计划并未实现。武曌也一直希望建造一座这样的大型礼制建筑。685 年，她向一位年轻的儒官陈子昂问道："调元气当以何道？"陈子昂回答称："臣闻明堂有天地之制，阴阳之统，二十四气、八风、十二月、四时、五行、二十八宿，莫

---

① 《资治通鉴·唐纪二十》，则天顺圣皇后上之下，垂拱四年戊子。

不率备。"[1] 武曌绝不允许明堂的建造和设计成为朝廷争论的话题，于是 688 年阴历二月，她直接指派她的僧侣男宠白马寺住持薛怀义作为督工全权负责这一项目。起初，儒臣们认为明堂应该建在洛阳的南面，在宫墙的正外侧。然而，薛怀义指挥着三万劳役将这一宏大的礼制圣殿建在了神都的中心，也就是昔日皇城的位置上。薛怀义称得上是一位非常有能力的建筑师，建造了一座非常壮观、直入云霄的礼制殿堂，巧妙地结合了佛教符号和传统图像，形成了一种华丽的意识混合体，而这正是武曌政治权力的一种复合象征。

传统的儒家明堂将天圆地方的形状融入单一的仪式和行政中心。犹如巨大时钟的指针一样，统治者遵循季节和宇宙的秩序按照一定的礼制从一所房间走到另一所房间。从理论上来说，君王的这种绕行所带来的仪式的韵律将为整个帝国带来平安与协调。在见证明堂落成的公告中，武曌赞扬道："夫明堂者，天子宗祀之堂，朝诸侯之位也。开乾坤之奥策，法气象之运行，故能使灾害不生，祸乱不作。"[2]

武曌将这一建筑命名为"万象神宫"，它不仅具有明堂的传统功能，而且在过去的明堂基础上进行了创新。首先，它并非一个单体建筑，而是一个庞大的礼制复合体。中间的仪式大厅高 250 英尺，共有两层，由巨大的铁柱连接。第一层基本遵循传统的儒家设计，包含按照四季和十二月规律设计的众多房间，颜色各不相同。第二层是个天文台。顶层的

---

[1] 《新唐书》列传第三十二，傅吕陈。

[2] 《全唐文》卷九十六《令礼官详定享明堂礼仪诏》。

九龙雕塑直指苍穹，在它们之上是一只 10 英尺高的鎏金铁凤凰，正展翅欲飞。将一只凤凰固定在离地面 300 英尺高的高空可谓巧夺天工。在这座雄伟的建筑上可以眺望远方，时人似乎真的觉得在这座华丽的建筑上人可以和神交流。

114　　　第二栋建筑位于北边，是一座五层的佛塔，非常高，从它的第三层就可以看到下面的鎏金凤凰。据记载，该佛塔高 975 英尺，高耸入云，其中有一尊高 880 英尺的巨大涂漆佛像。佛像非常高大，他的一个小脚趾就可以容纳二三十人同时坐下，他的鼻子就像一艘万斤大船一样。即使考虑到史书中可能存在夸张手法，它也称得上到当时为止世界上最高的人造建筑了。

看到如此令人惊叹的建筑，有一位胆大包天的儒臣谴责了武曌，将她与以往建造了奢华宫殿的暴君相提并论，称这是在浪费劳苦大众的精力和资源。他写道："古之明堂，茅茨不剪，采椽不斫。今者饰以珠玉，涂以丹青，铁鸷入云，金龙隐雾。"① 他的批评并没有引起人们的重视。其他人对这座将佛教和儒家相结合的明堂大加赞赏。在经典的《诗经》中，有一首颂歌写道，当一位德高望重的贤明君主希望建造一座宏伟大厦的时候，"庶民子来"，如子女趋事父母一般，他们"不日成之"。大臣陈子昂上表祝贺武曌建成明堂，其中称颂道："成之匪日，功若有神。"他使用的这些华丽辞藻进一步提升了武曌精心设计的良好形象，即她是具有天赐神力、美德加身的统治者，而忠孝的民众会自愿拥

---

① 《资治通鉴·唐纪二十》，则天顺圣皇后上之下，垂拱四年戊子。

护她。

　　武曌在诏书中对这一宏大建筑进行了正式介绍："今以鼎郊胜壤，圭邑奥区，处天地之中，顺阴阳之序，舟车是凑，贡赋攸均，爰藉子来之功，式遵奉先之旨。"① 诏书中，武曌非常聪明地回忆称，在公元 660 年代晚期，她和高宗皇帝曾考虑过修建明堂，如此一来，她便将这一宏伟工程塑造成符合儒家标准的贤惠妻子纪念丈夫的行为。

　　作为和高宗共同执政的统治者，武曌被公认为"二圣" 115之一，但是在公元 688 年，这位圣人成了圣母。初夏，她的侄子武承嗣委派他人在一块白色石头上刻了"圣母临人，永昌帝业"，然后将这些字用紫色草药磨成的粉末上色。一个很会溜须拍马的人将这块石头献给武曌，声称他在洛河中发现了这块石头。获得了这段预言圣母到来将带来永昌的铭文后，武曌非常高兴。

　　她将这块雕有文字的石头称为"宝图"，这令人想起了中国神圣、古老、神秘的洛河铭文。中国最早的经典之一《易·系辞上》记载："河出图，洛出书，圣人则之。"据说，神秘的洛河铭文暗含着远古时代圣王留下的完美统治蓝图，代表一种神秘的智慧宝库，它被沉入水中、隐藏于世，直到后世出现具有超凡魅力和高尚品德的圣人，才会从水中的藏身之处被发掘出来。因此，这种带有铭文的异常之物是象征武曌政治荣升的祥瑞。作为一位聪明的宣传者，她立刻行动，播散了发现瑞石的消息。

----

① 《全唐文》卷九十六《令礼官详定享明堂礼仪诏》。

为了以一种谦卑的方式表达对上天的谢意，武曌加尊号为"圣母神皇"。尽管在这个时候她没有直接称帝，但是她尊号中的"皇"字本身已有皇帝之意。显而易见，所有人都认为她正快速朝那个方向前进。作为整个王朝的第一夫人、天后、皇太后，武曌很长时间以来一直将自己定位成帝国的母亲。在高宗驾崩不久之后，她在祭文中写道："将隆母德，必欲子扶。"

在儒家思想中，"圣人"天生就能理解事物的本质，因此可以完美地诠释天人合一。在传统意义上，中国的"圣人"拥有与众不同的身体特征。其中有的人有四只眼，有的人有四个乳头，还有的人驼背。这些缺陷使他们异于他人、与众不同。后来将成为圣人的武曌所拥有的或许是最奇特的缺陷——她是一个女人。儒家所谓的"圣"在佛教中具有不同的意义：表示虔诚的佛教信徒及道德高尚的人。武曌作为一位语言和修辞学方面的大家，在使用这个字时使两种意思实现了无缝衔接。据此，她立时变成了一位仁慈的母亲、努力创造四海和谐的圣主、一种儒家圣人的典范、一位睿智可敬的继承人、一位极富同情心的菩萨，以及一名领导众多虔诚信徒在今世走向繁荣并在死后进入极乐世界的佛教圣人。

同年夏天，武曌亲拜贯穿洛阳中心的洛河，称洛水为"永昌洛水"。她觉得"宝图"难以恰如其分地形容这块神奇的石头，于是将它改名为"天授圣图"，将赐予神石的洛河神明封为显圣侯。武曌下令禁止在洛河中钓鱼，并且将它与长江和黄河置于同等重要的位置。通过这种方式，

116

第八章　圣母崛起

洛阳神都附近的地方全部都被神圣化了。洛河中崛起了一位圣母。

* * *

公元 688 年夏，武曌宣布将于同年冬季在明堂举办一场盛大的十日宴，她邀请了皇室宗亲、朝中大臣以及大批外夷酋长。对于李唐王公来说，武曌以自夸为目的的仪典场面日渐宏大，其头衔也越来越高调夸张，已经超出了一位皇太后忠心保护姻亲利益的范畴。神石、神山以及雄伟的明堂均预示着她意图建立一个新朝代的野心。很多李唐王公害怕武曌利用这个十日庆典终结唐朝的统治，建立自己的王朝。如果事情真的如此，作为皇室王公的他们对武曌的统治将构成巨大的威胁，因为他们可以轻易地号召复国所必需的反叛者与将士。因此，在他们听来，武曌的邀请就像暗藏杀机的险恶死亡陷阱。有一位王公问他的谋士他是否应该参加这次庆典，谋士的回答非常简洁明了："来必死。"结果，在经过一系列的密谋之后，这些王公决定于 688 年秋起兵造反。最先起兵的为年长的王公，他们是高祖和太宗的儿子。唐朝第一代皇帝高祖共有二十二个儿子。太宗的儿子加起来共十四位。但是在 680 年代晚期，他们中仅有少数仍然在世。当然了，这些王公也有很多子嗣，因此李唐皇室分支众多。从这些潜在继承者拥有的这种数量优势上也可以很容易看出继承权的问题非常复杂、微妙。

武曌意识到这些王公对她来说是非常危险的潜在对手。如果他们得到了朝臣给予的一定政治支持，一些人极有可能篡夺皇位，或者至少可以重新支持傀儡皇帝李旦或废帝李显。但是对武曌来说比较幸运的是，宗室散布在全国各地，这种分散使他们很难相互协作发动叛乱。

公元 688 年秋，一位年长王公的儿子给另一个人发了一封密函，写道："内人病浸重，当速疗之，若至今冬，恐成痼疾。"[1] 这里所称的疾病，当然是对武曌的一种隐喻，形容她就像一颗生长的肿瘤一样，必须由这些王公贵族在武曌冬天的盛大仪式之前将其祛除。此人还伪造了皇帝李旦的玺书，写道："朕遭幽絷，诸王宜各发兵救我。"[2]

当这一号令传到山东亲王李冲的手中时，这位叛乱煽动者假传圣旨道："神皇欲移李氏社稷以授武氏。"[3] 他们等不到召集更多援军，就急不可耐地与附近的王公串通起来，唐突地起兵进军洛阳。然而叛乱还没开始，内部就出现了叛徒。其中一位王公觉得反叛无望，根本就是在做无用功，他想保住自己的性命，于是向武曌通风报信。如此一来，叛军意图出其不意、占得先机的算盘落空了。在武曌还没派出御林军与叛军交战之前，性情暴躁的李冲就出师不利。叛军在黄河边准备攻城，结果守城兵马闭门拒守。之后，李冲被他的下属所杀。令人称奇的是，阻止不幸的李冲前进并将他拒之城外的城池名叫武水。

李冲兵败后，他的父亲立刻就听说了儿子起义不久即告失败的消息。李冲的父亲当时是一位显赫的王公，住在洛阳附近。在得知自己一定会被牵连之后，这位显赫的王公立即

---

[1] 《资治通鉴·唐纪二十》，则天顺圣皇后上之下，垂拱四年戊子。

[2] 《资治通鉴·唐纪二十》，则天顺圣皇后上之下，垂拱四年戊子。

[3] 《资治通鉴·唐纪二十》，则天顺圣皇后上之下，垂拱四年戊子。

征召了一支当地的平民队伍。他孤注一掷，声称另一位有反意的王公已经起兵，他们要在武曌将唐室完全消灭之前将这位神皇扳倒。他试图以此鼓舞这支没有战斗力的队伍。然而武曌对这支神都附近的叛军非常在意，她派出的十万讨伐大军轻易就将这支七千人的叛军击溃了。虽然反叛的王公仍然试图召集军队，但是帝国的士兵们并没有出现失败或士气低落的情况。将军们自愿听从武曌的命令，而事实也证明王公们无法获得民众的支持。民众对武曌的政治统治并没有太多异议。

很多反叛王公的亲戚和同盟均被削去贵族姓氏转而被赐以恶姓。对武曌来说，名字和"标签"非常重要。就像她用一些邪恶、不幸的标签丑化她的敌人一样，她将自己的武姓视作一种类似护身符的存在，将它赐给那些她喜欢的人。

她刻意地努力提升"武"字的地位。在极具预见性的《大云经疏》（一部佛经，于公元 690 年武曌建立自己的王朝前夕广为流传）中，"武"字被拆成了两个字：表示"停止"的止和表示兵器"戟"的戈。将这两个字放在一起意味着"停止使用武器"，这是一个承诺武曌会通过她的统治带来和平及幸福的字谜。武曌将自己的姓氏与建筑和地方的名字联系在一起，借此将"武"变成各种吉祥的象征。她将"武"姓和另一个字联系在一起，形成一个词组，以此宣示整个武氏家族尤其是她自己的成功、兴起与卓越。她将自己的一座宫殿命名为"武成"，有意与《尚书》中的《武成》重名。湖北有一座道教名山叫武当，意味着"武的适当性"。武曌还将她的祖籍地文水改名"武兴"，寓意"武

119

的兴起"。688 年在汜水发现瑞石之后，武曌将其改名为广武，意为"广张的武氏"。与此同音的"光武"也是公元 1世纪汉代的一位著名皇帝的谥号，他结束了庸君的长期统治及长达十五年的纷争割据，重新恢复了国家统一。和武曌一样，光武帝也将首都从长安迁到洛阳，而且建造了明堂。通过与以往功绩辉煌的统治者建立如此密切的联系，武曌极大地提高了自己的威信。

人们往往认为名字具有强大的魔力，即使不能创造现实，也能反映现实。作为一种政治权威的象征，"正名"已经深深地根植在中国的治国之道中。武曌通过将她的武姓放在各地名目中，实际上创造了一种神圣的地理特征，以此表达特定的河流、山川和州县均蕴含她的名字，赞美她的名字。她无处不在，代表万物。

* * *

在唐朝头七十年里举行的帝国仪式中，武曌在明堂举行的为期十天的庆典一定是其中最盛大与最壮观的。在傀偏皇帝李旦的跟随下，武曌来到洛河岸边，在那里有为此次活动准备的巨型祭坛，武曌正式在这里接受"宝图"，即之前据称在这条河中发现的带有刻字的石头。乐师们演奏着为此次活动专门准备的配乐"洛河赋乐"，随着音乐，大批文臣、武将和四夷酋长随着武曌的华美辇车列队前进。在洛河的祭坛前，四夷酋长献上了大量来自异域的罕见礼物，包括华美的鸟、神奇的野兽、珍贵的宝石以及其他精致之物。

在阴历新年，武曌又在明堂大摆筵席，举行了盛大的庆典。武曌手执古时周朝象征权威的镇圭，引领着队列向前行进。在祭祀天地后，武曌祭拜了三位唐朝先皇以及她的父亲武士彟。之后皇辇前往则天门，武曌大赦天下，宣布改元，称"永昌"，一个从"宝图"碑刻中提取出来的新年号。几 120 天之后，武曌布政于明堂，颁九条以训百官。虽然历史学家并没有记录这些指示的具体内容，但是从《臣轨》中可以知其大概，即告诫臣子保持对统治者绝对忠诚的重要性。在庆典的最后一天，她宴请了朝廷官员。

公元 689 年阴历二月，武曌追尊她的父亲为忠孝太皇，母亲杨氏为忠孝太后，将武氏家族在文水的陵墓更名为章德陵。作为孝女，武曌发布一道诏令，宣布自此之后，举行祭拜李唐祖先仪式的同时应祭拜她的母亲。这是武曌为继续提升自己的血统所做的进一步努力，最终目的是使它与她在朝中的新地位相称。

武曌并没有像朝中王公担心的那样，利用这一场合宣称她将建立一个属于武氏家族的新王朝。武曌让她的儿子李旦参与了这一盛会，并且祭拜了诸先皇。然而，各项礼仪的目的是一样的，均是为了提升她的个人地位，增强她的权威。她意识到自己的权力尚不稳固，所以并没有做出突然、激进的改变，而是采取了非常聪明的做法，即试探性地、一步步地扩张自己的权势。

* * *

公元 689 年冬至，武曌在万象神宫发布诏令，宣布废弃唐历，改用以古时周朝历法为基创立的新历法。冬至标志着旧循环的结束和新周期的肇始，之后的白日会越来越长，春晓也即将到来。在武曌重设历法后，武曌在冬至改元"载初"，把冬至作为新纪元中第一年的第一月的第一天。"载初"这个名字的言外之意异常明显，即意味着这是一个时代的开始、一个历史新阶段的开端，仿佛武曌就是这个即将开始的新纪元的第一位统治者，也是唯一的一位统治者一样。施行新历是统治者实现对时间的主宰的方式，也是其以自己的想法塑造整个国家的礼仪和庆典的手段。为了计时，武曌明堂的巨大佛塔与当时天竺的杰出天文学家设计的宇宙时钟相连，同时配有钟鼓。据传，当鼓声响起的时候，佛教徒即便在千里之外也可以听到，但是不信佛的人就听不到了。

在引入新历的一周前，宗秦客为武曌呈上了十二个新字。宗秦客是武曌年轻的外甥。这些新字专门为新的历法而制，有一些为古体字，另一些为新造字。这些代表天上的巨大天体——天、日、月和星——以及地上的王权——君、臣——的新符号立刻激发了武曌的想象力。中文中表示太阳的"日"与表示日期的"日"为同一个字，而表示月亮的"月"与表示月份的"月"为同一个字。因此，当她宣布开始载初元年的时候，这些新字就形成了其新历的基础。这些新的符号在整个帝国范围内快速、广泛地传播，构成了武曌统治时期的象征性标志，同时也提醒普天之下的臣民们，这位女性统治者重新定义了时间，并且以一种不可磨灭的方式在汉字上打下了她的个人印记。接下来的几年里，又有六个新字被造出，这些新字往往都诞生在欢庆的场合，如宣布开创新纪元的仪式。从公元 689 年创造新字到 705 年这些汉字停止使用，每当臣子向君主上奏，每当雕匠在石碑上刻下颂词，且每当文人凝视这些石碑时，这些无所不在的新字都会使人想到她的名字。从吐蕃到唐朝南部的港口城市泉州，从敦煌到朝鲜半岛，这些显眼的符号均宣示着她对这个帝国每一寸土地的最高统治权。直至一千三百多年以后的今天，看到武曌时代的书和石碑的人仍可很快辨认出这些东西创造于她的治下。

武曌的新字

本字	意	新字
日	太阳、日期	
月	月亮、月份	
星	星星	
天	上天、天空、日期	
地	大地	
年	年份	
初	原本、开始	
正	第一、王（远古）	
载	记载	
臣	大臣	
君	统治者	
照	照明	
授	授予	
证	验证、证明	
圣	圣明	
国	国家	
人	个人、身体	
月（第二次变更）	月亮、月份	

存在了千年的文字突然有了新的表现形式，而这些新文字并不仅仅是为迎合武曌的新历而创造的华丽符号，它们还构成了一套复杂的符号系统，用以提升武曌的地位，帮助她巩固统治。这些新字中就有她的名字"曌"，这是一个伟大的新创字，一个"日"字和一个"月"字在"空"字的上面。"年"的新字是几个已有字的集合体：两个竖着重叠的"千"字和一对横着摆放的"万"字预示着她的统治无边无际、永恒不灭，同时代表着她无穷的力量，意味着她的统治将万古长青。在汉语中，"万岁"从字面上看是"一万年"的意思，但是它常常被解释为"吾皇万岁"。当皇帝驾到的时候，所有的大臣需要跪地行礼，然后高呼："万岁！万岁！"这是臣子们表达对统治者尊敬的一种方式，他们希望他万寿无疆、长期执政。

其余的新字，比如"君"的新字的设计体现了祥兆，意味着武曌为君乃顺奉天意。这个寓意吉祥的特殊符号由三个单独的汉字竖排组成，从字面意思看就有天下大吉之意。最上面的一个"天"字直接通往中间的"大"字，最下面是一个"吉"字。或许这意味着广阔无边的苍天在上面护佑武曌贤明、圣洁的统治，也自然保佑整个帝国繁荣、吉祥。总的来说，看到这个字，人们很容易就会将其解读为武曌的统治为上天所赐，非常适时、吉祥。

新的统治者需要拥有新型的朝臣。在那个充满分歧的时代，武曌力求打造象征忠诚、和谐的符号。公元 684～690 年，很多反对她的皇室贵族和朝臣均被处死或流放。新创的臣字由两个现存字组合而成，一个"一"字在上面，外加下面一个"忠"字。"忠"的意思是中正的心。据此定义，臣子应该是对她一心一意、绝对忠诚的。与此类似，新的人字为一个"生"字上面有一个"一"字，简言之，子民应该一生都属于她。

如同她制定新历是为了与周朝旧有的测时法相符一样，武曌的新字也与周朝的金文类似，或者模仿了篆书的字形。这些遥远古代的华丽字形成了当时朝中奏折的通用文字。

武曌在公元 689 年末宣告使用新历，以及开始传播和使用这些新字的政治行为，并不是毫无理由的。武曌的其他变革也与周朝以及儒家传统息息相关。她装饰华丽的万象神宫即以周朝的明堂为原型。武曌统治时期使用的纪元借鉴了周朝的古典文献。朝中官员的职位也借鉴了周朝的官职。在新年仪式中，她手中拿着的象征君权的器物即源自古老的周朝。从表面上看，这些改变似乎是在努力复古，在努力靠近先王制订的文化模式；实际上，所有这些行为都是一种精心计算的权衡，在这种权衡下，传统与创新、古代与现在交织在了一起。远古传说中的圣塔成了具体的现实。她的明堂不仅是一个反映她对上天卑顺态度的简单建筑，还是一座螺旋塔、天文台和一个宏伟的佛教雕像的集合体。她精心安排的礼仪活动看似在表达对周朝的敬意，实则是为了提升自身的政治地位。武曌屡次利用古代观念的灵活性将自己塑造成儒家道统的拥护者。从更宏观的角度看，这些都是长期以来增加武曌胆识和野心的关键措施，以及从高宗去世到 690 年武曌称帝的这个阶段内发生的公共改革。在这六年的时间里，武曌精心积累着各种对她有利的证明——各种吉兆的符号象

124

征、伪经、仔细谋划的帝国礼节、广泛传播的文字以及自我夸大的头衔，这一切均为她攀上政治权力的巅峰提供了依据和合法性。武曌创造了一种新古典主义的氛围，利用古时周朝的政治视野来稳定自己在儒家传统中的权威，以此打消儒家传统思想对女主当政的抗拒。

她为登上皇位所做的长久准备日趋成熟。公元690年初，为了展示她的慷慨和恩惠已经延伸至儒、释、道三教，在明堂这座本身就代表不同思想的融合的建筑中，武曌召见了三教的学人。一位著名士人被请来讲《孝经》，然后三教的学人聚在一起进行了讨论。

在公元689年公布新字和历法的诏书中，武曌要求大臣审查儒家经典和注释。这种行为通常发生在新朝创立之初，统治者这样做的目的一般是按照自己的观点重写历史。在提出要求之后，一位儒臣诡言称："《周书·武成》为篇，辞有'垂拱天下治'，为受命之符。"[1] 武曌大喜，她高兴的不是这篇文章的偶然"发现"，五年之前为她提供新年号"垂拱"的就是《武成》；她高兴的真正原因是这位大臣的评论说明，就连朝中的儒臣也开始为她登上皇位寻找理由，而这正是她希望看到的。

---

[1] 《新唐书》列传第一，后妃上。

第九章　恐怖的女皇

武曌深知她的敌人众多，所以仅凭她非凡的领导力、精
雕细琢的政治言论以及精心策划的吉兆并不足以获得朝廷的
支持，因此她决定用暴力胁迫这种非常手段辅助机敏的说服
措施，从而使自己的政权合法化。由于自身权威的不稳定
性，武曌认为有必要利用一支酷吏队伍来恐吓皇室和显贵的
大臣。《旧唐书·酷吏列传》中列出的二十三名酷吏有十一
人为武曌服务。恐怖政治在一定范围内实施，主要针对上层
政敌、皇亲国戚以及朝中位高权重的大臣，很少恐吓广大平
民、商人及工匠。而且，虽然这些酷吏的权限很大，但是武
曌绝不允许他们以权干涉政治决策。

武曌非常清楚地知道情报、了解敌人阴谋和对手意图以
及事先得知宫廷机密的重要性。在过去，无数的密探和告密
者帮助她及时了解到最新的消息、各种秘密会议以及朝廷中
随时变化的派别和联盟。从公元 684 年李旦登基为帝开始，
这些人在武曌的恐怖政治中发挥了重要的作用。有一次，一
组朝廷羽林军骑兵侍卫在一起喝酒，一位心存不满的军士抱

怨道："早知今日无功赏，不及扶竖庐陵。"① 这个人本应该更聪明一点，不该如此胡言，宴会上的一个人听到后，立刻跑到宫中报告。宴席还没结束，此人就被抓起来送入了大牢。这个随口胡言的军士被指控阴谋犯上，然后被砍头。其余人知反不告，皆坐绞。

在武曌的治国指南《臣轨》中有一章将理想的统治者描述为神秘、高深、寡言且少动的人。武曌将自己界定为政治体中的一颗沉默的心，一个可以盛下秘密和各种情报的器皿。下属就是她的耳目，是收集情报的工具。为了将这一理论变成现实，她广开纳言渠道。公元 685 年，武曌在朝堂上设置了登闻鼓及肺石，任何人，即使是最卑微的人也可以进来击鼓，御史接待击鼓的人，然后向武曌汇报。如果击鼓之人不希望向御史汇报，他们可以匿名自由进入，然后站在肺石前面陈述他们的冤屈。这块肺石作为一颗无所不知的红心静静地听着各种诉说，它就代表武曌这位无所不知的统治者。当然，会有一位隐藏在肺石后面的官员将诉冤者所说的话告诉武曌。

次年，武曌命人铸造了一个铜匦，这是另一个她希望借以提高民众和朝廷之间沟通效率，从而把控王朝命脉的器具。对于武曌来说，这些东西都是重要的器具，帮助她赢得群众，并且可以密切监视地方贵族、官吏以及朝廷大员。

为武曌设计铜匦的人就是为扬州叛乱领导者徐敬业做刀车和弩的人。出人意料，这个人最初并没有被定为徐敬业的同党。他设计的铜匦共分四隔：第一隔用于自荐，第二隔用

---

① 《朝野金载》卷六。

于公开地自由批评朝廷的政策，第三隔用于报告超自然的、奇怪的预兆以及密谋，第四隔用于指控和诉说不平之事。极具讽刺意味的是，一份铜匦中收纳的第一波密信报告称，就是设计铜匦的人曾为徐敬业制作兵器，这项指控使得这位倒霉的工匠命丧黄泉。

通过这种方式，武曌立刻变成了一位极富同情心的女统治者，时刻关心平民的疾苦，并慷慨地奖励那些忠义之士；但是同时，她也是一个可怕的、无所不知的裁决者，随时都有可能将那些肺石和铜匦中揭露的反对者处以死刑或使其承受难言之痛。在当时，人们称武曌对整个帝国的事情了如指掌，不管是好事还是坏事。

铜匦还彰显了武曌的另一项政治议程。为了努力培养一批对她忠心耿耿的官员，并进一步削弱朝中贵族势力的影响，她广泛撒网，将各种社会背景的人均纳入宫廷。铜匦的第一隔即用来自荐，而且，在铜匦设计完成后不久，她就发布了一道圣旨，要求各级官员均推荐一人做官。快速的官职晋升机制伴随的是不合适及无法胜任之人的意外降职。

在她向所有有能力的官员发出这一邀请后，大家立即对她展开了新一轮取悦。人们的官职并不取决于其显赫的家族背景，而是仅凭武曌一人之意愿决定。比如说，有一个叫侯思止的目不识丁的卖饼小贩，武曌封他做了高官，只因为他状告一位李唐亲王谋反。之后侯思止自荐要求充任御史。武曌说："卿不识字，岂堪御史！"①

---

① 《资治通鉴·唐纪二十》，则天顺圣皇后上之下，天授元年庚寅。

他答道："獬豸何尝识字，但能触邪耳。"① 就这样他成了御史，而且是武曌的一名令人闻风丧胆的酷吏，他积极帮助武曌诬陷她的敌人。当武曌将一个因反叛而被贬的人的充公宅邸赏给他居住时，他拒绝了，称不愿意住在叛臣的宅子里。从那以后，武曌对他愈加赏识。

而且，在武曌摄政期间，她前所未有地让她的两个侄子武承嗣和武三思加官晋爵。升官后，二人变得非常傲慢自大。有一次，一位大臣称病不能上朝，他们去这位大臣的府上查验他是否真的病了。当他们到达之后，这位大臣不顾朋友的劝告，没有起来向他们行礼，说道："吉凶命也，丈夫岂能折节近戚以苟免邪?"② 毫无疑问，祸从口出，此人很快就被流放了，他的财产也被全部充公。

不幸的是，铜匦非但没有成为一个规正武曌执政行为的意见箱，反倒成了一只"告密盒"，变成了一种秘密举报那些意图反对她的人的工具。即使那些想要告密状的人只是农民或樵夫，也会免费获得驿站提供的马匹与食宿，受到接见。即使他们所说的话最终被证明是错的，他们也不会受到惩罚。因此，整个帝国兴起了告密之风，仆人们意图告倒他们的主人，一些肆无忌惮的人下决心要清算往日的家族仇恨。在这种风气中，大臣和贵族精英们整日惴惴不安。

这种恐怖政治同时为各种荒谬的指控和诽谤打开了大门。这个由她的告密者编织的网络形成了一个恶意诋毁的圈

---

① 《资治通鉴·唐纪二十》，则天顺圣皇后上之下，天授元年庚寅。
② 《新唐书》列传第二十八，苏韦孙张。

子，使很多无辜的人白白受冤。而武曌为了继续牢牢把控朝廷，甚至愿意相信那些最离谱的指控。公元687年，有一封密奏指向了当朝宰相刘祎之，他也是武则天的北门学士之一，是负责编撰《臣轨》的忠诚旗手。该指控称，刘祎之主张武曌将皇位还给她的儿子，以安天下之心。武曌听了之后非常不高兴，说："祎之我所引，乃复叛我！"① 当发现这一密奏引起共鸣之后，其他人也竞相开始对刘祎之进行诽谤中伤，有一人控告刘祎之收受了不忠边将的贿赂，另一人称他一直与扬州叛军勾结。于是，刘祎之被打入监牢。李旦之前一直避免与朝廷政事有任何瓜葛，但是这次为了阻止这种不公平的现象，他亲自上疏申理，为刘祎之求情。当刘祎之听说之后，说道："此乃所以速吾死也。"② 果不其然，刘祎之最终被赐死在家中。

129

　武曌命人在丽景门内建了一所监狱，私设法堂，审问那些被指控的人。为了表现一种黑色幽默，当时的人们利用同音异形异义字，将其戏称为"例竟门"，意即"最终裁决"，以此替代表示"美丽景色"的"丽景"二字。这个监狱可谓一座人间炼狱，在那里，残暴的酷吏不仅尽情表现他们的残忍本性，而且以自己的职责为乐。当那些新入狱的人亲眼看到如此恐怖的痛苦场面后，他们基本就会坦白一切。在武曌公布新的大赦令之前，她的酷吏们将那些被认为对他们构成严重威胁的人全部杀害了。不管什么时候，只要想诽谤敌

① 《资治通鉴·唐纪二十》，则天顺圣皇后上之下，垂拱三年丁亥。
② 《资治通鉴·唐纪二十》，则天顺圣皇后上之下，垂拱三年丁亥。

人，酷吏们要做的仅仅是多加上几项指控而已。

　　武曌倾向于招募那些诡计多端又善于诽谤他人的人，这些人对恶意控告别人的行为乐此不疲，但是他们对武曌则忠心耿耿、绝无二心。万国俊就是一个典型的例子，与很多人一样，身居卑职的他在武曌手下被快速提升为朝中重臣，因为武曌的钟爱得以身居高位。此人相当残忍无情，用尽心思伤害他人。公元686年，万国俊和来俊臣这对臭名昭著的酷吏共同撰写了《罗织经》。这是一本专门教授那些告密的人如何诱骗无辜的人、伪造共同犯罪的现场、严刑逼供、精心罗列各种罪名的书。万国俊知道武曌最厌恶的罪行即那些危害她政权的行为：叛国、暗算、耳语私议。作为武曌众多残忍成性的官员之一，他在监狱周围制造了一种恐怖的气氛，使那些原本有权有势的人丧失了财富和地位，并且整日惴惴不安。

　　这些残忍成性的官员竞相设计最卑劣、最残忍的刑具，并为这些刑讯逼供的刑具起了各式各样的名字，如"定百脉"、"突地吼"、"死猪愁"或"求破家"。对这些人来说，最高兴的事莫过于为这些变态的刑罚起一些富有诗意的名字。例如"凤凰晒翅"指将犯人捆绑在一个橡子上，呈展翅飞翔的姿势，然后旋转橡木，这大概是为了在烈日下慢慢地暴晒犯人。在另一种叫作"驴驹拔撅"的刑罚中，犯人的后背上被绑上了镣铐，同时一个颈圈将犯人的脖子向前拉。还有一种刑罚叫"仙人献果"，具体的做法是让犯人跪下，身体向前，然后在其头顶放上釉面瓦。其他的刑罚还包括将犯人吊起来，大头朝下，然后在其头部悬上石头；或将醋灌进犯人的鼻子里；或将铁笼子套在犯人的头上，然后钉入长楔，最终使犯人脑浆迸裂。一个个如此绚丽、有诗意的名字背后隐藏的就是这些虐待狂的残忍行径。

公元 688 年，平息了李唐王公的叛乱后，武曌立刻发动酷吏们帮她扫除皇室余党与其支持者。结果分支众多的李氏家族的宗亲们现在被大肆剪除。李唐皇室现在只剩下光秃秃的主干了：武曌的两个儿子李旦和李显，外加几个流放到边远南疆的零散的皇室成员。

公元 690 年，武周建立之后，武曌通过不同的方式驱使这些酷吏。她没有让这些人拷问那些被关在她新建监狱里的敌人，而是将他们外派以助她消灭敌人。693 年，有人上奏称，在 684 ~ 688 年的反叛失败后被流放到边远南疆的唐室宗亲正在煽动第二次起义，于是武曌派万国俊前去调查。万国俊到达广州后，将所有的流放者召集到一起，然后假传圣旨，将他们全部赐死。流放者号呼不服，他立刻将这些人赶到一条小溪中，然后一早上就杀了三百多人。回到洛阳之后，他谎报称有反意的不只是这些他调查的流放者，所有其余被流放的王公都有。据此，万国俊的官职再次获得晋升。他滥杀无辜的行为并非一个过分热心的下属的轻率行动。如果没有武曌的授意，负责调查和恐吓达官显贵的万国俊怎么也不敢胆大包天地将皇室王公赶到一处、屠杀殆尽。

武曌又派了其余五名监察御史前往南方调查，这些人发现万国俊因残忍的行为而获得嘉奖后，也开始效仿，竞相屠杀皇室王公，他们希望能够得到类似的奖励。但是武曌听说随后发生的残杀如此"骇人听闻"后，假意对他们这种过

131

分的行径十分惊骇，然后下令将这五人或处死或流放。之后武曌下令准许那些未在流放中死掉的达官显贵全部返回原籍，恢复原来的身份。至此，她达到了削弱李唐皇室的目的，同时又将自己与那些酷吏区别开来。

《太平广记》中记载了一则有名的传奇故事，它反映人们普遍希望酷吏在临死之前被追索公道。故事发生在一个深夜，当万国俊从御史台出来经过洛阳天津桥南的时候，发现满路尽是鬼魂，全都是他害死的那些受害者的魂灵。一个绿色的、浮肿的尸体拽住了万国俊的马鞍，然后伸出他那两尺长的舌头吓唬万国俊。这种满目皆是痛苦鬼魂的可怕场景令万国俊惊骇万分，他直接被吓死了。

* * *

朝中的忠臣和李唐皇室成员整日惴惴不安，生活在恐惧中。尽管武曌赐给了儿子李旦自己的姓氏，而且还将他立为皇太子，但她还是将李旦禁足在洛阳的宫殿内，生怕唐室保皇派借他之名号召反叛。公元 693 年，当武曌发现有两名大臣秘密探视李旦之后，便将此二人在集市上斩首示众，以此警告所有人。在另一起事件中，武曌宠爱的一个宫女诽谤李旦的皇嗣妃和德妃，声称她们对武曌行巫术，结果这位女皇唐突地将她们二人杀害，然后在宫墙内一处秘密场所把她们焚化。李旦非常害怕，甚至在武曌面前只字不提，就像什么也没有发生一样。

尽管她禁止人们探望被囚禁的李旦，但是关于李旦意图谋反的谣言再度兴起，于是武曌派酷吏的残忍头目来俊臣前去调查。李旦的很多随从因为受不了来俊臣的严刑拷问，都

132

说李旦有罪。但是有一个叫安金藏的大臣拒不屈服，大声说道："公既不信金藏之言，请剖心以明皇嗣不反。"① 随后，他用刀自剖胸腔，拔出跳动的心脏。武曌听说有如此非凡之人后，立刻命御医为他医治。御医将他的器官放回体内，用桑皮线缝合，随后这个人竟然奇迹般地活了下来。武曌叹声说道："吾有子不能自明，使汝至此。"②。随后武曌命令来俊臣停止了调查。《资治通鉴》记载了这个故事。毋庸置疑，《资治通鉴》往往用夸张的方式宣扬忠臣对唐室的气节，因此这则故事的真实性仍然值得商榷。

* * *

公元 692 年，来俊臣和他的残忍属下拘捕了一大批在朝中颇有影响力的重臣，其中一位堪称朝廷栋梁，那就是清廉的保皇派大臣狄仁杰。他在狱中奋力抵抗。据说，那些坦白自己罪行的人可以得到宽恕，但是如果拒不认罪，最终只会被折磨致死。于是，当被要求认罪时，狄仁杰说："大周革命，万物惟新，唐室旧臣，甘从诛戮。反是实！"③ 通过这种大胆、间接的"忏悔"，他保住了自己的性命。一名来俊臣的手下在狱中阿谀奉承，请狄仁杰帮忙。狄仁杰对此非常厌恶，直接用天地起誓，一头撞在柱子上，随后倒在血泊中。后来，通过一个不知名的随从，狄仁杰偷偷地将诉说冤屈的诉状放在自己的棉衣中带了出去。收到衣服后，狄仁杰的儿子发现了父亲亲手书写的诉状，然后将它献于武曌，希

133

---

① 《资治通鉴·唐纪二十一》，则天顺圣皇后中之上，长寿二年癸巳。
② 《资治通鉴·唐纪二十一》，则天顺圣皇后中之上，长寿二年癸巳。
③ 《资治通鉴·唐纪二十一》，则天顺圣皇后中之上，长寿元年壬辰。

望她进行调查。

另一名大臣魏元忠却辞气不屈，被大头朝下拽了起来。他嘲笑抓捕他的侯思止说："我薄命，譬如坠驴，足绁于镫，为所曳耳。"侯思止很生气，继续拉拽，魏元忠大声说道："侯思止，汝若须魏元忠头则截取，何必使承反也！"①

这种挫败感让来俊臣感到异常愤怒，他伪造了一封认罪书，写到狄仁杰、魏元忠和其他人甘愿受死。武曌召见了狄仁杰问他为何认罪。狄仁杰说："不承，则已死于拷掠矣。"② 与此同时，狄仁杰向武曌指认了来俊臣伪造他自愿受死的认罪书。随后，武曌释放了狄仁杰和其他受牵连的大臣。

来俊臣仍然希望至少能证明其中一人有罪，于是对此提出抗议，其中一名大臣反驳道："明主有更生之恩，俊臣不能将顺，亏损恩信。"③ 最终，武曌还是决定饶他不死。正如人们常说的那样，中国的皇帝掌握着生杀大权，因此武曌本身就可以根据当时的情形及自己的心境决定是严惩还是宽恕。

在经历了这一系列不光彩的事件之后，可能是对自己的权威更有把握了，武曌开始约束这些走狗们的残忍行径。一些大臣在洞察到武曌朝廷的变化后，开始勇敢地站出来猛烈抨击这些酷吏。有一名大臣称武曌拿人的生死当儿戏，进谏道：国家的稳定和人民的守法依靠的是良好社会风气的维持

---

① 《资治通鉴·唐纪二十一》，则天顺圣皇后中之上，长寿元年壬辰。
② 《资治通鉴·唐纪二十一》，则天顺圣皇后中之上，长寿元年壬辰。
③ 《资治通鉴·唐纪二十一》，则天顺圣皇后中之上，长寿元年壬辰。

和法律的规范，而不是秘密揭发和屈打成招。另一位大臣也进谏："向时之妙策，乃当今之刍狗也。伏愿览秦、汉之得失，考时事之合宜，审糟粕之可遗，觉蘧庐之须毁，去蚩菲之牙角，顿奸险之锋芒，窒罗织之源，扫朋党之迹，使天下苍生坦然大悦，岂不乐哉！"①

134

有一个侍御史列举了来俊臣和其残忍属下施行的酷刑，比如将泥灌进人的耳朵里、在头上放上篮子、往手指里插入竹签、用头发将人吊起来、用烟熏人的眼睛等。对于这些，来俊臣用了一个委婉的说法，叫"狱持"。他们还采用了很多其他的方法，比如不许吃饭、不停审讯、不让睡觉等。这位大臣还强调了这种行为引起的广泛不满，希望武曌能够用仁慈的手段而非恐怖和折磨人的酷刑来治理国家。

对于武曌来说，她也厌倦了自己网罗的这群骗子和阴险小人。在建周之前和建周之初的一段时间里，这些人发挥了一定的作用，她也将这些人所采取的残忍举措视作一种不可避免的灾祸。但武曌深知，这些酷吏惯用的伎俩是让仆人告发主人以得到奖赏。于是她指派了一名御史去查处那些告密者中捏造事实诽谤他人的人。这名大臣查出了850例这样的事实，最终却查到了自己的头上，于是遭到了流放。

这些酷吏的首领，也就是穷凶极恶、极具影响力的来俊臣一直活到了公元697年。来俊臣极其好色贪财，如果他看上了谁的妻妾，就一定会不择手段地搞到手。如果贿赂和勒索的东西不能让他满意，他就会直接诬告某人谋反，不管他

---

① 《资治通鉴·唐纪二十一》，则天顺圣皇后中之上，长寿元年壬辰。

们是平民百姓还是朝廷官员，一旦被牵连进来，他们的财产，包括钱财和人，就全部归他所有了。

公元 697 年，来俊臣似乎并未察觉到朝中风向的变化，竟然越权指控武曌的两个儿子、她的女儿太平公主和武氏诸王谋反。为了共同对付来俊臣，武氏诸王与朝廷结成同盟，这也是他们唯一一次联手。他们迅速展开反告，于是来俊臣被抓进监狱，等待审讯。最初，武曌考虑到来俊臣为自己提供的忠诚服务，想要赦免他，因此迟迟不批复陈述其恶行、要求将其处死的奏折。官员们都希望武曌能够依法将他处决。有一位大臣进谏道："俊臣凶狡贪暴，国之元恶，不去之，必动摇朝廷。"[①] 武曌在御花园中散步时，大臣吉顼劝说道："俊臣聚结不逞，诬构良善，赃贿如山，冤魂塞路，国之贼也，何足惜哉！"[②]

来俊臣的存在已对唐朝的外交关系和朝廷本身造成了不利影响。此前，来俊臣觊觎臣服唐朝的西突厥可汗的小妾，于是他设计陷害此人，告他谋反。为表抗议，数十名蕃酋到朝中割耳剺面。对武曌这位自诩钟爱蕃臣的女皇来说，昔日宠臣来俊臣现在成了一个政治上的累赘。

在各方压力下，武曌最终判处来俊臣死刑，人们听到这个消息都非常高兴，争相去挖他的心，将他的尸体踩成肉泥。得知天下人如此憎恶来俊臣之后，武曌又发了一道圣旨："宜加赤族之诛，以雪苍生之愤，可准法籍没其家。"

---

① 《资治通鉴·唐纪二十二》，则天顺圣皇后中之下，神功元年丁酉。
② 《资治通鉴·唐纪二十二》，则天顺圣皇后中之下，神功元年丁酉。

士民皆相贺于路，说道："自今眠者背始帖席矣！"① 很多被来俊臣和他的手下诬告谋反且被处死的人，在来俊臣死后都被恢复了名誉，充公的土地也被归还给了那些活着的亲眷。

《新唐书·五行志》中记载的那段时期发生的怪异传说，反映了时人对来俊臣的害怕与憎恶。其中有个故事声称，来俊臣家的井水变成了血红色，并且从井里传出了凄惨的哀怨之声，来俊臣试图用一个木板将井盖上，结果井内有一股莫名的力量将这些木板冲开。另一个怪异的故事写道，来俊臣的一个小妾生了个重约 3 磅的肉球，劈开之后，里面出现一只活赤虫，随后变成了胡蜂，在蜇了看热闹的人后就飞走了。

公元 697 年，武曌掀起了最后一波恐怖统治浪潮。当时，刘思礼在一个相士的言语鼓动下，动了谋朝篡位的野心，意图谋反。武曌命她的侄孙武懿宗前去查办。在她的这位热心亲戚的严刑拷打下，刘思礼胡乱称朝中很多大臣和他一起谋反。这掀起了一轮血腥的调查，最终有三十六家惨遭灭门。武曌也借此削弱了很多有影响力的家族的权势，她采用这种做法已经四十多年，可谓轻车熟路。

来俊臣和万国俊等人的暴力行为帮助武曌消灭了很多政治敌人。长期以来，历史学家一直将武曌界定成一个麻木不仁、血腥暴力的人，使用这些"爪牙"作为她的工具，这种定位无可厚非。当然，当发现李唐皇室和朝中的反对派已不再构成威胁后，这些酷吏对她来说就失去了意义，武曌于

136

---

① 《资治通鉴·唐纪二十二》，则天顺圣皇后中之下，神功元年丁酉。

是寻机将他们全部消灭。在武曌终止这些酷吏行凶之前，人们一直将她描述为一位恐怖的女皇，养了一批嗜血的狼，专门为她消灭敌人；为了改变这种印象，武曌和她的宣传者一起努力为她打造光辉形象，将她塑造成了一个以仁政普度众生的仁慈的菩萨。

第十章　仁慈的菩萨

在武曌的统治时期，中国佛教的发展达到顶峰。当
时，佛教在中国已有长达五百多年的历史。在唐朝之前的
几个世纪里，位于中国北方的一些王朝，尤其是鲜卑人拓
跋氏（Toba Turks）统治下的北魏（公元 386～534 年）
非常积极地支持及宣传佛教。佛教在中国能够广为流传并
且被大众接受，与佛教信仰的特性有很大关系——它弥补
了儒家思想的情感与逻辑缺失。儒家思想更注重伦理、群
体和今世，而佛教注重心灵、个体和来世。与此同时，佛
教通过各种图画、庙宇、宝塔、雕像和圣物展示了丰富的
视觉文化，这些是儒家所没有的。天王、镇墓兽，以及凶
猛的、长着长牙和鬃毛的阴间诸神保护着唐代达官显贵的
陵墓。佛教元素已然体现在各种建筑、艺术、习俗和语言
中，并融入了人们的日常生活文化。有些人会给佛教道场
施舍钱财，或捐刻雕像，以此为自己或祖先积德，从而求
得来世安稳。因此，佛教在武曌的时代成了一种令人敬畏
的社会和精神力量，拥有大量的拥护者、强大的经济影响

力，并获得了广阔的地域支持。

138　　佛教的神祇体系已经获得发展，出现了：释迦牟尼——佛陀的化身；阿弥陀佛——无量光佛；大日如来佛——遍一切处佛；观音——大慈大悲的菩萨；弥勒佛——未来佛。不同的佛教宗派——禅宗、净土宗、华严宗和弥勒宗——也蓬勃发展。武曌非常老练圆滑，她没有只信奉一位佛教神祇或只拥护一宗佛教。

　　不管是在中国历史上，还是人们长久以来的观念中，对女性统治国家持否定态度的传统都已经根深蒂固。但是这种思想在佛教中丝毫没有体现；相反，它为武曌提供了思想和政治上的支持。佛教普度众生的理念创设了一种共同的文化背景，将她的世界性帝国中的多民族居民聚集在一起。某一位于西部边陲的民族制作了一幅佛经卷轴，赞美了武曌的光辉形象。

> ……，圣母神皇。
>
> 穆斯九族，绥彼四方。
>
> ……
>
> 黄山海水，蒲海沙场。
>
> 地邻蕃服，家接浑乡。
>
> 昔年寇盗，禾麦调伤。
>
> 四人扰扰，百姓遑遑。
>
> 圣人哀念，赐以惟良。
>
> 既抚既育，或引或将。
>
> 昔靡单裤，今日重裳。

第十章　仁慈的菩萨

简言之，赞歌旨在说明武曌作为一名佛教君主，为整个帝国原本荒无人烟、愚昧无知的蛮荒之地带来了和平、温暖与教化。

武曌资助了大量的佛经编译和注疏工作，同时修建并翻新了很多佛教庙宇，举办了大量佛教盛会。称帝后，她将自己定义为一个虔诚的佛教徒，下旨道："盗佛殿内物，同乘御物。"①

武曌建立周朝之前，负责外使和外交事务的鸿胪寺主要掌管各种与佛教僧侣有关的事务。公元 694 年，武曌将这一职责转到礼部下的一所官署，该部门主要负责儒教和道教礼仪事务。通过这种方式，她正式明确了一个在中国一直存有争议的问题：佛教不再是一种外来的信仰。

武曌鼓励修建佛教庙宇及雕刻各种佛像。佛教庙宇遍布洛阳及长安城内。在其统治后期，武曌重建了公元 652 年高宗修建的五层大雁塔。修建后，该塔规模更为宏大，增至十层高。直至现在，它仍然矗立在今日的西安，高 216 英尺，共有七层。另外，在位于洛阳南部的龙门石窟中，武曌命人在伊水两侧历史悠久的崖壁上雕刻了很多著名佛教塑像，万佛洞中的碑文证实，佛教僧人曾代表天皇及其子女虔诚地雕刻佛龛。

龙门的奉先寺有一处题记，据其记载武曌在公元 670 年代捐出两万贯脂粉钱助资雕刻这座豪华寺庙的雕像。这是一座 50 英尺高的卢舍那大佛，即华严世界中的光明遍照佛。

① 《唐会要》卷四十一。

武曌

奉先寺龙门佛教石窟

端坐的大佛高高在上，俯视着伊河山谷。很多人猜测卢舍那大佛就是按照武曌自己的面容雕刻的。奉先寺的卢舍那大佛面部线条优美，显得极为平静、安详，没有明显的男性或女性特征。这是一张象征权力的面庞。

在武曌的慷慨资助下，很多佛教庙宇得以建立，如大云寺、东魏寺、大福先寺等，同时此类主要佛教中心的分庙也遍布整个帝国。在遥远的西部，人们仍可以在整个丝绸之路上看到类似于敦煌石窟的保存完好的壁画和佛教造像。就像在龙门一样，武曌为这里的圣地加刻了佛像。公元 695 年，在敦煌的一处石窟中，武曌命人建造了高 100 英尺的北大像。时至今日，人们还可以在距离武曌的政治中心十分遥远的地方，看到很多她命人竖立的佛教雕像，这足以说明其帝国和权力的延展程度。

第十章　仁慈的菩萨

＊　＊　＊

　　在长安西部的群山中，法门寺供奉着神圣的佛陀舍利——释迦牟尼的一根指骨。当高宗第一次病重时，武曌认为佛骨有神奇的治疗作用、有益健康，因此在公元659～661年举行的瞻仰佛骨舍利的盛大仪式中，她扮演了女主人和供养人的角色。一行僧人带着据传散发着光芒的佛骨，从法门寺这间山中寺庙来到长安城中。道路两旁挤满了虔诚的佛教信徒，不管是居士、僧侣还是达官显贵、普通百姓，他们都想一睹佛骨的风采。随后舍利被带到洛阳。为了盛放和展示佛陀指骨舍利，以及一名唐朝使节从天竺带回的一块佛顶骨，武曌舍所寝衣帐直绢一千疋，命人造"九重宝函"。她的这些慷慨资助赢得了佛教团体的支持，这些人意识到他们发现了一个拥有超凡魅力的皇家供养人，这非常有助于发扬他们的信仰。

　　公元671年，武曌为了表达对过世父母的敬意，将她母亲在长安的旧宅改造成太原寺，这是一座以武曌祖籍地命名的寺庙。同时，她还在洛阳修建了一座相似的寺庙。677年，长安光宅坊内的一个石函中发现了万枚舍利，据称是佛牙或佛骨，因此人们在这里建造了佛教的光宅寺。后来，为了彰显这一场所的神圣性，武曌命人修建了七宝台，这里供奉了知名中亚佛教艺术家尉迟乙僧创作的十一面十手观音。据说，慈悲的观音多出来的十面可以听取人间疾苦，千手也可以更好地帮助人类。通过这一举动，武曌暗示，作为一个统治者和供养人，她也会和这尊观音一样将她的无尽慈悲延伸到这个帝国的每一个人身上。

141

众多僧人沿着丝绸之路从中亚和绿洲之地来到唐朝，他们非常熟悉中文和梵文，帮忙翻译了大量佛经和注释。公元695～699年，天竺僧人菩提流支、中亚僧侣如实叉难陀以及法藏等人将一本更新、更完整的《华严经》译成中文。僧义净在经历了二十四年的天竺游学后返回中土，武曌亲自迎接了这位佛教云游僧，随后义净与这些人一起编译了大量的佛学经典。这些佛学专家们还编制了梵汉字典，大大辅助了后续的翻译工作。这些修正后的文本加强了武曌统治的合法性，使其获得更多认可，所以武曌将佛经的翻译工作视为一件国中大事。

法藏是一位来自葱岭以西的康居国的佛教高僧，康居位于现在的乌兹别克斯坦和哈萨克斯坦境内。当法藏还是一个少年的时候，他就立志修习佛法，曾炼指供养法门寺的舍利。法藏是一个非常有想法的人，他并没有为了迎合武曌的统治而刻意改变意识形态宣传，而是扮演了武曌老师的角色，向她传授佛教的真谛。二人的深厚友谊持续了三十年之久。

法藏是一名睿智的布道者、演讲者、理论家、雄辩家和翻译家，他运用这些才能帮助武曌增强其作为一名佛教君主的声誉。法藏被视为佛教学说之集大成者以及华严宗的祖师。他曾在武曌的朝廷中宣讲《华严经》三十余次。据载，公元690年代末期，当法藏正在翻译《华严经》的时候，一朵千瓣莲花在他的厅前开放；696年，当法藏讲经时，从他的口中冒出了白光，武曌赐号贤首，以示尊敬。

公元697年，唐朝的劲敌，也就是东北部草原上的游牧

第十章　仁慈的菩萨

民族契丹大举攻唐，武曌请法藏用佛法护佑之力帮忙驱逐契丹大军。于是法藏设了道场，沐浴更衣，在道场内放置十一面观音，然后行道作法。随后天鼓雷鸣，观世音菩萨出现在战场上空，指挥一支实体化的神兵抗击入侵者。这种场面令契丹军队极度恐惧，顿时军心大乱。取得胜利后，武曌非常高兴地表彰法藏："此神兵之扫除，盖慈力之加被。"同时为了表彰法藏取得的伟大成就，武曌改元神功。

　　作为传道者，法藏在公元690~693年为《华严经》作传，书中将武曌塑造成无处不在的佛教君主，为她的统治提供了合法性依据。法藏谈论道："大云授记，转金轮而御之；河图应录，桴玉鼓而临之。"金轮为佛教权力的象征，玉鼓则为武曌洛阳明堂的一部分，是一种保持帝国仪式韵律的精神圣器。在此文的后续，法藏继续写道："乃圣乃神，运六神通而不极；尽善尽美，畅十善化于无边。"①

　　华严佛法的一个中心思想即万物的普适性和互通性。这种普适性既指佛陀无限慈悲的普适性，又可引申为统治者无边权力的普适性。为了证明这一原则，法藏拿了十面镜子——其中八面组成一个八边形，另外两面一面在上、一面在下——并在镜阵中间放置一尊青铜佛像。当他点亮蜡烛照亮中部的佛像时，镜面层层映照，他用这种方式表明宇宙间的无尽关联，以及佛陀的无边法力。在《华严经》对这些原则的解释说明中，武曌看到了绝对权力的前景。不言而喻，法藏的创造性描述以及他的讲法技巧在知识、政治和思

143

---

① 《华严经传记》卷第三。

想方面均吸引了武曌。就如镜阵中间的佛陀一样，她就是万物汇聚的中心、万事的起源。

＊　＊　＊

公元 700 年，当北禅宗的鼻祖神秀朝见武曌时，武曌对他行跪拜之礼，并命人以神秀的名义建了一座佛寺。这位禅宗大德的知名度非常高，以至于数千佛教僧俗弟子竞相前来瞻望、表示敬意。还有一次，武曌问另一个禅宗大德智诜，像他们这样的僧人是否有欲望，智诜回答说："生则有欲，不生则无欲。"在这些寓意深刻的句子中，武曌觉得受到了启发，于是将菩提达摩的袈裟赠给了他。传说菩提达摩是禅宗的创始人，一心向佛，曾面壁默想七年，手臂和双腿最终都因此萎缩、退化了。

144　　在武曌的佛教支持者中，居首位的当属薛怀义。儒家史学家对他极尽贬低，认为他就是一个街边小贩，武曌将他任命为白马寺的住持只是为了方便薛怀义以僧人的名义随意出入内宫，成为她的情人和男宠。

在白马寺，薛怀义聚集了一群无法无天、削发为僧的闹事者。薛怀义在这些无赖之徒的跟随下，经常将马匹从御苑马厩中牵出，在宫殿中自由出入。如果有人挡了他的路，不管是谁，都会遭到毒打，他会将人打得头破血流，然后扬长而去。有一次，一位御史上奏薛怀义的恶行，希望武曌对他审讯严惩。薛怀义知道后，竟然指使手下将这个人打得半死。

公元 686 年，武曌授予薛怀义一件紫袈裟——紫色是古代皇家的颜色，统治者将袈裟赐给有影响力的僧人是东亚国

158

家的一个传统。这件礼物带给薛怀义的不仅是巨大的荣耀和声望，在一定程度上还有权力，他可以穿着这件袈裟参与朝廷大事的讨论，这令群臣嗔怒。因此可想而知，当忠诚的朝中宰相苏良嗣教训薛怀义的时候，其他儒臣会有多么高兴。薛怀义的傲慢无礼使苏良嗣非常生气，于是他命手下人打了薛怀义二三十个耳光。薛怀义立刻跑到他的女主人武曌面前状告苏良嗣，然而令他恼火的是，武曌斥责了他，告诉他不要和朝廷官员发生冲突。或许是为了避免在洛阳可能遇到的诸多尴尬，武曌后来将苏良嗣派去长安担任留守。

事实上，薛怀义远非一个粗鲁的男宠，与其说他表现异类，不如说他行为激进；他虽然喜怒无常，但才华横溢，作为一个以佛教徒身份作掩饰的人，他非常善于取悦武曌。作为一名优秀的建筑师，他设计了明堂建筑群，在这座宏伟建筑里放置了巨大的佛像，而且还有作为佛教圣器的天堂，即佛教极乐世界在现世的模型。他还领导了一个信仰弥勒佛的激进佛教宗派。这一宗派兴起于公元 680 年代中期，即他正当得宠之时，并于 695 年薛怀义死后正式瓦解。按照这一宗派的教义，对于即将到来的天启，弥勒佛是一个惩罚不信者，然后将他的少数信众送上兜率天的救星。

薛怀义认为自己扮演着弥勒佛的角色，为了压制与佛教相对的道教，他强行让数千道士削发，并殴打他们，强制他们皈依。然而武曌本身并不反对道教，而且由于李唐皇室一直声称其祖先为道教教祖老子，所以道教一直被用来证明李唐王朝具有正统性。对于武曌来说，由于道教不能帮她实现做皇帝的野心，她才放弃道教开始崇信佛教，同时对于其亲信在她摄政期间对道教的迫害置若罔闻。确实，按照最简单、最功利的想法，大家可以把武曌提升佛教地位的行为看作一种运用排除法的结果：道教是与原来的李唐皇室联系在一起的，而家长制的儒家体制又极度厌恶女性统治者，因此可以让武曌获得所需的认可和合法性的就只剩佛教了。

* * *

在武曌的统治时代，佛教并非超脱凡世的，而是与帝国的政治密切相关。佛教曼荼罗和雕刻呈现了一个不同的层级，均指向一位上方的人物，以此映射皇室的官僚和君主。作为皇帝和供养人的武曌同之前的很多君主一样，也希望将自己与佛陀这位佛教中心人物联系在一起。为了进一步加强其作为统治者的合法性，证明自己获得了佛教诸佛的宗教权威，武曌利用了一个在天竺和中亚都非常有名的佛教君王转轮王的例子：转轮王是一个宽宏大量的罗汉，他用佛法统一了分裂的帝国。

武曌还需要一种文本上的强化，以证明她就是当世的转轮王。佛教徒们在武曌摄政和统治时期内书写的文本将她描述为一个宽宏大量的统治者，意图说明她的仁慈统治是上天注定的。一些僧人设计在皇家佛堂的一面墙上刻写先知的经文，以此支持武曌的统治。帮助武曌证明其统治合法性的唯一也是最重要的文本当属《大云经疏》。它于公元 690 年由十名佛教僧侣组成的团体编著，该团体成员才华横溢、各有所长，他们在薛怀义的领导下开展工作。虽然薛怀义公认的角色是武曌的男宠，但很多正派的佛教徒还是愿意和他共事，共同弘扬佛法。

146

第十章 仁慈的菩萨

在武周两百多年前所著的《大云经》的正文中，佛陀告诉净光天女，她"舍是天形，即以女身当王国土，得转轮王所统领处四分之一"。佛陀继续说她将"摧伏外道诸邪异见"，而且在现实中，她将"汝於尔时，实是菩萨。为化众生，现受女身"。为了证明武曌将出现并且成为统治者，《大云经疏》的编撰者声称武曌就是净光天女的化身。经过数年的仔细筹划和准备，《大云经疏》精心编录了一系列的预言，预示武曌将作为一个现世的君主出现，证明她就是菩萨和转轮王。

由于事后诸葛的优势，这些人可以将一些伪经、近期事件以及各种吉兆联系在一起进行叙述，从而说明武曌的出现属于某种必然。他们在《大云经疏》中解释，过去几十年里发生的各种事件并非偶然，而是武曌荣升的先兆。公元677年光宅坊内发现的佛舍利、686年出现的庆山、明堂的修建、688年洛河发现的带有先兆碑文的石头，所有的这些均被精心修饰，以证明它们正是预示武曌就是《大云经》中所说的净光天女和转轮王的先兆。《大云经疏》编著的时间比薛怀义及其党羽让数百道士削发为僧的时间晚了四五年，而书中同样回顾性地预言了"白马"，即薛怀义——白马寺的住持——将道士变成了僧人。通过这种方式，薛怀义的这种思想欺凌行为成了《大云经》中预言的一部分，这个预言提出天女将下凡为女菩萨，作为人类王国的女王"摧伏外道"。

《大云经疏》著成后，武曌命令将这一政治宣传的巨著在整个帝国范围内推广。其内容的宣传非常及时，正好发生在武曌建立周朝这一决定性行动的前一个月。书中的各种陈述，以及编著之人收集的辅助这些陈述的各种证据都非常有说服力，令人们感觉武曌的荣升是一种必然的趋势。建立周朝一个月之后，武曌下令在两都和 350 个州县中建立大云寺。由此，大云寺遍布整个唐朝，最远到达距洛阳 2000 多英里的喀什噶尔。这已充分反映了武曌政权和佛教信仰的所及范围。

公元 693 年，32 名僧人，包括监制《大云经疏》的薛怀义以及该书的其余宣教者，向武曌呈上了一本精心勘校的《宝雨经》。书中通过佛陀和一位日月光天子之间的对话，预言武曌将称帝。无独有偶，日月光天子的形象与"天子"即皇帝的形象相同。由于日月光天子能驾五彩祥云，佛陀称赞了他的光辉，称之所以如此，是因为日月光天子用无数的严身之具、衣服、饮食、汤药供奉了无数的佛陀。当佛法濒临灭亡的时候，佛陀告诉发光的日月光天子，他将转世成为大中国摩诃支那的一位女性统治者。审译的《宝雨经》还将武曌刻画成一个菩萨："实是菩萨，故现女身，为自在主。"与《大云经疏》一样，这也是武曌佛教宣传中至关重要的一部分，它以一种预言的方式证明武曌统治的有效性。

* * *

公元 692 年，武曌正式将佛教的地位提升到了道教之上。道教被压制，很多道士自愿或被迫削发为僧。前大弘道观主杜乂似乎感觉到了这种国家思想意识风向的变化，于是在写下一篇三章的反道教论述后出家为僧。同年，天竺五个地区的使节朝见武曌并进贡。此后不久，武曌下令，禁止屠

148

杀动物及捞鱼捕虾。这一举措确定了她作为一个佛教君主的地位，即禁止臣民食活体动物的肉或伤害生灵。

儒家历史学家指出，当干旱、洪水发生或庄稼歉收时，这些禁令可能造成大量的人群因饥饿而死。然而，在特殊的情况下这些禁令并非必须执行。在这项制度确立后不久，有一名官员得子，于是在家中设宴庆祝，邀请了很多同僚。在这个喜庆的日子，他杀了一只羊，然后用羊肉款待大家。一名同僚非常嫉妒他，于是在袖子里藏了一块羊肉并立刻将它呈到了武曌面前，以此状告这位官员违反了武曌的禁令。武曌传唤了刚刚当上父亲的官员，然后说道："闻卿生男，甚喜。"①

这名官员鞠躬拜谢。

武曌紧接着又问："何从得肉？"

官员非常害怕，立刻跪下，叩头认罪。

武曌说："朕禁屠宰，吉凶不预。然卿自今召客，亦须择人。"通过这种方式，武曌羞辱了这个说闲话的人。

公元696年时，一位信奉佛教的大臣姚璹说服武曌拒收了一只大食（阿拉伯）进贡的狮子。他称狮子凶猛、食肉的本性使它的存在与佛教的禁令相悖。

* * *

在佛教仪式方面，武曌找到了很多盛大的仪典、头衔与象征支持她的统治。公元692年，阴历七月十五日，武曌在洛阳南门外主持了盂兰盆法会，为那些饱受折磨的饿鬼提

① 《资治通鉴·唐纪二十一》，则天顺圣皇后中之上，长寿元年壬辰。

149　供食物，然后将他们送到佛教的极乐世界。693年阴历九月，武曌在她已经至高无上的尊号前面又加上了"金轮"，金轮是转轮王——无所不在的遮迦越罗——的一个标志。武曌通过这种方式实现了《大云经疏》中的另一个预言，虽然当时此书已经问世。她拥有佛教转轮王的七宝——金轮宝、白象宝、玉女宝、绀马宝、神珠宝、兵臣宝、主藏宝，并且以一种非常明显的方式将它们呈现在朝堂之上，作为她权威的一种可视符号。

公元694年底，武曌将自己塑造为转轮王的夙愿发展到了最强烈的地步，于是她举行了佛教仪式中最盛大的无遮大会。这是一次极其盛大的法会，一个属于广大素食者的盛会，其目的是彰显当时的繁荣并祈祷未来的富足。在汉语中，无遮大会的字面意思是"无所妨碍的大会"，意味着慈善没有界限、没有社会等级的区分、对佛教信仰者的尊敬无边无界，以及这位宽宏大量的供养人统治的帝国广阔无边。作为所有主人的主人、所有首领的首领，武曌环视着这一欢庆活动，张开她的臂膀拥抱她的子民。庆典中，所有民众随心所欲，享受着这种放松、欢乐的气氛，这种平时的各种禁令和限制全都无需考虑的氛围，以及这种和谐统一的环境。在佛陀和武曌的庇护下，不管是乡人还是显贵，不管是佛教僧侣还是世俗之人，全部聚在一起，享受着丰盛的食物以及华丽的盛典。当一个人控制所有的边界和大门的时候，她就可以随时以一种宽宏大量的象征性姿态，将它们全部开放。

这一盛宴与传说中的古印度统治者阿育王有关，阿育王通过血腥的手段征服南印度之后，试图重塑自己的形象，希

第十章 仁慈的菩萨

望后代记住他的同情和怜悯之心，而不是其无尽的死亡和杀戮。为此，阿育王将自己界定为转轮王，将佛教确定为国教。他举行了无遮大会，为佛陀提供大量的财富并以身向佛。阿育王后来皈依佛教，心存善念，将自己的财物全部散出，成了一个活菩萨，一个富有慈悲之心的人，一个在涅槃重生后帮助他人获得救赎的人。他尘世的王权不仅保持完整，而且得以壮大。与近千年之前的阿育王一样，武曌也将自己说成是菩萨和转轮王，在神圣和世俗层面都成为众人顶礼膜拜的对象。

阴历大年初一，武曌改元证圣，加尊号"慈氏"。同年正月十五，即中国佛教的上元节，武曌在明堂举行无遮大会。上元节期间，首都城门整夜敞开，夜晚街上灯火通明，大量普通百姓涌入平日里只有权贵才能出入的地方。

这次无遮大会与以往的大会不同。此前，统治者和臣民都是将财物捐给佛教寺庙；在武曌的无遮大会期间，她亲自将钱财散予人们。她和白马寺住持薛怀义一共撒了十车钱，铜钱如雨般落下，人们争相捡拾，相互推搡，甚至发生了踩踏事件。

为了表达自己虔诚的佛教信仰，武曌筹划了一个奇迹般的场面。她首先令人挖了一个深坑，然后在坑的周围用各色丝绸长条结为临时宫殿（实质上是一个供人群聚集的帐篷），最后令佛像从这个坑中升起。此番景象非常逼真，以至于所有参加的人都以为佛像是自己从地下生出的。

第二天早上，当人们到达城墙前的时候，他们又看到了另一幅景象。天津桥上挂着一张巨帆般的绢布，上面画着一尊巨大的佛像，以它为背景，洛河沿岸的人们举行了盛大的斋会。佛像以牛血着色，而武曌的男宠薛怀义却谎称为给佛像上色他刺破了自己的膝盖取血。因为武曌禁止屠杀，所以杀牛使用牛血是违反禁令的。据《资治通鉴》——对无遮大会描述最详细的文献——记载，薛怀义的行为变得更加古怪。他在那段时间大多数时候都待在白马寺，即他迫使很多男人削发为僧的地方。有一个御史怀疑其中有阴谋，于是向武曌报告，武曌安排了他们二人会面，可薛怀义到了之后，下马直接在御史面前躺在了一条长凳上。当御史准备开始调查的时候，薛怀义直接上马扬长而去。武曌最后的结论是，薛怀义本身并无恶意，只是性格有些古怪，然后将他的那些僧侣发配到了偏远的州县。

据儒家史料记载，在天津桥举办盛宴的当晚，薛怀义看到了武曌的新宠，于是妒火中烧，放火烧了明堂——那座他自己设计建造的杰作。明堂中有着镀漆的巨大佛像，以及使整个洛阳都黯然失色的五层宝塔。火势迅速蔓延，吞噬了整个明堂。这场巨大的火灾蔓延至高耸的城墙，整个洛阳都被照得如同白昼。天明之时，这座建筑化为灰烬。城墙外，风助火势，将天津桥上的佛像毁成了数百段。

引发火灾的原因——究竟是故意纵火还是意外失火——一直是个谜。武曌为了使朝中大臣对此事不再追究，声称是一名工匠意外点燃了麻主（夹纻大像），造成火灾。但是这种掩饰是徒劳的。这场大火作为一个象征性意义如此之大的事故，并不能以一种轻描淡写的、缺乏想象力的方式直接掩盖或解释。公元686年，当庆山出现的时候，儒家士人和佛教僧侣展开了激烈的争论，讨论这一现象的吉凶。这一次，当意识到争论在所难免时，武曌要求朝臣开展诚恳的评议。朝中大臣称火灾反映了上天的震怒，武曌必须辍朝停酺以答天谴。

支持佛教的大臣姚璹说："此实人火，非是天灾……今明堂是布政之所，非宗祀也。"[①] 他继续说道："臣又见《弥勒下生经》云，当弥勒成佛之时，七宝台须臾散坏。"换句话说，明堂的焚毁并非一个不吉的事件，而是武曌成为活菩萨的象征。

据《资治通鉴》记载，在那之后不久，武曌命令她的甥孙带着一群壮汉将薛怀义打死在内宫的一棵树下。在《新唐书》中，武曌命她的女儿太平公主选了一些健壮的宫女，藏在暗处，在内宫中将薛怀义绑了起来，拿着大棒将其打死。在《旧唐书·薛怀义传》中，他的下场也是非常可悲的，据称太平公主的乳母命令一群壮汉藏了起来，然后在薛怀义出现的时候缚而缢杀之，接着将他的尸体随便扔在一辆装粪肥的马车上，拉回了白马寺。他的那些门徒顷刻间作鸟兽散，流窜遍布至整个帝国，应了中国的那句古话"树倒猢狲散"。

薛怀义在火灾中是否存在过错仍是一个谜。火灾之后，武曌立刻任命他为监工，负责重建明堂。武曌的这种行为似乎在说明她并没有怀疑是薛怀义放火烧了明堂。朝中也没有任何异议。

武曌命人将薛怀义处死的说法并不十分可信。在新建的

①　《旧唐书》志第二，礼仪二。

明堂中，薛怀义打算按照阴历年的顺序，铸造一个带着中国十二生肖——鼠、牛、虎、兔、龙、蛇、马、羊、猴、鸡、狗、猪——的大钟。每一个生肖表示现在钟表的两小时。当薛怀义被杀的时候，新明堂还没有建成，随后直接被拆除，他的想法也被废弃了。十几年来，他勤勤恳恳，设计建造了很多佛教建筑，并且努力寻找一些文本以把武曌塑造成一名伟大的佛教君主。而朝中的儒臣则将他视作死对头。杀死薛怀义的人和随后的掩盖行为似乎都是儒家式的阴谋。

　　不管怎么说，毁了明堂的大火以及朝廷的激烈反应还是对武曌产生了很大的影响，于是公元695年初，武曌去了尊号中的"慈氏越古"。

* * *

　　武曌依然努力从佛教象征符号中寻求自己所需的理论支持。经过多年的策划后，她命人于公元695年春铸成了天枢。这件她"国际性"时代的杰作是一个建在铁山上的100英尺高的铜柱，周围有守护兽，最上方为一个华盖，上置四龙立捧火珠。天枢是一名天竺建筑师模仿佛教君主阿育王的八角柱设计的，然后在一个高句丽工匠的监制下完成。波斯和中亚的首领提供了资助。这一不朽杰作是武曌多民族帝国的一个象征，是一个庆祝武曌为广大其他民族的民众所做的杰出贡献的天轴，同时代表着武曌对帝国各地臣民的热情接纳。那些为武周做出巨大贡献的将领和外夷酋长的名字全部被刻在了天枢上。儒臣对此感到不满，觉得建立天枢耗费的不仅是大量的人力，还有大量资源：375吨铜和2500吨铁。天枢位于皇城南门外的一处公共、开放的区域内，紧靠洛河岔口处的天津桥，所有进出洛阳的人都能一睹它的风采。类似于北斗七星中最亮的天枢星，天枢柱顶的火珠就像一个指针一样为汉人或"夷人"指引方向。

看着这个照亮周遭的闪烁火珠，唐朝大臣、武曌时代的诗人李峤作诗赞扬称：

> 仙盘正下露，
> 高柱欲承天。
> 山类丛云起，
> 珠疑大火悬。

另一位唐代诗人崔曙写下了"夜来双月满，曙后一星孤"。武曌为自己所选的名字中有代表女人的月和代表男人的日，而火珠如同武曌本人一样，也将天上的星辰融合在一个闪耀的物体中。

民间传说称，一首民谣在武曌死后流传开来："一条麻线挽天枢，绝去也。"公元717年，唐玄宗在位时，这一代表佛教和平主义的建筑被推倒，然后被回炉熔化以制作兵器。

* * *

武曌在洛阳度过晚年。年岁的增加使她对佛教的资助变得更慎重。70多岁时，她开始寻求长生不老之法，于是开始钟情于道教。公元698年，武曌宣布佛教和道教地位平等，声称："佛道二教，同归於善，无为究竟，皆是一宗。"① 另一道诏令

---

① 《全唐文》卷九十五《禁僧道毁谤制》。

中写了类似的内容："老释既自元同，道佛亦合齐重。"①

　　武曌同样受到了儒家重臣狄仁杰的影响。狄仁杰人称"狄公"，为高罗佩（Robert van Gulik）侦探小说中的神探和长官。公元700年，当武曌巡游嵩山的时候，有一个胡僧邀请武曌移驾观赏埋葬舍利的过程，舍利即小块的据称属于佛陀的牙齿和骨头。武曌同意了，然而狄仁杰跪在马前，劝阻武曌不要去，说："佛者夷狄之神，不足以屈天下之主。彼胡僧诡谲，直欲邀致万乘以惑远近之人耳。山路险狭，不容侍卫，非万乘所宜临也。"② 看着这个令人敬佩的年迈老臣跪在尘土中说着如此真诚的话，武曌取消了这一计划。后来，700年在嵩山上举行道教仪式的时候，武曌去"金轮"之号，即表示她是转轮王的尊号。

　　同年秋，武曌想要建一尊巨大的佛像。在明堂佛塔被烧之后，她就一直想要重建一尊这样的佛像，并希望所有的佛教僧侣都能为此捐出一部分钱。狄仁杰觉得建造巨大的佛像必然劳民伤财，于是劝阻武曌，说道："今之伽蓝，制过宫阙。功不使鬼，止在役人，物不天来，终须地出，不损百姓，将何以求！""比来水旱不节，当今边境未宁，若费官财，又尽人力，一隅有难，将何以救之！"③ 他继续说佛教庙宇到处皆是，出现在每一个巷子和集市，胖胖的佛教僧侣认为他们的言语比皇帝的圣旨还重要，佛教获得的捐赠和施舍比国家的收入还多。他还说，在经济繁荣的时候佛教徒们

---

① 《全唐文》卷九十六《僧道并重敕》。
② 《资治通鉴·唐纪二十二》，则天顺圣皇后中之下，久视元年庚子。
③ 《资治通鉴·唐纪二十三》，则天顺圣皇后下，久视元年庚子。

享受着武曌的布施，在经济不景气的时候他们却没有起到任何作用。武曌被他强有力的说法所感动，搁置了这一计划。狄仁杰保守、内向的态度直接指向使初唐文化变得丰富多元的佛教以及外来影响，预先表现了压制佛教和排斥其他民族的晚唐思想。

武曌还解除了她的素食令，崔融在进谏中说："割烹牺牲，弋猎禽兽，圣人著之典礼，不可废阙。又，江南食鱼，河西食肉，一日不可无。"① 他说这就像春种秋收是天地间的一种自然节奏一样，动物们在春天哺育幼崽，人们在秋天将他们捕杀作为食物也是一种自然界的大的生态循环。这种说法使武曌信服，所以她在公元 700 年的时候正式废止了持续了八年的禁止狩猎、捕鱼和宰牲的命令。

然而，在其有生之年，她并没有抑制佛教。公元 701 年，有流言称有人在长安以西 150 英里的成州发现了佛陀的脚印，所以武曌改元大足。在《朝野金载》这部记录初唐各种非官方传奇故事的书中有很多类似的以取笑武曌为目的的故事。在这本书记录的故事版本中，这只 5 英尺长的佛陀脚印实际上是 300 名囚犯设计的骗局，他们希望借此使武曌大赦天下。他们声称，这个脚印是一个 30 英尺高的金面佛陀留下的，佛陀告诉他们不用着急，因为他们都是被冤枉的，睿智、仁慈的皇帝一定会把自由还给他们。

公元 704 年，武曌再次下令铸造大佛，这次是造在洛阳城外白马寺的山坡上。虽然这次使用的资金大多数源自佛教

156

① 《资治通鉴·唐纪二十三》，则天顺圣皇后下，久视元年庚子。

僧侣的捐赠，但还是需要强征广大农民服劳役。朝中大臣得知后，考虑到所需的人力和物力，提出抗议，有一位大臣说道："臣以时政论之，则宜先边境，蓄府库，养人力；臣以释教论之，则宜救苦厄。"[①] 武曌把自己界定成菩萨，一位帮助别人挣脱苦难的度化者，这位大臣所说的话引起了她的共鸣，最终她又一次放弃了计划。

* * *

　　作为佛教信仰的忠实拥护者，武曌已成功地将自己从一个恐怖女皇的黑暗形象转变成了仁慈的、极具怜悯之心的慈爱圣母。

---

① 《资治通鉴·唐纪二十三》，则天顺圣皇后下，长安四年甲辰。

第十一章 周朝皇帝

九月初九是重阳节，这一天，年长的人们觉得他们的活
力在秋高气爽的节日中重新恢复，所以会去爬山、登高，以
期健康长寿。从阴阳理论上来讲，男性的"阳"在这一天
达到顶峰后，便开始为女性的"阴"让路。正是在公元690
年的这一天，66岁的武曌正式登上皇位，成为中国第一位
也是唯一的一位女皇帝。经过数十年的积累，她最终实现了
一次前所未有的荣升。她处心积虑地消灭敌人，一步步提升
武氏家族的地位，参加一系列的盛大仪式，从而使朝臣和百
姓对她的存在习以为常，同时也抬高了自己的政治地位。站
在应天门上，她正式宣布废止唐朝，建立周朝。

六天之前，出身卑微的傅游艺率领900余人在洛阳城门
外向武曌上表，请求武曌改国号为周，正式称帝。在中国的
传统政治意识里，有一种根深蒂固的政治思想："天无二
日，土无二王。"皇帝的身份被质疑将导致民心不稳，进而
产生分歧、引发动乱。在武曌摄政期间，她的儿子李旦只是
一个傀儡皇帝。她可以颁布诏书，并明显获得了政治权威。

傅游艺的行为也仅仅是呼吁人们为武曌这种实际的政治行为冠以与其相符的头衔而已。武曌提升了傅游艺的官职却谦逊地拒绝了请求，她认为自己现在还不足以接受这种天命。尽管武曌在之前就一直掌管朝廷事务，但是她此刻表现得反倒很有耐心，她知道自己不能表现过强的权力欲。

第二天，更多的人再次上表，这次人数增加到 12000 人，他们一起请求武曌登上皇位。武曌再次拒绝了。于是这种势头继续增长，在她登基的四天前，大批臣民共同上表，包括李唐皇室的残余宗亲、远近百姓、四夷酋长、沙门、道士，共 60000 余人。所有人均聚集到洛阳，呼吁武曌建立一个新的王朝。这个社会、民族、意识形态的结合体，证明了武曌在这个多样化的帝国中获得了各领域民众的广泛支持。皇帝李旦也公开请愿，要求赐予他其母亲的"武"姓，以这种姿态表明武曌称帝并非一种谋权篡位的行为，而是李旦自愿把皇位让给了一个更有能力的统治者。武曌对这种万民拥戴的场面非常喜欢，她高兴地说道：如此宏大，上天所授。从这句充满骄傲的感叹中，也诞生了她作为皇帝的第一个年号——天授。

有一个关于假造吉兆的典型例子，讲的是支持武曌称帝的朝廷官员称他们看见凤凰从明堂飞到了一座附近的宫殿中，栖息在一棵梧桐树上。凤凰是传说中一种象征女性皇权的吉兆。这只吉鸟在梧桐树上待了一会儿，然后朝向东南飞去。随后，数万只赤雀飞来，在凤凰栖息过的地方做窝。就像大批民众聚集在一起请求武曌称帝一样，大批赤雀也聚集在一起，接受凤凰的领导。凤凰意外出现的故事迅速传播，象征着武曌称帝具有某种必然性。武曌将朝中的一个主要行政部门命名为凤阁，而且她宣布登基的建筑上的飞檐犹如展翅欲飞、嘴里叼着祥瑞之物的凤凰，其背上附有好运之符。武曌时期出土的一个瓦片描绘的不是常见的皇家图案"二龙戏珠"，而是"二凤戏珠"（现藏于洛阳博物馆）。在武曌的朝廷宫乐中，舞者身着凤冠表演《凤将雏》，表达武曌对民众的母性影响如同一只鸟妈妈，刚会飞的幼鸟都聚集在她温暖的羽翼下寻求保护。在武曌组织的一个诗会上，一位学士为了取悦武曌，为她明堂上华美的凤凰形象作下"群公拂雾朝翔凤"的诗句。

159

在群臣第三次上表请求她当皇帝之后，武曌又等了几天，故作沉思，最后终于同意称帝。在中国的著名小说《三国演义》中，刘备曾"三顾茅庐"，真诚地请圣贤军师诸葛亮出山帮忙打天下，武曌的这种行为也可以以这样的方式理解。三次公开的请愿表明这是请愿人最真实的意图。在经过三次请愿后，被请愿方在优雅地接受新职位的时候就不会被别人说成贪婪地想要谋求权力和地位。

所以，最终在公元 690 年秋季那个决定性的日子里，武曌正式宣布建立新的朝代——周朝，并为自己加尊号"圣神皇帝"。她采用的国号"周"源自很久之前辉煌的周代，她有意使人联想起周文王、周武王和周公旦创造的太平盛世，这些圣贤君主的美德、功绩和出色的治国才能世代传扬。当往昔朝代的其他统治者对旧的周朝还持一种盲目崇拜态度的时候，武曌已经主动建立了一个新的周朝。当其他人对那个鼎盛时期极尽赞美的时候，武曌已使用了《周礼》

中的官职以及从华丽的周朝文字中演变而来的新字。她重新规定了计时方式，从而与周历相符，朝廷官服和官帽也仿照古时周朝的礼仪规范重新定制。

为了进一步显示与古时周朝之间的密切联系，武曌创造了一个新的宗谱，声称其先祖为周平王（公元前 770～前 719 年在位）的少子。周平王为东周（公元前 771～前 221 年）的第一任国君，他将首都从镐京东迁至洛邑。被武曌称为武氏先祖的周平王少子刚一出生时手上就有一个"武"字，因此，为了与他这一神奇的胎记相符，他的后代全部姓武。暂且不论他的武姓，这个年轻的王子和武曌都声称与古时周朝的建立者和伟大的文化英雄——周文王、周武王和周公旦有亲属关系。因此，与李唐皇室的亲属关系链比起来——李唐皇室将他们的祖先追溯到公元前 6 世纪的道教教祖老子——武曌的亲属关系链可谓更加令人尊敬，也更加高贵。公元 690 年，当武曌登上皇位之时，诗人陈子昂对她的这一新发现的祖先大加赞赏："臣闻昔周道昌而颂声作，遂能昭配天地，光烈祖宗。"[①] 武曌追尊周公为褒德王，孔子为隆道公。这种与古时周朝之间所谓的联系使武曌成了一个传统的拥护者，不仅产生了一种新古典主义式的光环，而且为武曌提供了丰厚的政治资本，同时使她的那些敌人再也不能将她界定成一个打破旧习的人或儒家思想的反对者。

为了与她在这个帝国的新地位相称，武曌在洛阳为她的武氏祖先立了七庙，如此一来，她终于实现了自己一直以来

160

----

① 《全唐文》卷二百九《上大周受命颂表》。

的愿望。无论是古时周朝的伟大先祖还是数代以前的武氏祖先，不管是男人还是女人，均被追尊了与他们新身份相称的封号。为了与武曌在新帝国的地位相称，她的父亲武士彟被追尊为太祖孝明高皇帝，母亲杨氏被追尊为孝明高皇后。同时，唐室宗庙由七室降为五室。武曌禁止李唐皇室成员追尊远祖，限制他们敬拜唐朝的三代皇帝——高祖、太宗和高宗。

　　按照惯例，皇后的亲属不得封王。但是武曌已经不仅仅是一个皇后了，因此，从她的侄子武承嗣和武三思开始的在世武氏亲族均被冠以王的称号，并被加封贵族头衔。整个帝国范围内，所有的武氏宗族全部免征赋税。在武曌建立周朝数日之后，她就将自己的儿子李旦降为皇嗣，然后赐李旦"武"姓。在武曌的命令下，李旦的孩子，即她的孙子也姓武，然后在宫中由人严密监视。看到自己无数的兄弟、堂兄弟、叔伯以及其他唐室成员均遭铲除，李旦整日惴惴不安，生怕在这个关键时刻触怒他可怕的母亲。他模棱两可的头衔——皇嗣，而非储君——证明他作为武曌继承人的地位已经变得非常不明朗。

* * *

　　武曌建立周朝后，将国家的政治中心从长安迁到洛阳。洛阳为古时东周圣地和东汉首都，是核心腹地，自然资源丰富，自古以来就被称为"天下之中"。为了超过唐朝的政治中心长安，即很多唐朝的拥护者待着的地方，武曌将自己的神都建成了一座宏伟的城市。当她还是皇太后时，武曌就命人修建了壮观的明堂。建立周朝之后，她命人修建了坚固的

161

新城墙，将洛阳围了起来。为了增加洛阳的人口，武曌命上千家庭从长安迁往洛阳。

作为一个木材商的女儿，武曌对商业有一种与生俱来的好感。作为一名统治者，她并没有传统儒家的抑商偏见。洛阳位于堪称中国南北干线的大运河的北端，一直以来就被视为贸易枢纽。它有三个集市，而长安只有两个。仅洛阳南市就有3000余个商铺，涉及120多个行当——药材商、金匠、银匠、放贷者、杂货商、鱼贩、茶商、香贩、屠户、胭脂商以及卖中亚帽子和服装的杂货商等，它们分布在一条条小巷内。

为了促进商业发展，武曌命人改造了城中的桥梁和运河，而且有很多新的驿站被建立起来。公元701～705年，洛阳北市新建了一座码头，并通过一条运河与洛河相连。城中有一湖名"新潭"，周围环绕着很多华丽的柱子，柱子上有众多著名书法家的题刻。商业运河的道路两旁杨柳依依。据史料记载，在武曌的统治下，"天下舟船所集，常万余艘"。与此同时，城墙内外遍布各种商铺。在武曌的统治后期，她的一个大臣评论道："淮海漕运，日夕流衍。"①

在神都城墙之外，武曌设立了九个辖区，并设立了驻防要塞。在武曌晚年，向南，她在嵩山附近建造了很多奢华的度假行宫；向北，则将她的祖籍地并州设为北都。

* * *

神都的国际性都会氛围反映，对于她治下多民族、多元

---

① 《全唐文》卷二百六十《谏幸西京疏》。

化的帝国，她的态度十分包容。位于帝国边缘的其他民族对武曌宽容的治国之道非常支持。在武周时代的前四年，有一百多万其他民族臣服于她的统治，并在周朝的边境内定居，他们包括西北的突厥人、西部的吐蕃人以及西南部二十多万户的蛮人。武曌将这些地区的民族皆视为她的子民，把他们置于她的庇护之下。与这些边疆小国之间的礼节性来往也非常重要，她希望其他国家能够认识到自身的小国地位，并向大周进贡；作为回报，她授予这些民族的头领以中国的职位和官衔，从而使这些小国统治者的统治获得合法性。大体来说，这些小国均承认武曌的统治。公元692年，五天竺——东天竺、南天竺、西天竺、北天竺、中天竺——分别遣使朝觐武曌。693年，当新罗王国确立新王的时候，武曌遣使授予其中式头衔。696年，武曌同样遣使授予西部边境的粟特统治者以中式头衔。

使汉人和其他民族在她广阔的帝国内保持和谐关系并非易事。武曌非常注意民族问题的敏感性，努力处理与其他民族使臣的关系，比如当时待在唐朝的被征服的高句丽将军泉献诚。周朝建立不久后，武曌举办了射箭比赛以展现帝国神箭手的射术，并对优秀者授以金银。泉献诚就在其列，被选中第一个表演。但是他拒绝了，说道："陛下令选善射者，今多非汉官，窃恐四夷轻汉，请停此射。"[1] 武曌觉得他说的很有道理，就立刻停止了这项竞赛。的确，突厥、高句丽、粟特和其他民族在武曌帝国的边境控制了

163

---

[1]　《资治通鉴·唐纪二十》，则天顺圣皇后上之下，天授元年庚寅。

大量的军队和要塞，而军事才能以及种族已经变成了非常敏感的问题。这五名其他民族的神箭手的公开表演只会说明中原汉人军事力量的薄弱。为了治理这个广阔、多样化的帝国，中原汉人就不能表现得太过文弱。泉献诚在唐朝任将军之职近二十年，对这种形势以及潜在的波动性非常了解。在朝代更替的过程中，一些野心勃勃的将军经常起兵造反。他对武曌忠心耿耿，所以机智地扼杀了这种情况的萌芽。

但是这并不能说明武曌在军事政策和对外关系上非常软弱；相反，武曌——她的姓就意味着"军事"——非常重视兵法。她热情欢迎那些臣服于她的人，而严厉打击那些反抗者。武曌非常重视招募有能力的将领，与后代那些轻武重文的统治者不同，她在选拔将领方面能力非凡。公元692年，大将军王孝杰大破吐蕃，收复了位于中国西部丝绸之路沿途的四镇。这四所重镇的收回大大促进了建立不久的周朝在丝绸之路沿途的商业发展，增加了这位中国女皇在中亚人心中的威望。

武曌所编的《臣轨》中一篇文章名为《良将》，其中强调了军事的重要性。在文中，武曌强调，用兵就像治国，将军的角色就相当于统治者，军官的角色就相当于大臣。文中164引用了《孙子兵法》和其他军事著作，要求将军在军队中培养兄弟情义和家族精神，向将士灌输忠义思想，从而使他们做到赴汤蹈火在所不辞。当时大周有很多军事行动，包括征战高句丽、抵抗吐蕃入侵以及与突厥和契丹之间的战争，因此培养军事将领的领导力对武曌的统治至关重要。

第十一章　周朝皇帝

公元 702 年，为了规范将士所需的军事技能，武曌创设了"武举"，从七个方面考核将士：步射、筒射、马射、马枪、翘关、负重、身材。703 年，武曌下诏，命州县的军事长官教授平民百姓武术方面的技能。

武曌手下的很多良将都不是汉将，例如前文提到的泉献诚和西突厥可汗斛瑟罗。斛瑟罗是一个对武曌非常忠诚的将领，在公元 690 年曾和众多民众一起请求武曌即位。武曌为表感谢，授予他一个非常光荣且直白的称号"竭忠事主可汗"。在通往乾陵——武曌和高宗合葬的陵墓——的神道上，立着一块巨石，上面刻着武曌和高宗永远铭记的文臣武将，其中有 61 位是其他民族的将领和使节。

公元 696 年，武曌的大周经历了一系列的严重危机，三面受敌：西面的吐蕃、东北部的契丹和北部与西北部的突厥共同反周。这年春天，将军王孝杰被吐蕃打败。为了先发制人，抵御吐蕃的进犯，武曌听从了郭元振的建议，郭元振曾作为使节出使吐蕃，对那里的情况比较熟悉。他建议武曌求和，封赏吐蕃酋长并联姻，然后慢慢地离间吐蕃位高权重的国师和年轻的国王之间的关系。这种方法非常有效，在此后三年内，吐蕃未再对武周边境构成巨大威胁。

在东北边境，之前臣服的契丹人在两个叛将孙万荣和李尽忠的领导下，重新起兵反周。李尽忠自称"无上可汗"。武曌认为一个人的名字拥有神奇的力量，于是她为这些叛军加上恶名，以此来诅咒他们。寓意"万年荣华"的万荣被改成了"万斩"，取意"斩首一万次"；而寓意"绝对忠诚"的"尽忠"被改成了"尽灭"，取意"彻底根除"。之后武曌加大征兵力度，招募更多的新兵，并派遣二十八名大将带领大批军队讨伐契丹。但是，在契丹的土地上，契丹人凭借地域优势，轻易地打败了武周的征伐之师，并大举南下。

于是，武曌应用了一个非常有名的中式外交策略"以夷制夷"，这个方法通常是非常具有杀伤性的。公元695年，凶狠的突厥可汗默啜正式臣服武周朝廷，武曌任命他为大将军，并为他授予了一个高贵的头衔。默啜主动请缨，要求帮助武曌抗击契丹，但是在具体表现时，他更像一个唯利是图的人，而非一个臣服的属下。作为他出兵的条件，默啜要求为他的女儿选一个汉人亲王当丈夫，并归还之前突厥纳降的土地和人民。这些要求得到满足后，他才开始履行他的承诺。最终，"无上可汗"李尽忠意外死亡后，默啜大败契丹大军。孙万荣潜逃，但是次年，当孙万荣掠夺中原州县的时候，默啜突然袭击了契丹腹地。孙万荣的几名部下背叛了他，投靠默啜。为了获得新主人的赞赏，他们将孙万荣的头砍下献予默啜。武曌就这样非常迅速地解决了帝国三个威胁中的两个。

武曌当时选择了休养生息政策，为了防止贪得无厌的默啜侵占更多的农业腹地，武曌不断满足他的过分要求，将突厥的土地交给他。在这一点上，默啜很明显是一个独立的统治者，而非一个封臣。为了进一步安抚这一危险、狡猾的劲敌，武曌授予了他很多高贵的头衔和荣誉，并赏赐了大量的礼物，包括7万斗谷种、3000件农器和20多吨铁。然而，默啜并不满足于待在边陲，获得的谷种和农器只会使他占据农业中心腹地的欲望更加强烈。

第十一章 周朝皇帝

公元 697 年和 698 年，在默啜反复进犯武周的过程中，这一自负的突厥可汗明确要求为他的女儿选一名皇族伴侣。尽管有大臣进谏称"自古未有中国亲王娶夷狄女者"①，但武曌还是满足了他的要求，命武延秀至突厥娶默啜的女儿为妻。但默啜将武延秀扣押然后轻蔑地称，武曌赏赐给他的都是劣质的材料——不好的种子和低等的丝绸，而且武曌为他的女儿选的也是下等的人，是一个属于武氏家族的冒牌亲王，而非出于李唐皇室。这一狡猾的可汗公开声明："我欲以女嫁李氏，安用武氏儿邪！此岂天子之子乎！我突厥世受李氏恩，闻李氏尽灭，唯两儿在，我今将兵辅立之。"② 默啜知道当时朝中对继承权的问题存在争议，所以通过这样的话语将他的边境侵犯行为诠释成义举，将自己界定成唐室的盟友。

对他这种厚颜无耻的行为，以及质疑自己作为女皇的合法性的侮辱性语言，武曌忍无可忍。她将默啜的名字改作一个不吉利的称呼——斩啜，意即"被斩首的傻瓜"，并于公元 698 年派头发花白的忠臣狄仁杰和她的儿子李显出兵。虽然他们在对抗突厥的战争中没有获得决定性的胜利，但是已成功地将默啜逼退回草原地带。

武曌在授予赏赐方面毫不吝啬，但是对于那些背叛周朝的人也决不留情。她的使节阎知微曾在默啜面前表现得非常卑微，亲吻他的靴子。最初，默啜封这个谄媚者为突厥的南

---

① 《资治通鉴·唐纪二十二》，则天顺圣皇后中之下，圣历元年戊戌。
② 《资治通鉴·唐纪二十二》，则天顺圣皇后中之下，圣历元年戊戌。

面可汗，但是很快就将他撇在了一边。公元 698 年末，当武曌的军队抓住了阎知微时，武曌命人将他四肢展开绑于天津桥上，然后命朝中大臣用箭射他，这样每一个朝臣都见证并参与了处决叛徒的过程。在他死后，武曌还命人将他的肉剐下来，将其骨头挫成粉末。阎知微的三族尽遭屠戮。武曌通过这种方式震慑那些可能背信弃义的人。

突厥可汗继续进犯不属于武曌控制范围的帝国边境。公元 703 年，武曌遣两位李氏亲王作为新郎迎娶默啜的女儿。然而，自 698 年被武曌的军队逼退回草原后，默啜再未构成重大威胁。当武曌将唐室的亲王送去之后，默啜释放了当时的准新郎武延秀。此人回来后成了宫廷名流。他可以唱突厥歌、跳突厥舞，并通过这种方式博得了李显女儿安乐公主的芳心。708 年，安乐公主的第一任丈夫死后不久，他们结为夫妻。

在武曌统治后期，整个亚洲均有进贡的使节前来。公元 702 年，日本使节带着珍贵的宝物来访。此年，吐蕃为结亲遣使献 1000 匹马、60 磅金。武曌庞大帝国的疆域得以拓展，用她的话说："东至高丽国，南至真腊国（大概是现在的老挝），西至波斯（今日的伊朗）、吐蕃及坚昆都督府，北至契丹、突厥、靺鞨，并为入番。"[①] 在她的新字中，"圀"（国）包括中国境内的八个区域，这个带有扩张意味的字形很适合这个拥有多民族人口的辽阔帝国。

* * *

尽管武曌能力非凡、绝顶聪明，但是她无法独自完成

---

① 《唐会要》卷一百。

第十一章　周朝皇帝

从唐到周的改朝换代。大批宣传者、雄辩家、理论家，以及不同形式的高压手段都曾协助武曌取得法统，尽管其中有的相互矛盾。在这些要素的共同作用下，武曌最终得坐龙椅。朝廷中有些人因自己的才干得到了她的关注，也有人通过裙带关系和取悦于她得到快速擢升。汉人的大臣负责阐述儒家治国之道的优点，天竺的建筑师建造了华美的建筑，中亚的僧侣引导人们憧憬美好的极乐世界。朝臣们通过使用娴熟的美学技巧，富有文学性和诗意的思想、华丽的语言和优雅的词汇赞美武曌的朝堂，即便这时凶狠的暴徒 依然在恐吓她的敌人，使那些曾经勇敢的人也一度变得胆小懦弱。在这个帝国中，出身名门的权贵努力维持自己高贵的地位，而帮着武曌承担风险的游手好闲者们以卑微的身份得到了提拔。

武曌提升了傅游艺的官职，此人曾率领 900 余人上表请求武曌建立一个新的王朝。为了表彰他在武曌登基中发挥的作用，武曌赐其"武"姓，在短短一年内，傅游艺平步青云，成了当朝宰相。但是他的降职也是非常迅速的。突如其来的荣华富贵使他冲昏了头脑，有一次他竟愚蠢地和一位密友说他梦见自己进入了神仙的湛露殿。于是，此友立刻将此事上报，这成了傅游艺有意谋朝篡位的证据。新朝建立的第一年极其动荡，作为宰相的他在这个时候吹嘘自己做过这种梦，这显然不合时宜。最终，他在狱中自杀了。

公元 697 年，有人上奏称："臣梦陛下寿满八百。"得到晋升后，他又上奏武曌说了另一个梦："梦陛下发白再玄，齿落更生。"于是他又一次得到晋升。不久之后他再次上奏，说他梦见"闻嵩山呼万岁"，于是武曌赐给了他一个只有高官才有的算袋。当时，为了抗击契丹，官员们被要求向朝廷捐献马匹，但这个人没有献出自己的良马，而是从地方集市上买了一匹下等马。武曌听说他如此小气之后，退还了他的马匹，降了他的官职，直接将他贬回乡里。这种人虽然可能迅速升官，但是不管是出于野心还是贪婪，一旦他们显示自私之心，就会被迅速降职。

武曌相信巫术和各种灵异现象，因此她很容易受到那些油嘴滑舌的骗子的诡计影响，大批借神秘主义或通过制造奇迹行骗的人也因此具有了一定的影响力。一位僧人自称已500岁，且与武曌的男宠薛怀义已经相识200年，武曌把他视作自己的仆从。武曌还相信一个自称"净光"的佛教尼姑的预言，将此人安置在洛阳的麟趾寺中。白天的时候，净光扮演苦行僧的角色，只吃几粒米和一个大麻籽；晚上的时候，她却和其他放纵的门徒厮混在一起，宰杀动物，听一些露骨的艳曲，享受奢靡的荤宴。《资治通鉴》中用"淫秽靡所不为"① 形容她们在麟趾寺中的行为。明堂失火后，净光立刻到武曌面前表示同情慰问，武曌非常生气地斥责道："汝常言能前知，何以不言明堂火？"② 于是净光失宠，被赶走了。她的弟子——其中有些是当时比较受尊敬的出家人——也都被遣散了。但是当武曌听说她的佛教尼寺变成了声色犬马之所并且在洛阳产生了极坏的影响之后，她暂时压

---

① 《资治通鉴·唐纪二十一》，则天顺圣皇后中之上，天册万岁元年乙未。
② 《资治通鉴·唐纪二十一》，则天顺圣皇后中之上，天册万岁元年乙未。

住怒火，下诏要求净光和她的弟子们回来，之后出其不意地尽获全员，并把她们没为官婢。

在净光的同伙中，有一个自称已经400多岁的道教术士韦什方赢得了武曌的信任。公元694年，武曌任命他为宰相。这位"高尚"的道士自称无法适应世俗政治的呆板乏味，所以在上任一个月后就请辞了。之后他前往薄雾笼罩的嵩山山顶，与那里的仙人与神灵结交。后来，武曌派他到帝国的最南端去采集可熬制长生不老药的药材。在返程途中，他听说和他一起行骗的团伙暴露了，便自绞而死，没有再回来面见武曌。

被武曌纳入麾下的另一名异人是一个来自帝国东北森林的野人，人称丁师，由太平公主推荐给她。丁师在武曌面前一口气喝了30品脱（约17升）酒，然后一口气用勺子吃光了1加仑（约3.7升）豆酱。武曌非常欣赏他的这种豪爽和食量，想要赐给他一个官职，但是此人拒绝了，选择削发为僧。

在武曌政治生涯的早期，为了避免重蹈吕后的覆辙，她在任用亲戚方面比较谨慎。但是在建立新王朝的过程中，她的很多忠实拥护者都是亲戚。这些人中包括武曌堂姐的儿子宗秦客，此人在公元689年为武曌献上新字。武曌命宗秦客为她摄政期间（684～690年）编写十八卷的编年史。宗秦客和他的弟弟宗晋卿都获得了很高的职位和大量的财富，周朝建立不久之后，他们因为贪赃被贬，后来又被重新起用。699年，当太平公主见了他们用贪赃枉法的钱所建的奢华府邸后都不禁惊讶地感叹道："见其居处，

170

吾辈乃虚生耳!"

　　武承嗣为了支持他姑姑的统治,积极地帮助武曌铲除李氏宗亲及其支持者,然后用武氏家族成员代替他们。作为一个帮助武曌获得成功的关键人物,他也在武曌执政之后获得了最多的封赏。他还帮武曌设计了一份皇族宗谱。他曾多次上书请愿,希望武曌为武氏宗族建帝王七庙,并立武氏子弟为太子。公元 688 年,他在"宝图"上刻上"圣母",然后声称"宝图"是在洛河中发现的。691 年,也就是武曌建立周朝后不久,武承嗣就开始负责监督国史的编校,这是一项武曌只会委派给信任之人的工作。武承嗣还与佛教僧侣共同协作。693 年阴历九月,他带领 5000 人向武曌请愿,希望她在尊号中加"金轮"二字。694 年阴历五月,他带领26000 人要求武曌在她已经非常繁复的尊号中再加"越古"二字。

　　然而,武承嗣还是缺乏他姑姑的精明和机智,他的远大志向最终被自己的奴性本质和贪婪好色毁掉。在武曌的男宠薛怀义和二张兄弟面前,他大献殷勤,就像仆人一样。后来,有一位大臣的一名小妾非常有才华,这个大臣对其宠爱有加,武承嗣却将这个小妾抓起来据为己有。当这个大臣给这个小妾写了一封信煽动她自杀的时候,武承嗣勃然大怒,将大臣和他的家人满门抄斩。在他的姑姑面前、在朝廷面前以至于在整个帝国面前,他都没有表现过一点统治者应有的气度、能力和气概。武曌曾四度任命他为宰相,但是每一次都在其上任不久之后便发现他无法胜任这一职务,然后将他降职。当然,武曌的朝廷中并非全是骗子、奉承者或武氏家

171

族成员。在她建立周朝很久之前，她唯才是举的开放政治决策赢得了良好的声誉，她不论出身，积极任用有才能的人入朝为官。在科举考试中，她命令将参加考试的人的名字盖住，这样阅卷人就不会受到应试者宗族和声望的影响。她在宫中亲自接见成功通过考试的人，考较他们的文化知识。所有这些实践均被后世的君王所延续。

新朝建立（公元 690 年）后，武曌命御史去各地寻找有才华的人。当御史把这些人带回来后，武曌甚至都不问他们是否能胜任就委以官职。结果，洛阳选官过冗，以至于各个职位都有多出一倍或两倍的人员。为了嘲笑这种官员冗余的现象，朝廷中一个爱开玩笑的大臣说："补阙连车载，拾遗平斗量。"另一个大臣评论道："糊心存抚使，眯目圣神皇。"①

有一个自以为是的御史认为这是诽谤朝政，上表请求在朝廷上用杖惩罚他们，武曌仅仅笑了笑，说："但使卿辈不滥，何恤人言！宜释其罪。"②

甚至还有记录称，一次武曌测试一个来自她本籍并州的 4 岁男孩儒家识字课本《千字文》中的内容，看男孩是否能默写全文。武曌还听过一个 9 岁女孩声情并茂地流利背诵诗歌。虽然她并没有授予这些孩子官职，但是这些记载证明，作为统治者，她愿意接见来自帝国各个阶层的百姓，即便是孩子，武曌也愿意与他们交流、探讨。

172

---

① 《资治通鉴·唐纪二十一》，则天顺圣皇后中之上，长寿元年壬辰。
② 《资治通鉴·唐纪二十一》，则天顺圣皇后中之上，长寿元年壬辰。

武　曌

　　尽管钟情于奢华、盛大的仪式，但武曌真诚地关心普通百姓的疾苦。有一次，武曌问她的宰相陆元方以乡村外事，陆元方回答说："臣备位宰相，有大事不敢不以闻；人间细事，不足烦圣听。"[①] 武曌很厌恶他这种傲慢自大的态度，不久之后便将他贬职了。《臣轨》的最后一篇《利人》强调了农业的重要性，文中表达的中心理念为中国传统政治中一种根深蒂固的思想：只要辛勤工作的劳苦大众可以填饱肚子，国家根基就会稳固，统治者就可以稳坐江山。在武曌的统治期间，还有一本题为《兆人本业记》的著作也说明了农业的重要性。

　　为了供养大批守卫边疆的战士，武曌还提倡开垦归帝国所有的军用农场。通过这种方式，朝廷无需为补给军队征收太多农民耕种和收获的谷物。她还使救济粮仓保持丰足，从而在粮食不足的时候可开仓赈民。公元 704 年，她的一个大臣满意地评论说："神都帑藏储粟，积年充实。"[②] 现在在洛阳东北的郊区还能看到含嘉仓的几百个储粮坑。含嘉仓是帝国粮仓，其规模堪比一个用高墙围住的城池，里面有行政办事机构和辅助设施，其中一个储粮坑呈巨大的碗形，直径和深度皆为 40 英尺。仅在这一个 1970 年代初挖掘的储粮坑中就发现了 275 吨粟，虽然它们已经发灰、腐烂。砖上刻有武曌统治时期的一些年号，这显示这些粟米很可能囤积于武曌治下。

　　在武曌摄政和统治的期间，她开展了很多扩建和改良帝

---

① 《资治通鉴·唐纪二十二》，则天顺圣皇后中之下，久视元年庚子。
② 《全唐文》卷二百六十《谏幸西京疏》。

国灌溉系统的项目。四川有很多沿河设置的水坝和路堤，同时还开凿了很多灌溉渠道，以引水到长安以西的干旱、崎岖之地，并使那些位于现在江苏和河南的农耕地变得更加富饶。甚至偏远的南部州县也建设了类似项目。在当今的桂林附近，武曌命人设置了一个水闸，将水分流，引至边远地区。尽管儒家历史学家批判武曌奢华过度，但是她确实经常减免劳役和赋税。虽然在管理权贵和精英方面她极其苛刻，但是她努力帮助劳苦大众发展农业，为整个帝国加强基础设施建设。

武曌清楚地意识到花言巧语和曲意逢迎的奸佞之辈未必能够胜任本职工作，她比较喜欢敢于直言进谏的骨干人才，于是任命了很多像狄仁杰一样的文臣武将。虽然狄仁杰支持保守、内向的政策，与武曌外向型帝国的愿景形成鲜明对比，而且狄仁杰还公开表达过对唐室的忠诚，但是武曌出人意料地非常欣赏狄仁杰，和他成了朋友。她欣赏狄仁杰在朝中众多谄媚的大臣间仍坚守原则的特性。他的耿直、清廉使得他不会阿谀奉承、利用裙带关系或者滥用职权。他曾多次与酷吏和武曌的侄子们做斗争并得以幸存。

作为一个始终遵循儒家传统的典范人物，狄仁杰坚信统治者需要通过说服、宽宏大量和善行赢得民心，而非通过高压政治。因此，公元 688 年，在李唐王公叛乱被镇压后，狄仁杰下令去除叛军中普通士兵的枷锁，他说："此辈咸非本心，伏望哀其诖误。"① 当有人提出应该以暴制暴时，他上书武曌请求她以宽容的态度处理此事，称如若不然，"今一

174

---

① 《旧唐书》列传第三十九，狄仁杰。

贞死而万贞生"。狄仁杰还时刻关心农民疾苦，曾多次劝谏武曌不能强征劳役修建奢华的避暑行宫和佛像。狄仁杰也比较反对军事扩张，他不赞成强征农民去贫瘠、荒芜的边疆打仗，而放弃春种、秋收这些季节性农活。换句话说，他反对强迫农民"舍本"。

在那个官员被频繁贬职或擢升的时代，狄仁杰的宰相之位持续了近五年。狄仁杰和武曌的祖籍相同，并且是同代人。在狄仁杰身居要职的时候，他们君臣之间形成了互相信任、相互仰慕的亲和关系。公元698年，当狄仁杰率军抵抗默啜时，武曌亲自到城门口相送，甚至让她的儿子李旦为狄仁杰牵马。鉴于他善于以德服人的特点，武曌亲切地称他为"国老"。狄仁杰去世后，武曌非常伤心，环视着满朝文武，说道："朝堂空矣！""天夺吾国老何太早邪！"①

或许可以说，武曌众多智囊团成员中最特殊的一位当属上官婉儿，她的祖父是被武曌于公元660年代处死的"保守派"。上官婉儿在宫中长大，作为奴婢服侍后宫女子。上官婉儿曾犯过一次重罪，触犯了她的女主武曌。历史学家并没有记录这一事件的性质，但是写到武曌并没有将上官婉儿处决，而是命人在她的脸上刺了一个代表犯罪烙印的刺青。上官婉儿长大后才华过人、机智灵敏，是一位很有文采的诗人、文学家，深得武曌的喜爱。从698年开始，武曌就与她商量军国大事，并允许她参与很多重要行政事务的讨论与行政决策。

---

① 《资治通鉴·唐纪二十三》，则天顺圣皇后下，久视元年庚子。

第十一章　周朝皇帝

作为一名官僚体制之外的官员，上官婉儿经常为她疲惫的女主人代写圣旨，与北门学士一样，她的影响力甚至比朝中的普通大臣还高。705 年，当李显重新获得皇位的时候，上官婉儿成了他后宫中位分很高的一位妃嫔——昭容。她继续扮演着政事劝谏者的重要角色，并且在武曌被废和死亡的政治阴谋中发挥了重要作用。

武曌还封赏了一些其他有功绩的女子。有一名忠肝义胆的乡下女子在当地抵抗突厥进攻，武曌封她为"徇忠县君"。还有一个地方官员的妻子组织民众抗击进犯的突厥士兵，① 为了表达对她勇气的嘉奖，武曌封她为"诚节夫人"。

儒家历史学家喜欢指责武曌在朝中任命了很多谄媚者、宠臣和武氏宗亲。然而，虽然一些宠臣在武曌的朝中得做高官，但实际上他们中很少有人拥有真正的决策权或影响力。武曌会慷慨地封赏那些帮助她获得皇位的人，但是当她发现这些人并不配合她的工作，或显现出腐败或者野心过大的迹象的时候，就会毫不犹豫地处罚他们，然后将他们降职。不管是位高权重的人还是身份卑微的人，不管是阿谀奉承的人还是正直不阿的人，她都要求他们对她绝对忠诚。她十分看重绝对忠诚、正直无私、审慎判断的能力，对拥有这些特质的大臣委以职权，对于没有这种特质的人则果断抛弃。

* * *

周朝宫廷举办过很多繁华、热闹的聚会和仪式。武曌拥

---

① 《旧唐书》，似为抗击契丹。

有独特的才华和值得夸耀的美学欣赏力，她知道如何举办宴会。作为一个拥有极强炫耀心理和极高表演天分的女主人，武曌创设了绝佳的礼制建筑并举办了很多极其令人震撼的礼节仪式。她多样化的统治时期内有很多欢庆的礼仪、赐宴以及壮观的新年庆典。

武曌直接将自己的身体情况与这些庆典仪式相联系。公元 692 年秋，据称她的几颗牙掉了之后又重新长了出来，因此她举行了盛大的庆祝活动，并将帝国改元长寿。为了使国家举办各种仪式的年历与她牙齿再生的时间同步，并正式向朝野宣布她仍是一位精力充沛的、富有活力的统治者，武曌改变了先农的供奉时间，从春种之时改为秋天的最后一个月。她非常在意自己有限的寿命，努力创造一种有活力、永恒和长生不老的形象。699 年，她声称自己的眉毛重新长了出来，呈"八"字，鼓励朝廷官员向她朝贺。与很多唐朝女子一样，她很擅长通过扑粉、涂胭脂、打面霜、抹油膏、刷睫毛膏和使用各种精油来掩饰岁月的痕迹。尽管她已年近70，但是仍旧非常擅长化妆和妆饰，以至于她的贴身丫鬟都没有感觉到她的衰老。

舞蹈和音乐在武曌的神都意义重大。她的朝廷中经常有身着五颜六色服装的舞者以及各种听觉盛宴。公元 693 年阴历新年，武曌在明堂，即万象神宫举行了盛大的庆祝仪式。900 名舞者表演武曌自编的《神宫乐》。她的《圣寿乐》将书法和舞蹈完美结合。在这个大型音乐盛宴中，140 名舞者头戴金色铜冠，身着五色画衣。翩翩起舞中，她们的丝绸服饰随身飘动，就像书法笔迹，这些舞者的身体随着音乐摆动，共有 16 种变化，队伍每变化一次就排成一个字。她们的舞动遵循着一首赞誉武曌的歌词，借此祝福她长寿：

圣超千古，

道泰百王，

皇帝万年，

宝祚弥昌。

中亚的鼓乐为这些舞者伴奏，据称震耳欲聋的鼓声响彻山谷，传到千里之外。

武曌还自己创作了一首非常有名的《鸟歌万岁乐》。当时，色彩斑斓的热带鸟，如八哥、鹦鹉等经常被当作礼物或贡品进献给武曌，然后被留在宫中作为宠物。宫人教这些鸟在武曌经过的时候说"吾皇万岁"。她的音乐作曲模仿了这种"鸟歌"，由三名舞者表演，她们戴着鸟冠、穿着长袍，长袍有着深黑色的丝绸长袖，上面画着空中飞翔的高雅的八哥。其他以鸟为主题的歌，如《白鸠》和《栖乌夜飞》等在宫中也很流行。

武曌曾和高宗一起在东岳泰山举行封禅大典，行亚献。三十年之后，武曌再次在中岳嵩山举行了盛大的仪式。这一次武曌行初献，向天地献以虔诚的敬意，祈求保佑她所统治的帝国和谐、安宁。她之前一直在寻求第二次举行这种盛大仪式的机会，但是屡屡失败。在公元 676 年和 679 年，吐蕃和西突厥屡次入侵，破坏了天皇和天后想要重新举行盛大封禅仪式的计划。作为二圣最后一次努力的原定于 684 年阴历

177

一月的封禅，也因高宗而落空了。691 年春，武曌对她刚刚建立的大周的稳定性还没有十足的把握，所以虽然意识到及时举行这一盛大仪式的重要性，但她还是婉拒了 2800 人上书请求她举行封禅大典的请愿。

最终，在公元 696 年初，她觉得时机已经成熟。这一次，武曌没有选择泰山，而是选择了距洛阳东南 30 英里的嵩山。在《史记》中，汉代史家司马迁在《封禅书》一章中写道，"昔三代之君皆在河洛之间，故嵩高为中岳，而四岳各如其方"。

从洛阳经过十日的跋涉到达嵩山后，武曌首先举行了封祭，在嵩山南面三层高的祭坛上对上天行火祭，然后爬上嵩山之巅对大地行土祭。接下来，在禅祭中，武曌在一个建在方形平台的八角形祭坛上对大地行亚献。在最后的"朝觐坛"仪式中，她在一所临时搭建的宫殿前的祭坛上上朝，接受文武百官的朝贺。武曌利用这一机会封赏了百官，然后赐宴九日，大赦天下，同时免了普通百姓全年的粮税。封禅当日，在封坛南面的黑橡树上，有一只公鸡栖息在最高的树枝上。这只威风的家禽用响亮的打鸣声传播了她的胜利，之后武曌赐名这棵橡树为"金鸡树"。

在武曌从嵩山回到洛阳不久后，她 250 英尺高的新明堂——通天宫正式竣工。尽管相较于前一年被大火毁掉的旧明堂矮了一些，但是新明堂集合了其前身的诸多元素，形成了一座独塔，上有一只 20 英尺高的镀金凤凰。新明堂中既没有大钟也没有巨大的雕像，只有一座相对朴素的佛塔。

178

第十一章　周朝皇帝

次年春天，武曌命人铸九尊巨大三足铜鼎，置于通天宫前。在传统的中国思想中，在所有具有象征意义的礼器里，没有比三足鼎更重要的了。在公元前两千纪的商代，巫师在占卜和祭祀中会用到鼎。在古时周朝，尽管鼎已经演变成代表地位和权力的世俗象征，但是其早期的神圣光环依然存在。当时流传着九鼎神话，称不知疲倦的治水英雄大禹花了八年时间治理了泛滥的洪水。为表感谢，九州之民自发送给他很多礼物，最终这些人送的青铜被用来铸成了九鼎，每尊鼎上面都刻有颇能代表各地特色的动植物。因此，一个缩小版的帝国就刻画在这些容器上，它们成了各地民众自愿臣服于公正统治的象征。人们将这些鼎放置在宗庙最深处的密室内。统治者们认为鼎的出现和消失与他们的道德行为息息相关。因此，鼎的出现就是君主贤明和帝国正统的最佳证明。没有鼎则意味着统治者失去了天命。 ₁₇₉

所以公元 697 年春，在早就计划好要采用古代的这种象征后，武曌在通天宫的礼堂中放置了九鼎。每个鼎的表面都刻有对应州县的山、川、物、产。中心的一尊鼎高 18 英尺，其余八尊鼎高 14 英尺。铸造这些鼎共耗去约 30 吨铜。为了将这些鼎安放在适当的位置，朝廷宰相和王公动用了大批兵士——10 万余人共同行动。他们用白象和大牛将这些巨鼎运至目的地。武曌自作《曳鼎歌》，命曳者唱和，歌词则被刻在了中间的鼎上。

羲农首出，轩昊膺期。

武曌

唐虞继踵，汤禹乘时。

天下光宅，域内雍熙。

上玄降祉，方建隆基。

武曌认为，她就是赞歌中描述的鼎盛时期的知名人士和圣人的现世代表，拥有光荣的血统；她就像块磁石一样，用她的善行将无数百姓自然地吸引过来，即所谓的"周公吐哺，天下归心"。洛阳正是中心所在。武曌以周公旦自况，将九鼎设在了她的明堂前。

尽管那个时代已经充满了各种奢华的狂欢以及不朽的表演，但武曌还是超越了自己，又一次创造了一个盛世场景，编导了一场将整个洛阳作为舞台的盛大表演。与神话中藏在宗庙最深处的九鼎不同，在这场公共仪式之后，武曌的九鼎在洛阳的行政和礼制中心被公开展示。

180

第十二章　耄耋隐退：晚年的 继承权、党派之争以及驾鹤西去

　　自从武曌于公元 690 年废黜李旦建立自己的王朝开始，
继承权问题就变得极其重要。整个帝国未来的所有权问题亟
待解决。武曌自身的武氏家族和她的皇室姻亲都是潜在的继
承人。武曌作为一名女性的客观事实使她建立一个长久朝代
的努力必然会遇到诸多问题。她无法在一代内就完全改造传
统的继承和继位体制。皇位继承一般是由父亲传给长子。按
照传统惯例，给祖先的祭祀贡品也是由嫡子和嫡孙准备。因
此，武曌面临一个难题：如果她把继承权传给她的儿子，那
么就意味着她把皇权还给了李唐皇室，实际上天下就重归于
唐。如果她不这么做，而将皇位传给自己的侄子武承嗣，以
这种方式将皇权保留在武氏宗族手中，那么在武曌百年之
后，武承嗣也不会给她献祭品，他只会给自己的父亲，也就
是给武曌同父异母的兄弟献祭品。这样一来，在她百年之
后，就没有人会为她扫墓，也没有人会供奉她不灭的灵魂
了。武曌十分在意自己在宗庙中的位置以及后代是否会祭祀
自己，这也说明她从来没有真正跳出过儒家思想的框架。

199

182　　　公元 691 年，武曌授予在世的唐室王公武姓，这其中便包括她的儿子李旦。而后，她将这些王公降为郡王，然后将他们软禁起来。在这个紧要关头，她深思熟虑，想要立武承嗣为太子，然后开始就继承权问题向朝中大臣征询意见。朝中的很多人都清楚地知道武曌的心思，故而奉承地将武承嗣吹捧为其继承人。但是有个大臣反驳道："'神不歆非类，民不祀非族。'今谁有天下，而以李氏为嗣乎！"①

　　　另一方面，坚定支持唐室的忠臣李昭德支持立李显为太子，他说："自古有侄为天子而为姑立庙乎？以亲亲言之，天皇，陛下夫也；皇嗣，陛下子也。当传之子孙为万世计。陛下承天皇顾托而有天下，又立承嗣，臣见天皇不来食矣。"②他继续尖锐地指出，如果立武承嗣为继承人，将对武曌的安全造成巨大的威胁："承嗣陛下之侄，又是亲王，不宜更在机权，以惑众庶。且自古帝王，父子之间，犹相篡夺，况在姑侄，岂得委权与之？脱若乘便，宝位宁可安乎？"③

　　　公元 693 年初，武曌与她的武氏家族成员齐心协力，将她的本姓提升到了比其李氏姻亲更高的位置。在举行新年祭祀活动时，大批舞者表演《圣寿乐》，她的侄子武承嗣和武三思取代了她的儿子分别行亚献和终献。她还为武氏祖先追183封了崇高的称谓。她父亲的尊号太祖孝明高皇帝被进一步提升为更加气派的无上孝明高皇帝。

　　　到公元 690 年代末期，武曌年老体衰，但是继承权问题

---

①　《资治通鉴·唐纪二十》，则天顺圣皇后上之下，天授二年辛卯。

②　《新唐书》列传第四十二，李昭德。

③　《旧唐书》列传第三十七，李昭德。

仍未解决。武承嗣在朝中又一次提出皇位不能传给异姓，并在 698 年再次开始行动，发动人们请愿，要求立他为太子。为削弱武承嗣多番动作的效果，卓越的儒家宰相狄仁杰努力说服武曌将皇位还给唐室。一次，武曌告诉狄仁杰她做了一个梦，梦见一只很好的鹦鹉的两翼折了，于是聪明的大臣立刻利用了这个机会，解释说："武者，陛下之姓，两翼，二子也。陛下起二子，则两翼振矣。"① 狄仁杰知道武曌深信梦中的预兆，所以他以这种方式为武曌解梦，希望武曌能把皇位还给她的儿子，也就是李唐的子孙。

公元 698 年，为了整合士气不振的唐朝军队以反击突厥可汗默啜，狄仁杰劝说武曌召回 684 年被流放的李显。李显返回洛阳后大大鼓舞了武曌军队的低落士气，于是狄仁杰评论说："臣观天人未厌唐德。比匈奴犯边，陛下使梁王三思募勇士於市，逾月不及千人。庐陵王代之，不浃日，辄五万。今欲继统，非庐陵王莫可。"②

他又机敏地说道："天其意者以儆陛下乎！且太子，天下本，本一摇，天下危矣。文皇帝身蹈锋镝，勤劳而有天下，传之子孙。先帝寝疾，诏陛下监国。陛下掩神器而取之，十有余年，又欲以三思为后。且姑侄与母子孰亲？陛下立庐陵王，则千秋万岁后常享宗庙；三思立，庙不祔姑。"③ 对于一位长期生活在奢华宫廷中的年迈女子来说，百年之后被人永远遗忘，或者成了一个没有后辈供养的饿鬼，是非常

184

---

① 《资治通鉴·唐纪二十二》，则天顺圣皇后中之下，圣历元年戊戌。
② 《新唐书》列传第四十，狄仁杰。
③ 《新唐书》列传第四十，狄仁杰。

可怕的事情。其他朝中大臣也加入进来，请求李显回朝的人越来越多。李旦也不吃不喝，真诚请求武曌立他的哥哥为太子。最终，公元698年阴历九月，鉴于狄仁杰和其他大臣的压力，武曌立李显为太子，在这个关键时刻，她说："我自有圣子，承嗣、三思是何疥癣！"[①]

终于，武曌还是非常聪明地意识到，她侄子们的背后诽谤和阿谀奉承的行为只会使朝臣及整个国家的子民更加轻视他们。对于武承嗣来说，这是沉重的打击，证明他欲成天子的野心正式落空。武承嗣发现自己野心破灭、身穿龙袍的梦正式破碎后不久，便受不了打击去世了。武曌这一艰难的决定也注定了周朝不会比她存续得更久。

* * *

尽管如此，她的这一决定并不意味着武氏宗亲被迅速降职。武曌做出了非常有创造性的妥协。在立李显为太子后，她授予李显"武"姓，这个姓氏一直被李显用到公元705年。武曌任命她唯一在世的侄子武三思为当朝宰相及李显的谋士，同时赏赐武氏宗族的其他成员以高贵的头衔和很高的文武官职。699年，武曌担心李氏和武氏不和，于是将武三思、她的侄孙、她的儿子、太平公主叫到一处，要求他们向天地起誓，保证维持双方家族间的和谐关系。这些誓词被刻在一份铁券上，藏于史馆中。

为了进一步增强两个家族间的联系，武曌还多次牵线搭桥促成他们的联姻。公元688年，武曌的女儿太平公主的丈

---

①　《朝野金载》卷三。

夫因卷入政治阴谋最终饿死狱中，武曌为她选了一个更适合
的新伴侣——自己堂兄的儿子武攸暨。武曌还让武氏的侄 185
孙娶了她儿子的女儿：武崇训娶了安乐公主；武延基娶了
永泰公主；武延晖娶了新都公主。为了确保武氏和她的李
氏姻亲之间的和谐与合作，武曌努力将两个家族融合成一
个政治实体，使人很难辨别哪些人属于李唐皇室，哪些人
属于武氏。

同时，武曌和李显在经历了十多年的疏远后，也在努力
恢复彼此的母子情谊。公元 701 年，武曌从洛阳到长安出
巡。当时天寒地冻，御辇在大雪覆盖的冰地上缓慢前行。在
途中，李显热心地为他的母亲暖脚。

尽管如此，这种将李氏和武氏联合在一起的安排还是存
有问题。公元 700 年，有一位大臣在与武曌讨论这个问题的
时候说道："合水土为泥，有争乎？"

武曌回答说"无之。"

此人又说："分半为佛，半为天尊，有争乎？"

"有争矣。"

"宗室、外戚各当其分，则天下安。今太子已立而外戚
犹为王，此陛下驱之使他日必争，两不得安也。"①

武曌回答说："朕亦知之。然业已如是，不可何如。"
然而，即使武曌在公元 705 年过世后，她之前努力缔结的李
氏和武氏之间的合约依然保持完整，武三思和武氏家族中的
其他亲戚在朝中依然有着很大的影响力。

---

① 《资治通鉴·唐纪二十二》，则天顺圣皇后中之下，久视元年庚子。

＊　＊　＊

　　因为道教与李唐皇室的始祖老子相关，所以武曌在建立周朝后对道教的态度就显得不温不火。公元693年，当朝廷中的佛教活动达到顶峰时，知名的道教女冠黄灵微发现了道教传说中魏夫人（251～334年）的消失已久的仙坛，并在仙坛下方挖出了魏夫人使用过的圣物。武曌召见了她，也保存了圣物，但是并没有封赏黄灵微，也没有正式承认发现仙坛之处的圣地地位。这种不承认并不代表她个人对道教有任何敌意：如果她觉得这一发现在政治上对她有利的话，她很有可能将其变成一场盛大的活动，并在当地建立道观或举行盛大的庆典。

　　然而，随着武曌愈发体虚衰弱，她开始越来越钟情于一直以除罪科仪和不老灵药炼制闻名的道教。公元690年代末，协助黄灵微发现魏夫人仙坛的非正统道教天师胡超的声名已传到洛阳。人们声称这个神秘的隐士是非常厉害的堪舆师，已经200多岁了，是一位能够发现地下珍宝的神人。

　　1982年，一名当地农民在嵩山山顶发现了一片刻字的金简，上面显示武曌曾委派胡超为其除罪：

　　大周国主武曌，好乐真道，长生神仙，谨诣中岳嵩高山门投金简一通，乞三官九府除武曌罪名。太岁庚子七月甲申朔七日甲寅。小使臣胡超稽首再拜谨奏。

金简是"投龙"仪式的一部分，即依照仪式将刻字的青铜片或玉片投到山下，从而与道教仙家进行交流。这片金简祈祷的是上苍消除武曌的所有罪孽和过失。或许武曌在回顾自己的正式登顶时，并没有产生任何成就感，却因随后血腥残酷的曲折经历感到刺痛和懊悔。她现在年老体衰，脑中总是萦绕着一些想法，即她不久之后就会与那些被她的阴谋诡计和她手下的诬告害死的人见面，在阴间这类冤魂数量庞大。

　　武曌上了年纪之后开始按照道教的礼仪规程，积极寻求改变人类必死的命运。公元699年，武曌生病，于是派阎朝隐去嵩山祈福。此人斋戒沐浴，然后蜷伏在一个大盘子里，把自己当作祭品摆上祭台献给上天。武曌感觉病情稍有好转，于是对他大加封赏。她还命胡超为她熬制长寿汤。在花费了三年时间以及大量的金钱之后，这位道教天师终于在700年完成了仙丹的炼制，并在嵩山"投龙"仪式之后，于武曌刚刚建好的奢华避暑行宫嵩山三阳宫内将仙丹呈上。武曌服了仙丹之后觉得精气十足，声称自己可以和中国最长寿的人彭祖活得一样久。通过这种方式，武曌认为自己一定能够实现两个愿望中的一个：如果仙丹有用，她就可以长生不老；如果仙丹无效，她也可以在死后问心无愧地进入阴间。

* * *

　　晚年的武曌经常离开洛阳的宫廷前往嵩山道观，享受那里宜人的温泉。有一次，中岳庙的道士为了迎接武曌，将很多马、猴、羊以及两头牛和一只金鸡拴在七十二棵柏树上。这些动物和树一起构成了一处奇形怪状的园林。武曌到来之后，祭拜了守护嵩山的神祇天中皇帝，她没有太过留意这些生物，倒是对树木比较关注，因为武曌认为松柏是长寿的象征。她写下了一句诗：

奇柏千秋秀，
怪松万年芳。

她越来越少地现身于争执不休的朝廷，此时的她渴望在嵩山的蜿蜒山涧和高山流水之间放松自己，享受和谐生活。

188　　　在一次夏季出游中，武曌在三阳宫不远处的石淙谷附近的天然洞穴内休息。她看到了一只青鸟，其奇怪的叫声听起来像在劝诫女子不得饮酒。武曌知道当地有一个传说，称一个男人一次在酒后与他的同伴吟诗作对，之后他发现自己的妻子竟然也偷偷饮酒。他觉得非常羞愧和愤怒，于是命妻子自尽，这名女子死后变成了一只青鸟。得知这个传说后，武曌决定证明女子和男子都可以饮酒。因此在她的嵩山巡游中，她和她的男女随从一起举办了一场宴会，宴会中他们还一起欢乐地进行了赛诗。储君李显、她的侄子武承嗣以及她的新男宠张昌宗和张易之均参加了这次诗会，且每个人都表现踊跃。武曌从这些人作的诗中选了十七首，命人刻在石淙谷的石壁上。

武曌非常享受这种频繁的度假所带来的自由感受，她在这种场合中作的一首诗可以充分体现这一点：

三山十洞光玄箓，玉峤金峦镇紫微。
均露均霜标胜壤，交风交雨列皇畿。

第十二章　耄耋隐退：晚年的继承权、党派之争以及驾鹤西去

> 万仞高岩藏日色，千寻幽涧浴云衣。
>
> 且驻欢筵赏仁智，雕鞍薄晚杂尘飞。

相比于冗繁的朝廷事务，轻松愉快、毫无负担的出游更能使武曌感到放松并产生诗意。从她的措辞中，人们可以看出她很愿意逃离纠纷不断的宫廷，前往洛阳南部的山谷间放松自己。这首诗也反映了她当时的道教倾向，她愿意逃离尘世的苦难，进入天上的仙人居所。从嵩山上俯视脚下令人眩晕的悬崖和陡峭的峡谷，人们很容易就能理解武曌为何如此喜欢嵩山的缥缈云雾和险峻山峰。在白云环绕的悬崖峭壁间，有很多佛寺和道观。虽然看不见水流，但是听得到淙淙流水。在这样的环境中，人们似乎已快要看到天上的仙人了。

＊　＊　＊

公元 699 年，在距离嵩山不远的缑氏山，武曌立升仙太子碑。此碑就在三年前武曌行封禅大典时所立的升仙太子庙旁边。太子庙和太子碑均是为了纪念太子晋所立。传说中太子晋为公元前 6 世纪的周灵王的儿子，由于反对他父亲的弊政被没收了财产、贬为庶民，于是成了东周时期游荡于山水之间的清心寡欲之人。后来游仙浮丘公教太子晋驾鹤之术，这通常是属于仙人与仙灵的崇高技能。在七月七日，太子晋与菊花仙子一起驾鹤升仙。他的父亲非常后悔，于是在他升仙的地方立了升仙观。在嵩山，有三座与太子晋有关的山峰，分别为以其命名的子晋峰、以太子晋之师道人浮丘公命名的浮丘峰，以及三鹤峰。按照中国的说法，高贵优雅的鹤

207

与长寿和永生密切相关，所以丹顶鹤往往被称作仙鹤。直至今日，很多年长的中国老人都会在墙上装裱绘有丹顶鹤的图画，名称可能为"松鹤延年图"，寓意益寿延年。升仙太子碑标题中的字就出自武曌之手，其独特的笔触就像漂亮、高贵的鹤一样。

190　　当武曌在缑氏山建庙立匾的时候，宫内兴起了对太子晋的崇拜，这种信仰的核心人物是英俊潇洒的年轻乐师张昌宗。公元 697 年，在太平公主的引荐下，武曌将张昌宗带入内宫。之后张昌宗又迅速引荐了他的哥哥张易之。这些年轻人身着华服，涂着朱红的胭脂，成了继两年前身亡的武曌男宠薛怀义之后的又一批男宠。他们的影响力迅速攀升，很快就能与朝中位高权重的大臣和政治家相抗衡。很快，朝中的很多官员就成了他们的贴身男仆，鞍前马后，恭敬地称他们为"五郎"和"六郎"，竞相以为他们牵马为荣。

公元 699 年，武曌命二人管理控鹤监，这是一个集合了很多学士和面首的综合机构。武曌非常喜欢与他们一起享受无拘无束的欢宴，但是一些朝廷官员觉得这种聚会非常不成体统。一位耿直的宰相对二张兄弟这种傲慢、不得体行为进行指责，武曌对此只是轻描淡写地说，此人年迈，因此不用再参加这样的宴会了。于是这位大臣称病请求离朝，可是武曌在此人告假一个多月之后，也没有询问他的健康状况。这个人叹声说："岂有中书令而天子可一日不见乎？事可知矣。"于是郁郁寡欢的他一个多月后就去世了。

第二年，武曌善于阿谀奉承的侄子武三思称张昌宗是太子晋的化身。为了进一步努力奉承和吹捧张昌宗，武三思作了《仙鹤篇》，此诗被收录在了《全唐诗》中。其开篇为：

> 白鹤乘空何处飞，青田紫盖本相依。
>
> 缑山七月虽长去，辽水千年会忆归。
>
> 缑山杳杳翔寥廓，辽水累累叹城郭。

武曌对这种将她的新男宠比喻成道教神仙的说法非常喜欢。
因此张昌宗身着彩色的羽衣吹笙，为了模仿太子晋升仙还
乘着一只木鹤在宫廷中腾跃。如果说内宫是道教的仙园，
张昌宗是道教神仙太子晋的化身的话，那么武曌就是西王
母，即道教仙班中最高贵的女神仙。张昌宗的哥哥张易之
为庆祝石淙出游写的诗把这位女皇和道教女神仙更密切地
联系在了一起：

> 六龙骧首晓骎骎，七圣陪轩集颍阴。
>
> 千丈松萝交翠幕，一丘山水当鸣琴。
>
> 青鸟白云王母使，垂藤断葛野人心。
>
> 山中日暮幽岩下，泠然香吹落花深。

武曌在做出将皇位还给李唐皇室的艰难抉择之后才开始扮演
西王母的角色，因此这与其说是她进一步放入自己的政治权
威之举，不如说是一种戏剧性的消遣行为。

　　儒家历史学家轻蔑地将二张兄弟描述为拥有美貌的轻佻
男人，称他们仗着武曌的恩宠，集结一群年轻的浪荡子，将
内宫变成了一个堕落、喧嚣的娱乐场所。二张兄弟邀请了很

多南方的商人，也就是那些在儒家士人眼中自私、低俗、唯利是图的人，进入内宫参与一些放纵的聚会、无尽的畅饮、极具讽刺意味的表演和其他放肆的活动。同时，此二人还大量敛财，在铺张行为和排场方面相互攀比。他们修建宽敞、奢华的居所，并且为他们的母亲建了一个七宝帐，里面装饰有金、银、珍珠和翡翠。

另外还有一些关于二张兄弟的奇怪传说。其中一则故事写道，张易之造了一个巨大的铁笼，在里面放了很多的鸭和鹅，在笼子下面架上火盆，然后在笼子周围摆上放五味调料汁的铜盆。当鸭子和鹅在笼中走的时候，火盆的热度使它们觉得渴，于是它们就饮铜盆中的肉汤。慢慢地，它们就被活活烫死了，羽毛掉落、肉被烤得通红。据传，张昌宗为了消遣还在地上钉过一个橛子，然将四只狗的四肢绑在一起拴在橛子上，接着他会放一些鹰鹞啄咬活狗。

事实上，二张兄弟并非只是涂抹香脂的花花公子或残忍成性的酒肉之徒。他们掌管的控鹤监编撰了共 1313 卷的《三教珠英》，这是一部涉猎极广的文集，系统性地汇集了各种知识：历史、传记、礼仪规范、政治手册，以及佛教、道教和儒家经典。但是，由于控鹤监总是流言缠身，很多人称编撰典籍只是为平息朝廷的激烈批判而精心安排的掩饰。在很大程度上，在二张兄弟的快速升迁的背景下，李显和唐室宗亲的地位回升显得不那么重要了。正如当时一首童谣唱的那样，"张公吃酒李公醉"。

武曌举行除罪仪式、炼制长生不老药以及对太子晋的极尽崇拜都证明她晚年的钟爱从佛教的西方极乐转向道教的神仙福地。相比于处理纷繁复杂的朝廷事务，她现在更喜欢回归山野，或沉溺在内宫由二张兄弟组织的莺歌燕舞中。

* * *

到公元 701 年，愈发衰弱的武曌已经渐渐丧失了其从前常常展现的强大统御能力和判断力，开始将很多朝中事务委派给二张兄弟。对于朝臣对两个男宠提出的批评，她变得非常敏感。有一次，二张兄弟听说武曌的侄孙武延基及他的妻子、武曌的孙女永泰公主在背后秘密表达他们对朝廷现状的失望之情，于是他们立刻将这个消息告诉了他们的女主人，结果武曌立刻下令仗杀了这对夫妻。次年，或许是为了曲意逢迎他们生病的母亲，储君李显、李旦和太平公主共同请愿，希望武曌封张昌宗为王。幸运的是，武曌保留了几分敏锐的洞察力，最终封了张昌宗一个不太显贵的官职。

同年，当武曌在三阳宫消暑两个月回到洛阳后，有一些朝臣发现武曌对政治和行政事务越来越不感兴趣，于是开始公开劝谏武曌将皇位还给她的儿子。苏安恒进谏称："陛下钦先圣之顾托，受嗣子之推让，敬天顺人，二十年矣……今太子孝敬是崇，春秋既壮，若使统临宸极，何异陛下之身！陛下年德既尊，宝位将倦，机务烦重，浩荡心神，何不禅位东宫，自怡圣体！"[①] 他用温和的方式努力说服武曌退位，同时规劝武曌去掉武氏宗亲的亲王头衔，并加封李唐皇室成员。武曌并没有因他的劝谏而生气，而是将他召见到私室，赐食以资奖励。然后，她亲自将他送走。武曌比较认同苏安

① 《资治通鉴·唐纪二十三》，则天顺圣皇后下，长安元年辛丑。

193

恒的谏言。接下来的一个月，在洛阳待了二十多年的武曌离开了她的神都返回长安，也就是昔日的国都、唐室的中心腹地。这意味着她将帝国的行政管辖权还给了她的李氏姻亲。

在长安，苏安恒再次进谏，这次的言辞更加激烈，也更加迫切："陛下虽居正统，实因唐氏旧基。当今太子追回，年德俱盛，陛下贪其宝位而忘母子深恩，将何圣颜以见唐家宗庙，将何诰命以谒大帝坟陵？陛下何故日夜积忧，不知钟鸣漏尽！臣愚以为天意人事，还归李家。"① 这一次，武曌既没有奖励他也没有惩罚他。

公元703年是形势非常严峻的一年，年老体衰的武曌听着朝臣上奏泛滥的洪水淹死了数千人，不合时宜的冰雹冻死了成百上千的百姓和牲畜。同时，她的朝廷成了一个诽谤中伤和互相揭发的战场，宰相魏元忠和二张兄弟之间分歧严重，派系之争愈演愈烈。看着储君、太平公主和武氏亲王全都奉承二张兄弟，朝中很多大臣也开始支持他们，处处赞颂他们的伟大并事事奉承，希望可以借此在仕途上平步青云。杨再思在朝中是一个油嘴滑舌、阿谀奉承的人，绰号"两脚狐"。有一次，当二张兄弟的兄长张同休评论杨再思长得像高丽人的时候，他竟然高兴地剪出一个高丽样式的帽子和头巾，反穿他的紫色宰相官服，跳起了高丽舞蹈。另一名大臣有一次赞美张昌宗"六郎面似莲花"，这个令人讨厌的"两脚狐"却纠正这个人说："非也，正谓莲花似六郎耳。"

另一派中，魏元忠和苏安恒非常蔑视二张兄弟，认为他

① 《资治通鉴·唐纪二十三》，则天顺圣皇后下，长安二年壬寅。

们只是男宠，毫无用处，只会挑拨武曌和像他们一样正直、尽职的朝臣的关系。更糟糕的是，他们觉得二张兄弟故意将武曌留在内宫中，从而阻断统治者和朝臣之间沟通的渠道。有一次，二张兄弟的一个仆人在闹市仗着主人的身份作威作福，引起骚乱，魏元忠立刻命人将这个闹事的家伙打死。他还强烈反对任命张易之的弟弟张昌期为雍州长史。后来，在武曌、二张兄弟以及整个朝廷面前，魏元忠叹息道："臣自先帝以来，蒙被恩渥，今承乏宰相，不能尽忠死节，使小人在侧，臣之罪也！"①

　　二张兄弟开始反击，联合同党一起诬陷魏元忠。他们编造谣言，说魏元忠偷偷对太平公主的亲信说："太后老矣，不若挟太子为久长。"这样的指控就是一个阴谋。二张兄弟说服一个声誉很好的大臣张说，希望此人证实他们所说的故事。然而，当张说来到朝上被问及此事的时候，面对来自两派的巨大压力，他犹豫了。最终，他说了实话："臣实不闻元忠有是言，但昌宗逼臣使诬证之耳！"② 二张兄弟立刻称这位大臣和魏元忠是同党。武曌相信了男宠的话，说："张说反覆小人，宜并系治之。"

　　苏安恒毫不畏惧，出来抗议："陛下革命之初，人以为纳谏之主；暮年以来，人以为受佞之主。自元忠下狱，里巷恟恟，皆以为陛下委信奸宄，斥逐贤良。忠臣烈士，皆抚髀於私室而钳口於公朝，畏迕易之等意，徒取死而无益。"③

---

① 《资治通鉴·唐纪二十三》，则天顺圣皇后下，长安三年癸卯。
② 《资治通鉴·唐纪二十三》，则天顺圣皇后下，长安三年癸卯。
③ 《资治通鉴·唐纪二十三》，则天顺圣皇后下，长安三年癸卯。

这些大胆的言辞激怒了武曌，险些让她下令将苏安恒处死。一些大臣从中说情，在他们的极力调节下，他才免于一死。

为了防止局势更加动荡，武曌流放了魏元忠，委任他为今广州附近的一个地方长官，然后将张说发配到偏远的南部腹地。魏元忠在离开之前，当着二张兄弟的面，对武曌说出了如下临别感言：“臣老矣，今向岭南，十死一生。陛下他日必有思臣之时。”武曌问他为何这样说，他指着二张兄弟回复道：“此二小儿，终为乱阶。”二张兄弟立刻叩头，极力辩解他们是无辜的，武曌说：“元忠去矣！”①

这个令人不快的插曲扩大了本就已经存在党派之争的朝廷的两极分化。尽管二张兄弟继续伪造罪名，陷害朝中与魏元忠同属一派的人，但武曌深谋远虑，意识到在这个关键时刻，不合时宜的政治迫害可能会进一步瓦解本身已经分裂的朝廷，因此在年底的时候她停止了调查。

在长安度过了几年紧张、不快的时光后，80 岁的武曌年迈力衰，返回洛阳。这时的她希望逃离纷争，呼吸山林的新鲜空气，于是欣然同意武三思修建避暑行宫的想法。公元704 年春，武三思在万安山上建造了兴泰宫，只听这个名字他心烦意乱的姑姑就可以获得慰藉。尽管建造兴泰宫使用的是从之前的避暑宫殿拆下来的材料，但是一位儒臣仍然认为这是武曌自我放纵的表现，因此反对称：“左右近臣多以顺意为忠，朝廷具僚皆以犯忤为戒，致陛下不知百姓失业，伤陛下之仁。陛下诚能以劳人为辞，发制罢之，则天下皆知陛

---

① 《资治通鉴·唐纪二十三》，则天顺圣皇后下，长安三年癸卯。

下苦己而爱人也。"① 武曌并没有听从他的建议，于 704 年春前往新建成的山间宫殿避暑，在那里待了三个月。

武曌回来之后，二张的三个兄弟因坐赃下狱。调查很快就指向了武曌的男宠张昌宗和张易之。一些大臣上书指控二人通过受贿和勒索敛财四百万，希望武曌免去他们的官职。面对朝臣的指控，张昌宗辩称："臣有功于国，所犯不至免官。"

武曌问在侧的大臣："昌宗有功乎？"

"两脚狐"杨再思狡猾地说："昌宗合神丹，圣躬服之有验，此莫大之功。"虽然张昌宗曾扮演升仙太子晋的角色，但是并没有记录显示他真的会道教炼丹术或仙术，也没有记录证明他为武曌炼制了长寿丹药。杨再思强调的似乎是武曌和张昌宗之间的私人和两性关系。在道教的性学理念中，年迈的女子可以通过吸收年轻男子的精子"阳"来增强自己的体质。不管怎样，武曌并没有觉得羞愧。相反，她很高兴有一个有影响力的朝臣为她的男宠辩护，她原谅了张昌宗并且保留了他的官职。二张兄弟的几个弟兄虽然获罪被贬，但是他们仍然可以待在洛阳附近，并且继续与二张兄弟接触。然而，坚决反对二张兄弟的耿直朝臣对武曌的决定并非毫无异议。为了讽刺令人生厌的杨再思，有一位大臣写了一系列的讽刺性诗歌，名为《两脚狐赋》。

公元 704 年末，武曌病重，居于长生院。居于内宫之中的她无法召见外臣，只有二张兄弟陪伴在侧。能够直接接触

---

① 《资治通鉴·唐纪二十三》，则天顺圣皇后下，长安四年甲辰。

皇帝的人就会获得一定的权势和影响力，而唯一接触皇帝的人则可获得极大的权威。整个外朝感到了极大的不安，一位大臣上奏请求把二张兄弟换掉："皇太子、相王，仁明孝198友，足侍汤药。宫禁事重，伏愿不令异姓出入。"武曌并没有采纳这位大臣的建议，对于指控"易之兄弟谋反"的多封密奏也充耳不闻。虽然正史在涉及这段历史时言辞含混，试图令人相信在最后几个月中大臣们无法接触武曌，但实际上她确实继续掌管着朝中事务。有记录显示，704 年秋武曌曾下令分发救济粮，并继续负责官员的任命、升迁和降职，这说明她仍在上朝。

公元 705 年正月，一名官员呈上证据称一个术士说张昌宗有天子相，劝他建造大佛，这样人们就会自愿服从他的统治。武曌命人开展调查。朝中官员对此存有争议。支持张昌宗的一派觉得因为他事先已经告知武曌了，所以这种过错是可以原谅的。然而御史宋璟反对说："昌宗宠荣如是，复召术士占相，志欲何求？"在宋璟和其他朝中大臣的眼中，这就是张昌宗想要谋朝篡位的最佳证据，他"终是包藏祸心，法当处斩破家"。武曌这次没再表现以往的果断和敏锐，当宋璟指责她的男宠时，她没有说话，几近目瞪口呆。

有一些非常有影响力的大臣也站在了宋璟的一边，包括宰相桓彦范和崔玄暐。桓彦范用非常强有力的话语对武曌进言："陛下不忍加诛，则违天不祥。且昌宗既云奏讫，则不当更与弘泰往还，使之求福禳灾，是则初无悔心；所以奏者，拟事发则云先已奏陈，不发则俟时为逆。此乃奸臣诡计，若云可舍，谁为可刑！况事已再发，陛下皆释不问，使昌宗益自负得计，天下亦以为天命不死，此乃陛下养成其乱也。苟逆臣不诛，社稷亡矣。"①

　　宋璟接着说："若昌宗不伏大刑，安用国法！"曾几何 199时，武曌坚信她的犀利言辞和敏锐才智可以轻易战胜所有怀疑她判断力的人，如果此刻还和当初一样，那么她一定会强烈责备宋璟。然后，如果自己的言语还不能令他臣服的话，那么武曌作为最终的裁决者，就会像六十多年前她告诉太宗如何驯服那匹暴躁、难以驾驭的狮子骢一样，"以匕首断其喉"。过去，她曾将自己的意志和想法强加在比宋璟更有权势的大臣身上，比如长孙无忌、上官仪和裴炎。但是，那个时代已经过去了，她无法继续保持威风凛凛、不屈不挠的姿态，只能被动接受宋璟的言辞攻击。最后，她同意让宋璟审判张昌宗的罪名。

　　然而，在审判中途，武曌武断地颁布了一道特赦。她没有真正意识到朝廷官员对二张兄弟的憎恨，于是派张昌宗去给宋璟道歉，错误地认为二人之间的互相敌对以及两个派系之间的对立还是可以化解的。宋璟对此非常鄙视，没有见张昌宗。或许是对于扰乱朝廷的纷争过度烦恼，对于臣子们的明争暗斗过于忧心，这位疲惫不堪的女皇又一次病倒了。这一次，服侍在侧的同样是二张兄弟。

　　公元 705 年阴历新年伊始，武曌觉得自己的权力正被逐步削弱，于是试图通过举行另一场"圣物崇拜"（relic veneration）仪式来重塑自己的政治形象。像 659 年一样，

---

　　① 《资治通鉴·唐纪二十三》，则天顺圣皇后下，长安四年甲辰。

她希望将佛陀指骨舍利从法门寺请到洛阳来重塑佛教信仰。武曌请了和她已经相识三十多年的著名粟特僧人法藏主持仪式。于是在佛教的上元节，面对拿着舍利的法藏，武曌祈愿天下太平。

几天后，朝中儒臣采取了大动作，他们害怕武曌继续推行其他的佛教复兴活动或者下旨将天命授给她的男宠。宰相张柬之、崔玄暐、敬晖策划了一场政变，将废黜武曌，拥立李显为帝。在这个过程中，他们获得了一个原本不大可能帮助他们的人的帮助，那就是法藏和尚。崔玄暐和法藏一起去法门寺取佛指舍利，以用于"圣物崇拜"。在途中，这个著名的僧人背叛了武曌，同意帮助朝臣一起发动阴谋。当法藏进入内宫之后，他知道武曌已经时日无多，所以决定与反叛者结成同盟。此次反叛之后，直到公元712年法藏去世之前，他一直享受着李显和两位后继统治者的供养。

朝中文臣知道，他们需要武将的支持，政变才能成功，所以他们在衷心拥护唐室的羽林卫中寻求同盟。张柬之问大将军李多祚："将军今日富贵，谁所致也？"

多祚泣曰："大帝也。"

张柬之说："今大帝之子为二竖所危，将军不思报大帝之德乎！"李多祚深受感动，指天地以自誓，遂与定谋。

当他们经过长江的时候，这场政变的首脑张柬之将自己想要李显复位的想法告诉了另一位羽林卫大将军杨元琰。张柬之接近杨元琰，然后说："君颇记江中之言乎？今日非轻授也。"杨元琰点头，明白了他的意思。

当一切准备就绪的时候，他们通知了储君李显，他也赞

200

同这一计划。然而在紧要关头，当五百宫廷侍卫以及煽动政变的大臣已经全部在内宫北门外准确就绪的时候，李显犹豫了。同行的人只好极力说服李显，用激昂的言语煽动这位优柔寡断的储君采取行动："先帝以神器付殿下，横遭幽废，人神同愤，二十三年矣。今天诱其衷，北门、南牙，同心协力，以今日诛凶竖，复李氏社稷。"

李显说："凶竖诚当夷灭，然上体不安，得无惊怛！诸公更为后图。"①

另一位大臣感到非常无奈，只得说："诸将相不顾家族以徇社稷，殿下奈何欲纳之鼎镬乎！请殿下自出止之。"储君李显知道，如果他此刻放弃，那么这些参与政变的人就会因为叛乱而遭处决，所以他极不情愿地来到军中。

尽管策划这场政变的人需要李显的出现以证明唐室复辟的合法性，但是他们不会让意志薄弱的李显破坏这一计划。所以李显一出现，他们立刻攻破宫门，涌入内宫。在迎仙宫中，侍卫在长生殿的走廊中遇到了张昌宗和张易之，当场将二人杀死。然后他们涌入武曌的寝宫，环绕在侧。

武曌惊起，厉声问道："乱者谁邪？"

一个人回答说："张易之、昌宗谋反，臣等奉太子令诛之。"武曌在人群中看到了她的儿子李显，然后质问这个50多岁的老男人，就像质问一个无理取闹的孩子一样："乃汝邪？小子既诛，可还东宫。"还未等李显回答，桓彦范说："太子安得更归！昔天皇以爱子托陛下，今年齿已长，久居

①《资治通鉴·唐纪二十三》，则天顺圣皇后下，神龙元年乙巳。

202　东宫，天意人心，久思李氏。群臣不忘太宗、天皇之德，故奉太子诛贼臣。愿陛下传位太子，以顺天人之望！"①

　　武曌冷冷地转向桓彦范，让他回想一下过去自己对他和他父亲的大恩大德。桓彦范甚觉羞愧，不再说话。② 武曌也发现了崔玄暐，于是她提醒崔玄暐是自己亲自举荐并提拔了他，然后讽刺地问道："亦在此邪？"虽然卧床不起，眼睛昏花，但是她仍旧非常沉着、镇定。

　　但是政变者并没有停止，他们将二张的三个张姓兄弟逮捕，把他们从富丽堂皇的家中拉出斩首，并将兄弟五人的头颅全部挂在了天津桥南。

　　第二天早上，武曌被迫颁布圣旨，命李显监国。政变后的第三天，李显再次正式穿上了龙袍。在接下来的几周和几个月里，他和朝廷官员一起推翻了很多武曌之前的改革。周朝又一次成了唐朝。武曌的神都洛阳也变回了普通的东都。唐室的宗庙被升为七室，武氏的祖庙则被降为五室。武曌命人修建的很多佛寺和道观被改名为"中兴寺"。她的著作《臣轨》不再被列入科举考试的内容，而重新换成了老子的《道德经》。朝中的官职、旗帜、服色也重新换回了原来的样子。武曌于公元 689 年创造的新字也不再继续使用。那些之前被流放到南国边地的唐室宗亲也被重新召回，恢复了之前的官职。很多被改成恶姓之人也恢复了原来的姓氏。那些被来俊臣和他残忍同党杀害的宗亲和大臣们也都在死后恢复

---

① 《资治通鉴·唐纪二十三》，则天顺圣皇后下，神龙元年乙巳。
② 《资治通鉴》中，在武曌责问下无言以对的是李湛，而非桓彦范。

了名誉，获得追封。总而言之，他们努力将每一件事情都恢复到公元684年武曌废黜李显之前时的样子。

　　这不仅是唐朝的复辟，还是一种目的性很强的政治行为，旨在将武曌的显赫声名尽力从历史上全部抹除。同时，它们试图达成一种效果，即证明武曌作为摄政者和作为皇帝的二十余年不过是一场荒唐的噩梦，并没有真正发生过。

* * *

　　李显成为皇帝以后将武曌挪到皇城城墙外的上阳宫居住。复位之后，李显的首项政治举动便是率领朝中百官看望他的母亲，然后授予她"则天大圣皇帝"的尊号。之后，每隔十天，李显都会率群臣去关心武曌的身体状况。在经过了午夜的暴力驱逐后，这些例行的探视对武曌来说只是一种无意义的、客套的虚礼罢了。她被自己的儿子以及很多自己亲手提拔起来的大臣强行赶下皇位，这对她来说非常耻辱且非常震惊。不管是出于什么目的或意图，她的结果就是被软禁在房中，一个参与此次政变的将军负责看守武曌所住的观凤殿。武曌此前非常善于化妆，以至于在她晚年的时候即使是服侍在侧的人也没有感觉到她的衰老，现在由于内心伤感，她不再多费心思将自己打扮得光鲜亮丽。她不再梳头、洗脸，变得异常憔悴且不修边幅。

　　自公元660年高宗重病的近半个世纪以来，武曌就开始参与朝政。她整天被无数的朝中大臣、侍者、宠臣围绕，不知疲倦地处理行政事务，精心制定各项政策，主持帝国的各种仪式。自然而然的，她对臣民产生了巨大的责任感，把帝国当作了自己的所有物，希望将繁重的国务体面、完整地传

203

给她的本家和唐室姻亲。她非常了解自己的儿子李显，知道他意志薄弱，非常容易受他人影响，所以她在被废黜之前一直自理朝政。毋庸置疑，在习惯了皇权的诱惑后，她很难放弃这种权力。现在，她独自一人度过了生命中的最后十个月，忧伤地看着屋外御花园的地面。

204

关于武曌最后的日子的记载不多。当她最终在上阳宫中去世时，她的儿子李显正在观看喧闹呼喊的半裸俳优表演的泼寒胡戏。公元 705 年 12 月 16 日，武曌去世，享年 81 岁。按其遗愿，她的帝号被去掉，以平息阴间怨魂的愤怒。同时她决定原谅那些早年和她结怨的仇人——王皇后、萧淑妃以及褚遂良等——的后人。她还表示希望能与高宗合葬，并将牌位立在唐室宗庙中她丈夫的旁边。

朝中有些人不赞成她的遗愿，其中一名大臣上奏道："谨按《天元房录葬法》云：'尊者先葬，卑者不合于后开入。'则天太后，卑于天皇大帝，今欲开乾陵合葬，即是以卑动尊。事既不经，恐非安隐。臣又闻乾陵玄阙，其门以石闭塞，其石缝隙，铸铁以固其中，今若开陵，必须镌凿。"①

李显没有采纳他的建议。他打开乾陵的墓室，允许母亲武曌和父亲高宗合葬一处。当时的文学巨匠崔融写了一篇高雅的祭文。最终，武曌于公元 706 年阴历五月初八下葬，乾陵成了中国历史上唯一一座埋葬了两位皇帝的皇陵。

---

① 《旧唐书》列传第一百四十一，方伎。

结语　武曌徒劳的追求

武曌的伟大之处并非仅在于她是中国五千年历史中唯一
的一位女皇帝。她精通修辞和政治宣传，它们在很大程度上
揭示了中国传统治国之术的本质。她在语言方面的精湛技能
表明传统并非一成不变、神圣不可侵犯，而是具有可塑性
的。她在发展东亚佛教方面也发挥了至关重要的作用，热心
地资助佛教事业，促进了禅宗和华严宗的发展。她大力支持
文化事业，在其统治期间，文学和艺术在这个广阔的世界性
帝国中得以繁荣发展。

有一些现代学者认为武曌本质上仍然依赖传统的家长式
统治模式。陈弱水（Chen Jo-shui）认为主张男女平等的武
曌，"不仅未能成功使女性进入公共领域，反而再次证实女
人的合法领域就是家中"。谢慧贤（Jennifer Jay）评论称，
武曌的政治生涯证明"女主当政并不能说明女性占据了主
导地位，或形成了母系继嗣与子女从母居的制度"。即便如
此，武曌仍努力提高妇女的整体地位：在盛大的帝国典礼
中，她带着女子一起参加；对于那些在守卫边疆的战争中做

出卓越贡献的女子，她也予以加封；同时，她还让有才华的
女子，如上官婉儿等参与朝政。公元674年，她下令称，为
母亲服丧应与为父亲服丧期限等同，这一先例也一直为后世
遵循。虽然她并未确立女子参与朝政的持久惯例，但是她明
显拓展了儒家的传统，为女子运用政治权力创造了广阔的空
间。武曌一直努力改变、拓展、重组这种传统模式，甚至在
必要的时候用她的智慧去规避它。

　　武曌被废及去世之后，朝廷依然由女子掌控。内宫成了
一个阴谋交织之地，韦皇后、上官婉儿和武三思组成了软弱
皇帝李显背后的智囊团。李唐皇室和武氏家族的两位首领李
显和武三思分享的并非只有政权：武三思与韦后和上官婉儿
之间均存在不当的性关系。上官婉儿是李显宠爱的妃嫔、武
曌早前的贴身秘书，具有非凡的才能。朝中大臣本以为将武
曌废黜后，朝廷的政权会从内宫转到外朝，但是内宫中暗箱
集团揽权专断的情形持续了很多年，这令朝臣们非常憎恶。
在武曌之后，很多强势的女子也产生过极大的影响力。武曌
的女儿太平公主一直参与政事。武曌的孙女安乐公主哄骗她
的父皇李显为她授予了一个史无前例的头衔——皇太女。在
武曌死后，这些女子竞相争夺显赫的政治权威，这充分证明
了武曌非凡事业的成功。虽然她们野心勃勃、精心谋划，但
是这些女子均缺乏武曌的刚毅、决心、智慧、聪颖、语言天
赋、好运。后世出了一些非常有名的皇太后，比如清朝
（公元1644~1911年）末年的慈禧，但是再也没人成为中
国的女皇。

　　但与此同时，武曌的统治导致儒家的内在家长制思想迅

速膨胀，并在后世逐渐发展成对女性正式出现在公共和政治领域的完全反对。中亚草原文化的影响曾帮助塑造了唐初的开放社会及自信勇敢的女子形象，但到公元8世纪初，这种文化已不再盛行。武曌欣赏的政治家狄仁杰持有的保守态度变得更加普遍与流行，他认为让劳苦大众去守卫贫瘠的边疆只会使他们无法专注于最基本的农业生产。北部和西部边陲的其他民族，也就是那些在唐太宗的提议下曾经与汉人地位"平等"的民族，再次被轻蔑地称为"蛮夷"，被中原人用怀疑、排斥的眼神看待。佛教是唐初日常生活中非常重要的组成部分，但到唐末它重新被归为外教。

在很大程度上，后人在评论武曌时提及的多是她统治时期的种种负面影响。公元9世纪，在晚唐的一个年幼的皇帝嗣位后，有一些大臣建议郭太后处理朝政，代替年幼的皇帝做决定。她感到非常惊讶，严厉拒绝，并且非常生气地说："吾效武氏邪？今太子虽幼，尚可选重德为辅，吾何与外事哉？"[①]

同样，在儒家的历史叙述中，武曌也被塑造为一个负面形象。长期以来，儒家历史一直将她界定为一个女性反面角色，理想的男性统治者都是非常孝顺的，而她却是一个弑君者；男性统治者是非常善良、正直的，而她却堕落、淫荡；男性统治者都是非常低调的，而她却不停地自吹自擂。简言之，这些历史学家有意识地将武曌妖魔化。在编撰于唐朝之后衰弱混沌的五代时期（公元907~960年）的《旧唐书》

① 《新唐书》列传第二，后妃下。

中，儒家历史学家刘昫对武曌的统治给出了非常辛辣的评价："英才接轸，靡不痛心於家索，扼腕於朝危，竟不能报先帝之恩，卫吾君之子。俄至无辜被陷，引颈就诛，天地为

208 笼，去将安所？悲夫！昔掩鼻之谗，古称其毒；人彘之酷，世以为冤。武后夺嫡之谋也，振喉绝襁褓之儿，菹醢碎椒涂之骨，其不道也甚矣，亦奸人妒妇之恒态也。"① 武曌被描述成一位暴力、放荡的君主，一个政治混乱的象征。她统治的朝廷成了一个充满诽谤和酷刑的场所。

　　然而，也不能说儒家历史学家的评判都是不公正的。在这些谩骂和诽谤中，也能发现一些对她统治成就的赞赏。同样在《旧唐书》中，刘昫在对武曌统治的最终评价中说："然犹泛延谠议，时礼正人。初虽牝鸡司晨，终能复子明辟，飞语辩元忠之罪，善言慰仁杰之心，尊时宪而抑幸臣，听忠言而诛酷吏。有旨哉，有旨哉！"

　　北宋（公元 960～1125 年）时期所修的《新唐书》中，能言善辩的著名文学巨匠、史学家欧阳修对武曌的评价十分奇特："夫吉凶之於人，犹影响也，而为善者得吉常多，其不幸而罹於凶者有矣；为恶者未始不及於凶，其幸而免者亦时有焉。而小人之虑，遂以为天道难知，为善未必福，而为恶未必祸也。武后之恶，不及于大戮，所谓幸免者也。"② 尽管儒家历史学家惯于用说教的口吻赞扬美德、谴责不道德的行为，但欧阳修非常清楚，一定有像武曌一样的"幸免

---

　　① 《旧唐书》本纪第六，则天皇后。
　　② 《新唐书》本纪第四，则天皇后中宗。

者"可以免于上天的惩罚、安享荣华。在此，他以非常有
说服力的语言升华了"上天扬善惩恶"这一观点，但这个 209
过于浅显简化的儒家理念不能完全解释历史的复杂性。

与刘昫一样，欧阳修没有完全否定武曌。在《新唐
书·后妃传》中，他将武曌与她诡计多端的儿媳韦氏进行
了比较：

> 或称武、韦乱唐同一辙，武持久，韦遽灭，何哉？
> 议者谓否。武后自高宗时挟天子威福，胁制四海，
> 虽逐嗣帝，改国号，然赏罚己出，不假借群臣，僭於上
> 而治於下，故能终天年，阽乱而不亡。
> 韦氏乘夫，淫蒸於朝，斜封四出，政放不一，既鸩
> 杀帝，引睿宗辅政，权去手不自知……①

简言之，欧阳修将韦后不计后果的纵欲和声名狼藉的不善政
务，与武曌超强的政治能力、集权手段以及对权力体制的深
刻理解进行了对比。

在《资治通鉴》中，北宋历史学家司马光在政务处理
方面对武曌给予了积极的评价：

> 太后虽滥以禄位收天下人心，然不称职者，寻亦黜
> 之，或加刑诛。挟刑赏之柄以驾御天下，政由己出，明 210

---

① 《新唐书》列传第一，后妃上。

武曌

察善断，故当时英贤亦竞为之用。[①]

考虑到这些无比厌恶武曌当权的儒家士人都能违反本性不情不愿地赞赏武曌，武曌的政治能力和绝佳的管理能力是不容置疑的。

然而，儒家士人对武曌的诋毁也是非常明显的。成书于宋代的《唐会要》经常用公元 684 年李显统治时期的年号来指称武曌的统治时期。这种明显的篡改年号的行为似乎旨在说明这位女皇从来就没有当过皇帝。在《资治通鉴》与两唐书中，虽然武曌曾建立了自己的王朝，并且当了女皇，但对她的称呼仍是"皇太后"或"武后"，故意暗示武曌的政治权力从未获得正统性。

后续的一些儒家历史学家，如南宋（公元 1127～1279 年）的袁枢将这段时期称为"武韦之祸"，将武曌刻画成负面形象：她是儒家女性的反面角色，是无情、非法的篡权者。中国后续的官方文字资料也以一种相似的方式继续描绘武曌。明代小说《如意君传》用非常辛辣的语言描述武曌："则天武后强暴无纪，荒淫日盛"。

* * *

同样，在现代的中西方学者中，也有一些人将武曌描绘成一个好色的女魔头，说其助长了腐败和奢靡之风。林语堂犀利地批判了武曌的政治生涯，写道："后心肠硬，狡诈刁滑，野心勃勃，狠毒残忍，而且妄自尊大。"谢和耐（Jacques

211

---

① 《资治通鉴·唐纪二十一》，则天顺圣皇后中之上，长寿元年壬辰。

Gernet）在其近期的作品中称武曌为"放荡者"和"篡位者"，一个"依靠乌合之众、奴才、太监、声名狼藉的僧侣和商人"进行统治的蛊惑人心的政客。

但是还有一些现代历史学家以一种宽宏大量且赞许的语言描述武曌。费子智（C. P. Fitzgerald）的传记称武曌使中国"比以往更加强大、统一和富有"。中国历史学家吴枫也持相似的观点，他在传记中总结称：

> 女皇执政的五十年是中国历史上一个较为兴旺发达的时期，社会比较安定，人口显著增长，经济较为发展，文化得到发扬。同时，这个时期的民族关系总体上是正常的，国家是统一的，边疆形势基本稳定。它上承"贞观之治"，下启"开元盛世"，国力未坠，人心稳定。

这类评价更加中肯。根据多数的客观标准评判，武曌的统治还是极其成功的。她取得的经济和文化成就可以与唐朝最优秀的统治者相媲美。同时在她统治时期也没有发生大规模的农民起义。公元684年的扬州叛乱和688年的王公叛乱均没有造成太大的影响。武曌管控着唐帝国的大片疆土，重新控制了丝绸之路沿线的四镇，逼退了强大的突厥可汗默啜的进犯，还促进了商业和经济的发展。在她统治时期内，人口快速增长，从652年的380万户增长到705年的615万户（人口约3100万）。这种增长反映了社会的稳定和经济的繁荣。

作为一个非常崇尚知识和文化的人，武曌资助了大量的儒家、佛教和道教事业。她的朝廷拥有很多才华横溢的文学大家和诗人，如宋之问、李峤、陈子昂等。佛教画家尉迟乙僧为武曌设计了壁画。著名的书法家留下了众多华丽、高雅的石刻。武曌用宏大的建筑工程来证明她的皇权。带着火珠的天枢巍然屹立，所有人站在天津桥上都能一睹它的风采。她的明堂是洛阳最高的建筑。在龙门、四川和敦煌有很多不朽的佛教雕刻，这些直至今日仍然存在的艺术作品宣示了她的至高君权。她还命人在嵩山的山坡上为道教仙人建造了宫殿。

* * *

武曌这位女性统治者的不朽传奇已经刻在了乾陵群山间的石头上，乾陵是她和高宗共同埋葬的地方。梁山的轮廓经过自然和人为的雕饰，形成了一个巨大的仰卧女子的形象，武曌的肉体遗骸就在山下。

或许对于武曌来说，最适合的纪念碑就是立在乾陵神道上的无字碑。关于这个 20 英尺高的白板的含义，有众多不同的解释。有些人认为武曌下令留下无字碑，是有意大胆地宣称：苍白的语言不足以描述她史无前例的伟大政治生涯。也有一种解释认为碑的空白是武曌提出的最后挑战，反对后人在上面记录他们的历史评判。还有人称无字碑是由她的继承人，也就是她的儿子李显在武曌死后所立。持这种观点的人解释，李显觉得在武曌的碑文上将她称为大周皇帝并不合适，同时他又无法忽视过去的数十年时光而仅仅称她为皇后，因此，他直接做出让步，竖了一尊无字碑。还有人称，李显立无字碑只是为了与记录了高宗政治和军事功业的述圣纪碑保持对称。

　　她的碑上并非一直空白，几个世纪以来，宋、元、明的君主均在碑石顶部的螭首之下题刻他们的评论。然而无字碑这个名字一直保持不变，留给人们无尽的想象空间。它使历史学家给她妄加的标签显得苍白无力，坚决反对任何试图定义她的行为。它虽然空白，却蕴含着无尽的意义，使有色和无色交汇、缘起和寂灭相接，在明显的矛盾之中显露调和。在某种程度上，为无字碑贴上标签或者赋予某种意义，可能反映了人类对未知和无法解释的东西的一种原始恐惧。人们希望通过赋予名目或含义来为神秘之物厘定界限。然而这往往适得其反。一个人说空白代表了虚无，另一个人说它代表纯洁，第三个人说它代表一种礼节性的谦卑，第四个人说它是天神的脸。这种空白可以拥有以上所有属性，这种试图限定和定义空白的行为反而使它更具力量和意义。

　　然而，人们恰恰可以以武曌无字碑上的空白为开始，了解她权力的实质。这种空白使她接纳了她所处时代的三种主要意识形态——儒、释、道。她的统治以意识形态上的宽容著称，这种不过分苛求的精神平息了她广阔帝国中的宗教冲突和社会动荡。她根据自己的政治需求，支持并涵养了不同的意识形态，主导它们的兴衰与成败。因此，一切都包含在她广阔的帝国中，包含在她自身当中。武曌知道，如果她对自己做出定义，那么她在行使权力时就会受到限制。例如，如果她仅仅将自己界定为一名佛教君主或者一位儒家的君王，那么她就一定会疏远其他具有影响力的教派。

　　相比于具有限制性的名，这种空白可以使武曌同时拥有

213

多样化的意识形态和政治形式，可以使她成为一个更强大的执政者，管理这个多重伦理、多宗派、拥有复杂社会关系的帝国。协调不同派别的支持者之间的关系是非常困难的。然而，她的朝廷中包含着大量出身卑微的或来自新兴家族的官员，她在任用这些官员的时候，必须努力做到不完全疏远地位稳固的旧门阀。当她提拔谄媚者的时候，就会有劝谏书同时呈上；当她处决受到诬告之人的时候，诬告者往往也会被很快处理。施行严刑拷打之后，她还需要巧妙地使用宽厚仁慈的语言加以粉饰。

这种不定性、这种空白使得武曌抓住了权力。她是佛教徒，她是道教徒，她也是儒家弟子。她是中原的汉人，她也是中亚草原的游牧民。她是宽容和仁慈的化身，同时她也是一个冷血的杀手，她的残忍无情无人能敌。她是上天完美韵律的化身，她同样是一种无常的力量。她是一个妻子、一个漂亮的女人、一个哺育孩子的母亲。她生下来就带有男子的气质。她没有性别。她是一位圣人。她是一个精明的政客，经过三十多年"垂帘听政"之后，对朝廷事物非常熟悉，对整个帝国的情况也了如指掌，因此开始了公开的正式统治。她成了万千民众共同倚仗的力量之源，她是中国唯一的女皇帝。

214

参考文献说明

一百多年来，关于武曌的传记共有五十多部，比唐朝其 215
他的统治者、诗人、朝臣的传记要多得多。在本传记的写作
过程中，笔者研读了十几部此类传记，囊括了英文、法文、
中文以及日文文献。引用最多的四本分别为费子智（C. P.
Fitzgerald） 的 *The Empress Wu* （Melbourne：Cheshire，
1955）、胡戟的《武则天本传》 （西安：三秦出版社，
1998）、气贺泽保规的《则天武后》（东京：白帝社，1995）
以及赵文润与王双怀的《武则天评传》 （西安：三秦出版
社，2000）。同时笔者还仔细研读了桂雨时（Richard
Guisso） 的 *Wu T'se T'ien and the Politics of Legitimation in
T'ang China* （Bellingham：Western Washington University
Press，1978） 以及富安敦（Antonino Forte） 的优秀作品
（见下文）。以上作品为本传记的写作提供了莫大的帮助。

笔者所借鉴的一些西方关于武曌的二手资料包括但不限
于：桂雨时的 *Cambridge History of China* （Cambridge：
Cambrideg University Press，1979） 第三卷中的章节；福尔克

（Falk）和格罗斯（Gross）等人的 *Unspoken Worlds：Women's Religious Lives in Non-Western Cultures*（San Francisco：Harper Collins，1980）中由戴安娜·保罗（Diana Paul）撰述的 "Empress Wu and the Historians：A Tyrant and Saint of Classical China"。

同时笔者还参考了自己的作品：在布朗大学（Brown University）时的博士论文 "Rhetoric，Ritual and Support Constituencies in the Political Authority of Wu Zhao，Woman Emperor of China"；以及其他几篇文章，如 "The Remarkable Aviary of Wu Zhao"（*Southeast Review of Asian Studies*，XXVII，2005）和 "An Inquiry into Reign Era Changes under Wu Zhao，Woman Emperor on China"（*Early Medieval China* 12，2006）。我还参考了其他几篇尚未公开发表的论文，主要涉及武曌的新角色、她与道教不断变化的关系，以及她统治时东都洛阳的发展情况与高句丽人在天枢建造期间的作用等。

在日期和历法方面，笔者采用了柯睿（Paul Kroll）的 "True Dates of Reign Periods in the Tang Dynasty"（《唐研究》第二卷，1984），平冈武夫的《唐代的历》（上海：上海古籍出版社，1990）和 *The Rulers of China：221 B. C. — A. D. 1949* 中的资料，以及慕阿德（A. C. Moule）编制的年表（New York：Routledge，1957）。虽然本传记尽量减少了官职的使用，但是对于引用的部分，笔者主要参考了贺凯（Charles Hucker）的 *A Dictionary of Titles in Imperial China*（Stanford：Stanford University Press，1985）。

参考文献说明

关于财务及法律方面问题，笔者分别查阅了杜希德（Denis Twitchett）的 *Financial Administration under the T'ang Dynasty*（Cambridge：Cambridge University Press，1970）以及庄为斯（Wallace Johnson）注译的《唐律疏议》（*The Tang Code：Volumes I and II*，Princeton：Princeton University Press，1979）。同时，熊存瑞的 *Sui-Tang Chang'an*（Ann Arbor：Center for Chinese Studies，University of Michigan，2000）中详细介绍了西都长安的殿宇、集市以及居住区。

* * *

本书的另一项重要任务，是把武曌独特的君主权放到中国传统两性关系这一更宏观的背景下进行审视。对此，本书参考了以下著作：闵家胤主编的《阳刚与阴柔的变奏：中国历史上的圣杯与剑》（北京：中国社会科学出版社，1995）；谢慧贤（Jennifer Jay）的 "Imagining Matriarchy：Kingdoms of Women in Tang China" ［*Journal of American Oriental Studies* 116(2)，1996］。笔者还同时参考了很多其他关于传统中国女性的作品，如瑞丽（Lisa Raphals）的 *Sharing the Light：Representations of Women and Virtue in Early China*（Albany：SUNY Press，1998）；杨联陞的 "Female Rulers in Imperial China" ［*Harvard Journal of Asian Studies* 23(1)，1960］；以及李晨阳编的论义集 *The Sage and the Second Sex*（Chicago：Open Court，2000）。佛雷（Bernard Faure）的作品 *The Red Thread：Buddhist Approaches to Sexuality*（Priceton：Princeton University Press，1998）以及 *The Power of Denial：Buddhism，Purity and Gender*（Priceton：Princeton University Press，2003）

为从佛教视角判定中国中古时代（medieval China）的性别和
两性关系提供了莫大帮助。

217　　在第二章"女皇荣升的历史前提：草原文化、丝绸之
路与佛教"中，很多关于唐代中国的作品为本书写作提供
了很大帮助，如查尔斯·本（Charles Benn）的 *Daily Life in
Traditional China: The Tang Dynasty*（Westport: Greenwood
Press, 2011）以及艾兹黑德（S. A. M. Adshead）的 *T'ang
China: The Rise of the East in World History*（New York:
Palgrave Macmillan, 2004）均为笔者提供了广阔的视野。大
卫·约翰逊（David Johnson）的 *The Chinese Medieval
Oligarchy*（Boulder: Westview Press, 1977）深刻描述了唐代
贵族体制的变迁。薛爱华（Edward Schafer）的大量作品，
包括 *Pacing the Void*（Berkeley: University of California Press,
1973）, *The Golden Peaches of Samarkand*（Berkeley:
University of California Press, 1963）以及 *The Vermillion Bird*
（Berkeley: University of California Press, 1967），均为理顺唐
朝文化的复杂结构提供了丰富、广泛的信息。

　　宾板桥（Woodbridge Bingham）的 *The Founding of the
T'ang Dynasty: The Fall of the Sui and the Rise of the T'ang*
（Baltimore: Waverly Press, 1941）以及魏侯玮（Howard
Wechsler）的 *Offerings of Jade and Silk: Ritual and Symbol in
the Legitimization of the T'ang*（New Haven: Yale University
Press, 1985）对本书第三章的写作帮助很大。

　　在笔者写作第四章"武后：防守策略转变"和第五章
"二圣"的过程中，论文集 *Imperial Rulership and Cultural*

Change in Traditional China 中陈弱水（Chen Jo-shui）的文章
"Empress Wu and Proto-Feminist Sentiments in T'ang China"
（Seattle：University of Washington，1994）提供了莫大的帮
助。武曌和朝廷中儒臣的关系是这两章的关键主题，并且贯
穿本书的后半部分。为了更好地把握统治者和官员之间这种
不断变化的关系，笔者还参考了何汉心（P. A. Herbert）的
Examine the Honest, *Appraise the Able*（Canberra：Australian
National University，1988），麦大维（David McMullen）的
State and Scholars in T'ang China（Cambridge：Cambridge
University Press，1988），包弼德（Peter Bol）的 *This Culture
of Ours*：*Intellectual Transitions in T'ang and Sung China*
（Stanford：Stanford University Press，1992）以及杜希德的
*The Official Writing of History and Historiography during the
T'ang*（Cambridge：Cambridge University Press，1992）。

　　在写作"情人武曌：如意君的女人"时，笔者的灵感 　218
和动力主要来源于查尔斯·斯通（Charles Stone）的
Fountainhead of Chinese Erotica（Honolulu：University of
Hawaii Press，2003），此书包含明朝晚期《如意君传》的中
文版和带注解的译文。本章引用的《金瓶梅》中的诗来自
芮效卫（David Roy）的译本 *The Plum in the Golden Vase
Vol. 2*：*The Rivals* 的第 37 章（Princeton：Princeton University
Press，2001）。丁淑芳的（Dora Shu-fang Dien）*Empress Wu
Zetian in Fiction and in History*（New York：Nova Science
Publishers，2003）讨论了清代小说《镜花缘》中的武曌形
象。高罗佩（Robert Van Gulik）的 *Sexual Life in Ancient*

China（Leiden：Brill，1961）以 及 金 鹏 程（Paul Rakita Gordon）的 *Culture of Sex in Ancient China*（Honolulu：University of Hawaii Press，2002）也为本书的写作提供了非常有价值的信息。

在"圣母崛起"一章中，关于武曌明堂的介绍着重参考了富安敦的 *Mingtang and Buddhist Utopias in the History of the Astronomical Clock：The Tower，the Statue and the Armillary Sphere Constructed by Empress Wu*（Rome：Istituto Italiano per il Medio ed Estremo Oriente，1988）。他的作品重点描述了武曌政治统治中各种仪式、宣传和纪念性建筑的作用。杜希德在 *Asia Major* 14（2003）上 发 表 的 "*Chen Gui* and Other Works Attributed to Empress Wu Zetian"为笔者描述《臣轨》以及武曌与北门学士之间的关系提供了重要的视角。

在"仁慈的菩萨"一章中，笔者同样参考了富安敦的作品。他的 *Political Propaganda and Ideology in China at the End of the Seventh Century*（Naples：Instituto Universitario Orientale，1976）中有关于《大云经疏》的带注解的细致翻译。本传记在引用《大云经疏》和《宝雨经》时，也借鉴了富安敦的翻译。他的文章"Maitreyist Huaiyi and Taoism"（《唐研究》第四卷，1998）为研究传说中武曌的僧侣男宠薛怀义提供了独特的视角。他的 *A Jewel in Indra's Net*（Kyoto：Italian School of East Asian Studies，2000）中含有一封中国佛教僧人法藏写给他新罗朋友义湘的书信，这有力地说明了武曌时期佛教的所及范围以及佛教信仰提供的文化共同点。

219　　宁梵夫（Max Deeg）在 *Sambhasa* 第 16 期（1995）和

第 18 期（1997）中关于无遮大会的佳作对理解盛大的佛教斋宴有很大的启迪作用。陈金华关于法藏的政治角色和其在佛骨舍利迎请仪式中作用的佳作 *Monks and Monarchs, Kinship and Kingship*（Kyoto：Italian School of East Asia Studies，2002）以及 "Sarira and Scepter：Empress Wu's Political Use of Buddhist Relics"（*International Journal of Buddhist Studies* 25，2002：33 - 150）也是非常重要的资料来源。

在 "仁慈的菩萨" 一章及整个传记的写作过程中，西方大量关于初唐佛教的著作为笔者提供了很大的帮助，主要包括芮沃寿（Arthur Wright）的 *Buddhism in Chinese History*（Stanford：Stanford University Press，1959）以及陈观胜（Kenneth Ch'en）的 *Buddhism in China*（Princeton：Princeton University Press，1964）。斯坦利·威斯坦因（Stanley Weinstein）在 *Buddhism in T'ang China*（Cambridge：Cambridge University Press，1987）中用一章的篇幅专门介绍了高宗和武曌与佛教组织的联系。谢和耐（Jacques Garnet）的 *Economic Aspects of Buddhism in Chinese Society from the 5th to the 10th Centuries*（New York：Columbia University Press，1995）深刻分析了佛教组织不断增强的世俗力量。在武曌对佛教艺术的资助方面，笔者主要参考了帕特里夏·克雷斯基（Patricia Karetzky）的 *The Arts of the Tang Court*（Oxford：Oxford University Press，1996），"Wu Zetian and Buddhist Art of the Tang Dynasty"［《唐研究》第二十至二十一卷（2002～2003）］以及 "The Representation of Women in Medieval

China"［《唐研究》第十九卷（2000～2001）］；何恩之
（Angela Howard）的 "Tang Buddhist Statuary of Sichuan：
Unknown and Forgotten"（*Stockholm Oestasiatiska Museet
Bulletin* 60，1988）；倪雅梅（Amy MacNair）的 "Early Tang
Patronage at Longmen"（*Ars Orientalis* 24，1994），"The
Fengxiansi Shrine and Longmen in the 670s"［*Bulletin of the
Museum of Far Eastern Antiquities* 68（1996）］以及 "On the
Tang Dynasty Patronage of Nuns at the Wanfo Grotto，Longmen"
［*Artibus Asiae* 3-4（2000）］；魏泓（Susan Whitfield）、韦陀
（Roderick Whitfield）和内维尔·阿格纽（Neville Agnew）
的 *Cave Temples of Mogao*：*Art and History on the Silk Road*
（Los Angeles：Getty Conservation Institute，2000）。韩书瑞
（Susan Naquin）和于君方（Yu Chunfang）编的论文集
Pilgrimages and Sacred Sites in China 中伯兰特·佛尔
（Bernard Faure）的论文 "Relics and Flesh Bodies：The
Creation of Ch'an Pilgrimage Sites"（Berkeley：University of
California，1992）提供了关于武曌统治下的禅宗以及嵩山作
为礼制中心的重要信息。

220　　　　在第十一章"周朝皇帝"的写作中，潘以红的 *Son of
Heaven and the Heavenly Qaghan*：*Sui-Tang China and Its
Neighbors*（Bellingham：Western Washington University Press，
1997）提供了对武曌朝中外交关系和外交手段的深刻理解。
在 *T'ang China and Beyond*（Kyoto：Italian School of East
Asian Studies，1988）中，里卡多·弗拉卡索（Ricardo
Fraccaso）的文章 "The Nine Tripods of Empress Wu" 详细介

绍了公元 697 年武曌安放九鼎的盛大仪式。

在第十二章"耄耋隐退：晚年的继承权、党派之争以及驾鹤西去"的写作中，笔者借鉴了珍妮·拉森（Jeanne Larsen）在她的 *Willow, Wine, Mirror, Moon: Women's Poems from Tang China*（Rochester: BOA Editions, 2005）中翻译的一首武曌的诗——《全唐诗》卷五中的《石淙》。另外，*Women Writers of Traditional China: An Anthology of Poetry and Criticism*（Stanford: Stanford University Press, 1999）中也翻译了几首武曌的诗歌。

在阐述武曌和道教——在她晚年发挥着越来越重要作用的宗教——的关系时，笔者主要参考的作品包括：常志静（Florian Reiter）的 *The Aspirations and Standards of Priests in the Early Tang Dynasty*（Weisbaden: Asian African Studies in Humboldt University, 1998）；柯素芝（Suzanne Cahill）的 *Transcendence and Divine Passion: The Queen Mother of the West in Medieval China*（Stanford: Stanford University Press, 1993）；孔丽维（Livia Kohn）的 *Daoism, A Handbook*（Leiden: Brill, 2000）；巴瑞特（Timothy Barrett）的 *Taoism Under the T'ang*（London: Wellspring, 1996）；桂雨时和斯坦利·约翰尼森（Stanley Johannesen）编的 *Women in China*（Youngstown, NY: Philo Press, 1981）中安乐哲（Roger Ames）的"Taoism and the Androgynous Ideal"；柏夷（Stephen Bokenkamp）的"A Medieval Feminist Critique of the Chinese World Order: The Case of Wu Zhao"（*Religion* 28, 1998）；柯素芝的"Performers and Female Taoist Adepts: Xi

Wang Mu as the Patron Diety of Women in Medieval China"
[*Journal of Asian and Oriental Society*, 106(1), 1986]。

在"武曌徒劳的追求"的写作过程中, 童若雯 (Jowen
Tung) 的 *Fables for the Patriarchs: Gender Politics in Tang
Discourse* (Lanham, MD: Rowman and Littlefield, 2000) 中
有一章名为 "Monument without an Inscription: The Case of
Wu Zhao", 里面介绍了乾陵的著名石碑, 为笔者提供了有
益的参考。

年　表

618 年, 唐朝建立

221

武曌的父亲武士彠在高祖(李渊)建立新王朝的过程中发挥了重要的作用

624 年, 武士彠和杨氏的次女武曌出生

626 年, 太宗(李世民)从高祖手中夺取帝位

635 年, 武士彠去世

637 年, 武曌进入太宗的后宫, 成为五品才人

649 年, 太宗驾崩

652 年, 高宗和武曌的儿子李弘出生

武曌被封为昭仪

655 年, 武曌晋为皇后;王皇后被废

656 年, 高宗和武曌的儿子李显出生

660 年, 高宗初次患顽疾

武曌越来越多地参与朝廷政事

662 年, 高宗和武曌的儿子李旦出生

664 年, 高宗和武曌的女儿太平公主出生

666 年, 高宗和武曌在泰山举行封禅大典

670 年, 武曌母亲杨氏去世

674 年, 高宗和武曌分别称天皇和天后

武曌提出"建言十二事"

675 年, 太子李弘去世, 李贤成为太子

北门学士开始帮助武曌巩固政治权力

680 年, 太子李贤被废, 几年后身故

683 年, 高宗驾崩

684 年,阴历正月,李显登基为帝;两个月后被废

　　李旦成为傀儡皇帝;政权实际掌握在皇太后武曌手中

222　　洛阳成为神都;易官职、朝服颜色

　　徐敬业叛乱被平

685 年,薛怀义进入武曌内宫

688 年,洛河发现"宝图";武曌加尊号"圣母神皇"

　　李唐王公叛乱被平

689 年,首座明堂竣工

　　遵循古时周历,推行新历

　　创新字,包括武曌的"曌"

690 年,宣传《大云经疏》

　　武曌建立周朝,正式登基,成为中国第一个也是唯一的一位女皇

692 年,大将军王孝杰大败吐蕃,收回了丝绸之路沿途的四个重镇

　　武曌正式将佛教的地位提升到道教之上

693 年,武曌在尊号上加"金轮",将自己界定为转轮王

　　颁行《臣轨》,并将其列入科举考试范围

694 年,举行盛大的佛教无遮大会

695 年,明堂失火、薛怀义死

　　象征"国际性"的天枢建成,立于洛阳中心

696 年,武曌在嵩山行封禅大典

　　第二座明堂——通天宫竣工

697 年,于新明堂前设九鼎

698 年,流放的李显被召回,立为储君,意味着武曌去世之后,唐室将恢复统治

　　强大的突厥可汗默啜被逐回草原

　　二张兄弟出现,成了武曌朝中的宠臣

701 年,朝廷由神都洛阳迁返长安

702 年,行武举

705 年,阴历正月,武曌被废

　　周朝结束;李显称帝,唐室复辟

　　十月,武曌殁

706 年,武曌葬入乾陵

术语表

N：《新唐书》；O：《旧唐书》。笔者用此表明本传记中 223
涉及的人物、论述、地点在相关引文中的出现章节、页码。
例如 O190.5018 即表示《旧唐书》第一百九十卷，第5018
页。所有页码均指中华书局出版的最新版本。而对于除
《新唐书》和《旧唐书》之外的其余文本，则仅列明章节。

安乐公主：武曌的孙女，李显和韦后的女儿，非常有野
心。（N 83.3654）

升仙太子：又名太子晋，公元前6世纪的道教云游太
子；在武曌晚年时，他是宫中的主要信仰对象；武曌的男宠
张昌宗被认为是太子晋转世。

并州：武曌家族的祖籍。

菩提流支：大竺僧人，帮助武曌翻译佛经。（《宋高僧
传》第三卷）

明堂：根据中国古时建筑形制建造的礼制殿堂；武曌将
传统的建筑形式与新的佛教形式相结合。（N 22.849；《唐
会要》卷十一）

转轮王：佛教普世帝王。

天皇：高宗公元 674 年的尊号。

天后：武曌公元 674 年的尊号。

斩啜：武曌为默啜取的荒唐的绰号。

长安：西都；今西安。

长孙无忌：宰相中的"保守派"，反对立武曌为后。
（O 65.2446；N 105.4017）

224　　陈硕真：在公元 650 年代初自称皇帝的农村女性造反者。

陈子昂：文学和美学大家，在武曌摄政时期和武曌登上
皇位初期支持武曌。（O 190.5018；N 107.4067）

程务挺：著名将领，在公元 680 年因触怒武曌被杀。
（O 83.2784；N 111.4146）

褚遂良：宰相中的"保守派"，坚决反对立武曌为后。
（O 80.2729；N 105.4024）

崔融：武曌统治末期的官员和文学大家。

崔玄暐：公元 705 年推翻武曌统治的政变的参与者。
（O 91.2934；N 120.4316）

狄仁杰：武曌统治后期的杰出宰相，从公元 697 年到其
去世的 700 年一直拥有很强影响力；忠于李唐皇室，认真劝
谏，辅佐武曌。（O 89.2885；N 115.4207）

神都：武曌为其都城洛阳定的名称。

敦煌：位于中国西北（今甘肃）戈壁沙漠边缘，在丝
绸之路边上；有很多多彩的佛教石窟。

吕后：声名狼藉的汉代皇后，儒家历史学家经常拿她和
武曌作比。（司马迁《史记》第九卷）

王皇后：高宗的首任皇后，出身名门；公元 655 年被废，由武曌取代。（O 51. 2169；N 76. 3473）

韦后：李显的皇后，极具野心。（O 51. 2171；N 76. 3486）

法门寺：敬奉重要的佛舍利之地。

法藏：粟特佛教僧侣；演说家、翻译家和武曌的宣传家；在公元 705 年废黜武曌的政变中背叛武曌。（《宋高僧传》第五卷）

封禅：祭祀天地的盛大仪式，公元 666 年武曌和高宗在泰山举行了一次，696 年武曌在嵩山又举行了一次。（《旧唐书》第二十三卷；《唐会要》卷七）

奉先寺：龙门石窟中的一处大型佛教洞窟，俯瞰伊河山谷。 225

《华严经》：以佛陀最后一次讲法为基础的佛经；主要关注一切事物的普遍性和互通性。

四镇：唐朝在今新疆设置的四所军事要塞，它们可以帮助唐和武周更好地控制通往丝绸之路的交通。

傅游艺：出身卑微，在帮助武曌成为皇帝以及将朝代由唐变成周之后，享受了短暂的荣华。（O 186. 4842；N 223. 6342）

高宗：武曌的丈夫、皇帝（公元 649 ~ 683 年在位）。（《旧唐书》本纪第四、本纪第五；《新唐书》本纪第三）

高祖（李渊）：唐朝第一位皇帝（公元 618 ~ 626 年在位）（《旧唐书》本纪第一；《新唐书》本纪第一）

黑齿将军：百济将领，公元 684 年帮助平息扬州叛乱；

几年后，武曌感觉他对自己不忠，将其处死。（O 109.3294；N 110.4121）

蛊：传说中可能使人变疯或者纵欲的毒药。

观音：观世音菩萨。

韩瑗："保守派"大臣，公元655年反对武曌当皇后。（O 80.2739；N 105.3923）

贺兰敏之：武曌长姐的儿子。

胡超：道士，试图帮助武曌长生不老。

桓彦范：公元705年废黜武曌政变的策划者。（O 91.2927；N 120.4309）

《金瓶梅》：著名的明代世情小说。

226　敬晖：公元705年废黜武曌政变的策划者。（O 91.2932；N 120.4316）

契丹：位于东北草原的游牧民族，于公元690年代中晚期进犯武周。（O 199.5349；N 219.6167）

和田：位于塔克拉玛干沙漠边缘，丝绸之路沿线的绿洲之地。

来俊臣：武曌酷吏中最臭名昭著的恶人。（O 186；N 209.5905）

来济：朝臣中的"保守派"，公元655年反对武曌当皇后。（O 80.2742；N 105.3923）

老子：也称李耳，传说中的道教教祖；被尊为唐朝皇室的祖先。

嫘祖：神话中的女神，传说中养蚕之法的创立者。

李：唐朝皇室之姓。

李冲：太宗的一个孙子，公元 688 年唐室王公反叛中的一个主要人物。（O 76.2661；N 80.3576）

李旦：武曌最小的儿子；唐朝皇帝（公元 684～690 年、710～712 年在位）。（《旧唐书》本纪第七，《新唐书》本纪第四、本纪第五记述了他作为武曌傀儡的时期）

李弘：武曌的长子；死于公元 675 年。（O 86.2828；N 81.3588）

李贤：高宗和武曌寡居的长姐所生的儿子；死于公元 680 年。（O 86.2831；N 81.3590）

李勣：朝中"保守派"大臣，公元 655 年支持高宗立武曌为皇后。（O 67.3313；N 93.3901）

例竟：最终的裁决（洛阳城门的同音异形异义词）。

丽景：美丽的景色（洛阳城门）。

李峤：文学和诗歌大家，常常用他的美学天赋支持武曌。（O 94.2992；N 123.4367）

李显：武曌之子；唐朝皇帝（公元 684 年、705～710 年在位）。（《旧唐书》本纪第七、《新唐书》本纪第四）

李孝逸：公元 684 年帮忙平定扬州叛乱的大将军，但是后来遭流放。（N 78.3529）

李义府：腐败的宰相；在武曌晋为皇后之后深具影响力。（O 82.2765；N 223.6339）227

李昭德：唐室忠臣，武曌手下非常有原则的大臣和将领。（O 87.2853；N 117.4255）

李忠：高宗最初的太子，为高宗与宫人所生。（N 81.3586）

刘仁轨：朝中非常有影响力的宰相，从公元 667 年到其去世的 685 年一直担任宰相。

刘祎之：武曌北门学士之一，后来成为宰相；在武曌感觉他不够忠心之后，于公元 687 年被处死。（O 87.2746；N 117.4250）

刘昫：《旧唐书》的作者。

龙门：洛阳南部的佛教石窟，很多雕刻于高宗和武曌的统治期间。

骆宾王：非常有才华的词赋家，公元 684 年写了一篇讨伐武曌的檄文。（O 190.5006；N 202.5742）

洛河：流经洛阳的河；在运输和商业领域发挥了重要的作用。

洛阳：武曌的"神都"。

默啜：强大的突厥可汗。

庆山：由于地壳运动于公元 686 年突然出现的山，在朝中引起了激烈的争论。

万安山：公元 704 年在洛阳南部建造避暑行宫之地。

嵩山：位于洛阳南部，中国五岳的中岳；重要的佛教和道教祭仪中心。

泰山：位于今山东省，五岳中的东岳；公元 666 年武曌和高宗举行封禅大典的场所。

欧阳修：北宋士大夫；《新唐书》的作者。

潘师正：武曌和高宗召见的道教天师。（O 192.5126）

228　无遮大会：转轮王经常出资举行的佛教盛宴。（O 87.2843；N 117.4247）

萧淑妃：武曌被高宗带回内宫之前的宠妃。（O 51. 2170）

千金公主：唐朝开国皇帝高祖的女儿；非常受武曌喜欢。

乾陵：武曌和高宗合葬的皇陵。

麒麟：中国的独角兽。

妾：小妻，女子自谦语。

泉献诚：高丽使臣，在武曌的多民族帝国中，帮忙缓和汉族和其他民族的关系。（N 110. 4124）

北门学士：不享有官职的文学大家和士人，在公元 670 年代中期帮助武曌实现她的政治野心。

上官婉儿：武曌的"秘书"；武曌政治死敌上官仪的孙女；武曌的儿子李显称帝后，封上官婉儿为昭容。（O 51. 2175；N 76. 3488）

上官仪："保守派"大臣，反对武曌当皇后。（O 80. 2743；N 105. 4035）

沈南璆：很可能是虚构的儒家御医，据称是武曌的情人。

神秀：武曌敬重的禅宗大师。（《宋高僧传》第八卷）

顺陵：武曌母亲杨氏的陵墓。

实叉难陀：和田佛教僧侣，将佛经从梵文翻译成中文。（《宋高僧传》第二卷）

司马光：北宋士大夫，《资治通鉴》的作者。

司马迁：汉代历史学家，他的《史记》成了后代中国历史记录的蓝本。

粟特：撒马尔罕；丝绸之路沿线地区，包括今乌兹别克斯坦西部和哈萨克斯坦的一部分。（O 198.5310；
N 221.6243）

229　　宋璟：公元705年废黜武曌政变的策划者。（O 96.3029；
N 124.4389）

宋之问：武曌朝中的文学家和诗人。（O 190.5025；
N 202.5750）

苏安恒：儒臣，极力劝谏武曌将皇位还给唐室；在武曌
晚年的时候，极力反对二张兄弟。（O 187.4879；N 112.
4167）

隋文帝：隋朝的第一位皇帝（公元581～605年在位）。
（《隋书》卷一、卷二）

隋炀帝：隋朝的第二位皇帝（公元605～617年在位）。
（《隋书》卷三、卷四）

太平公主：武曌和高宗最小的孩子，也是他们唯一存活
的女儿。（O 183.4738；N 83.3650）

太宗（李世民）：唐朝的第二位皇帝（公元627～649
年在位），高宗的父亲；武曌的第一任丈夫。

唐：朝代，公元618～690、705～907年。

突厥：对中亚地区民族集体的统称。（O 194.5153；
N 215.6023）

万国俊：武曌的酷吏之一。（O 186.4845）

万岁："吾皇万岁"；字面意思是"一万年"。

王莽：公元前1世纪篡夺汉代江山，建立新朝的统
治者。

魏元忠：经常与武曌的酷吏正面对抗的儒臣。

武：武曌及其亲族的本姓。

武承嗣：武曌的侄子；努力提高了武氏家族的地位；拥有极强的称帝野心。（O 183.4727；N 206.5837）

武三思：武曌的侄子。（O 183.4734；N 206.5840）

武士彟：武曌的父亲。（O 58.2316；N 206.5835）

武延秀：武曌的侄孙；武承嗣的儿子；武曌将他派去迎娶默啜的女儿。（O 183.4733）

武元庆：武曌同父异母的哥哥。

武元爽：武曌同父异母的哥哥。

武则天：见武曌。

武曌：中国唯一的女皇帝（公元 684～690 年摄政，690～705 年在位）。（《旧唐书》本纪第六；《新唐书》本纪第四；N 76.3474－3485） 230

西安：唐朝国都长安的现名。

徐敬业：公元 684 年反对武曌的扬州叛军的头目。（O 67.2490；N 93.3822）

许敬宗：公元 657～670 年为相；对武曌忠心耿耿。（O 82.2761；N 223.6335）

玄奘：传奇的中国佛教朝圣者，前往天竺求取佛教经文。

薛敖曹：明代小说《如意君传》中武曌的情人。

薛怀义：武曌的僧侣情人；建筑师、宣传家、将军。

杨再思：非常善于阿谀奉承的大臣，武曌朝中的其他人都称他为"两脚狐"。（O 90.2981；N 109.4098）

姚璹：武曌周朝中支持佛教的宰相。（O 89.2902）

武曌

宰相：首席大臣。

张昌宗：武曌晚年的男宠之一。（O 78.2706）

张柬之：公元 705 年废黜武曌政变的策划者。（O 91.
2936；N 120.4321）

张易之：张昌宗的哥哥；武曌的男宠。（O 78.2706）

止戈："停止干戈"，武曌本姓"武"的拆字。

周：武曌创立的王朝（公元 690～705 年）或者古时的
周朝（公元前 1045～前 221 年）

宗秦客：武曌的亲戚，公元 689 年为武曌献上新字。
（N 109.4101）

宗晋卿：武曌的一个非常贪婪的亲戚，在武曌的周朝中
做过朝臣，并当过一段时间的宰相。（O 92.2971；N 109.
4101）

译后记

2017 年 12 月，我第一次来到神都洛阳，并且是自长安出发向东走，恍若穿行于大唐帝国两京走廊上，这正好也给我这一年的"唐史"生活画上了圆满的句号。年初还在北京编辑谭凯的《中古中国门阀大族的消亡》的我，年尾则已到西安校对罗汉的《武曌》——这一年我从中国社会科学院社会科学文献出版社的一名编辑，变成陕西师范大学历史文化学院的一位教师。孙英刚兄 10 月在西安碑林见到我，也颇为感慨，惊诧于我身份转变的速度之快，因为 6 月甲骨文请谭凯和他一起到北京的单向街书店演讲时，作为主持人的我还是一位娴熟的出版人。

对我而言，自从最开始和董风云、段其刚两位老友一起创建甲骨文以来，我所做的工作也无非就是读书和学习；向国外一流史家学习，向国内一流的译者学习，向中国最富进取精神的出版人学习。从罗杰·克劳利的《1453》、裴士锋的《天国之秋》，到杉山正明的《忽必烈的挑战》、薛爱华的《撒马尔罕的金桃》、谭凯的《中古中国门阀大族的消亡》；从每年翻译超百万字的陆大鹏兄，到五年磨一剑的吴玉贵先生……华龙大厦永远令人怀念，因为这里是我成长的地方，是我的又一所大学。

2016 年 10 月古丽巍老师在中国人民大学召集"差异与当下历史写作"学术会议，会上我曾对近年中古史领域译著如雨后春笋般出现的现象聊发议论，主张出版界和学术界更密切的结盟。这样的话现在应该讲得更大声些，不论是世界史还是中国史，海外优秀作品永远值得中文读者关注，出版人和学者在翻译作品上应该持续合作，保持这种良性互动的势头。我也很有幸能在这两个领域都待过。

现在呈现在列位读者面前的这本书，是我和风云兄一同策划的，又是我和葛玉梅老师一起翻译完成的。译稿本身，葛老师出力尤巨，对译稿的文字进行校改的还有沈艺、廖涵缤、陈旭泽诸位，他们付出不少心血。最后的通校工作由我一手完成，如有舛误应由我负责。现在，这本书之于我，正如上面所讲，额外还有一种纪念意义，既关乎出版生涯，也与学者生活相连。图书即将付梓，满心欢喜。这种欢喜，在洛阳与葛玉梅老师的夫君李海涛教授同游白马寺和龙门石窟时尚只是熹微一点，等到我坐在书桌前完完整整读完一遍校样之后，似乎已铺满心间，除了感念以上参与译稿相关工作的诸位，更是对甲骨文的老友们心怀感激，他们包容了我的拖沓。

关于武则天的影视作品历来层出不穷，范冰冰、陈红、刘晓庆都诠释过不同面相的一代女皇。罗汉先生提及的历史作品中既有我熟悉的气贺泽保规先生的作品（承蒙他惠赠的《则天武后》新版文库本就在我的书架上），也有我所执教的陕西师范大学的教授们的著作，现在作为唐史重镇陕师大的一名教师，我能够在这部优秀的传记《武曌》封面上署上自己的名字，当然感到非常的荣幸。

罗汉这部作品本身较为通俗易懂，特别是和他关于武曌的另一部专著 Emperor Wu Zhao and Her Pantheon of Devis, Divinities, and Dynastic Mothers（Columbia University Press, 2015）相比。罗汉作为海外一流的武则天研究专家，一方面对武氏的研究有独到之处，特别是对其统治艺术中凝聚儒、释、道三教意识形态合为己用的探索，别开生面；另一方面能够"一览众山小"，博采中外武则天研究之长，而又别出心裁。这样一部传记，非常符合"大家小书"的特点，开卷有益。

目前的译稿特别是注释和引文经过各位责任编辑的经心处理，文字多有润色；部分名词的翻译还得到徐思彦老师的指正（如 non - Chinese 译为"其他民族"），徐老师、杨总编都是学历史的人，对我的成长一路呵护有加，在此一并特致谢忱。同时，老社科文献人在社科文献出书，分外高兴，也向社科文献出版社给过我关爱的同好们道一声谢谢。

今年夏天，在南开大学王安泰兄召集的会议上，仇鹿鸣提议选译韩国学者中国史研究著作，尔后，睿智的范兆飞兄也曾勉励我尽快完成相关的翻译工作。这是我下一阶段的目标之一，在此之前，先奉上我们初涉翻译的尝试性作品，希望拙译没有掩盖英文原著的光彩。

武曌

　　书稿杀青，昨夜在料峭中从西长安街的樱花广场旁侧回寓所，不意看到一株绿树，在莹莹的白雪和璀璨的灯光掩映之下，就像开满繁花的春天一般美丽。

冯立君

2018 年 1 月

索 引

（索引中的页码为本书页边码）

图书在版编目（CIP）数据

武曌：中国唯一的女皇帝／（美）罗汉
（N. Harry Rothschild）著；冯立君，葛玉梅译. －－北
京：社会科学文献出版社，2018.3（2023.12 重印）
　书名原文：Wu Zhao：China's Only Woman Emperor
　ISBN 978 - 7 - 5201 - 2152 - 1

Ⅰ.①武…　Ⅱ.①罗…　②冯…　③葛…　Ⅲ.①武则天
（624 - 705）- 传记　Ⅳ.①K827 = 421

中国版本图书馆 CIP 数据核字（2017）第 328153 号

武曌
　——中国唯一的女皇帝

著　　者／〔美〕罗　汉（N. Harry Rothschild）
译　　者／冯立君　葛玉梅

出 版 人／冀祥德
项目统筹／董风云　冯立君
责任编辑／沈　艺　廖涵缤
责任印制／王京美

出　　版／社会科学文献出版社·甲骨文工作室（分社）（010）59366527
　　　　　地址：北京市北三环中路甲 29 号院华龙大厦　邮编：100029
　　　　　网址：www. ssap. com. cn
发　　行／社会科学文献出版社（010）59367028
印　　装／三河市东方印刷有限公司

规　　格／开　本：889mm × 1194mm　1/32
　　　　　印　张：8.75　字　数：188 千字
版　　次／2018 年 3 月第 1 版　2023 年 12 月第 5 次印刷
书　　号／ISBN 978 - 7 - 5201 - 2152 - 1
著作权合同
登 记 号／图字 01 - 2017 - 9457 号
定　　价／59.00 元

读者服务电话：4008918866